Kenkyu Sosho No.633

多層化するベトナム社会

荒神衣美：編

IDE-JETRO アジア経済研究所

研究双書 No. 633

荒神衣美編
『多層化するベトナム社会』

Tasoukasuru Betonamu Shakai
(The Vietnamese Society: A Study in Multi-Stratification)

Edited by
Emi KOJIN

Contents

Introduction Social Stratification in Vietnam (Emi KOJIN)

Chapter 1 Vietnam's Political Elite in the *Doi Moi* Era (Futaba ISHIZUKA)

Chapter 2 Attributes and Career Paths of Top Managers of Large State-owned and Private Enterprises in Vietnam: Analysis of the Top Managers of Companies Listed on the Ho Chi Minh Stock Exchange (Mai FUJITA)

Chapter 3 Career Patterns of University Graduates in Vietnam: Collective Analysis of a Highly- Skilled Labor Force (Miho ITO)

Chapter 4 Occupational and Social Mobilizations in Rural Areas of Northern Vietnam: Role of Self-employment as a Means of Social Mobilization. (Shozo SAKATA)

Chapter 5 The Mechanisms of Economic Differentiation of Agricultural Households: The Case of Rice Farming Villages in the Mekong Delta (Emi KOJIN)

Chapter 6 The Making of a New Working Class and Its Prospects under the High Economic Growth in Vietnam: From a Case Study of a Foreign-owned Company in a Local City in the Mekong Delta (Tetsuro FUJIKURA)

Conclusion Assurance of Stability in the Closed Society (Emi KOJIN)

〔Kenkyu Sosho〔IDE Research Series〕No. 633〕
Published by the Institute of Developing Economies, JETRO, 2018
3-2-2, Wakaba, Mihama-ku, Chiba-shi, Chiba 261-8545, Japan

ま え が き

　市場経済化，高度経済成長，国際化といった経済変容が顕著となった2000年以降のベトナムでは，都市部，農村部の双方で多様な経済機会が生まれた。職業や所得，権力などの基準からみて多様な層の形成が進むなか，各層のあいだでの格差・不平等に対し，人々の関心が集まりつつある。では，多様化が進むベトナム社会において，社会的上層として台頭しているのは一体どのような人たちなのか。往々にして「コネ社会」と見られがちなベトナム社会だが，そこには人々が出自や政治的コネクションに左右されることなく，自分自身の努力・能力次第で立身出世できるという希望を見いだすことはできないのだろうか。

　本書はこうした問題意識のもと，2015/16年度にアジア経済研究所で実施された「2000年代ベトナムにおける新たな社会階層の台頭」研究会の最終成果である。ベトナム社会の階層構造を示す日本語・英語での既存研究がほとんどないなか，研究会1年目は社会階層分類および序列を特定するための枠組みの模索から始まった。その過程で，実はベトナム人によるベトナム語での社会階層研究が進みつつあることがわかり，ベトナム国内での社会的格差・不平等に対する関心の高まりを改めて認識することとなった。本書はベトナム人社会学者が打ち出したベトナム社会階層枠組みを起点としたうえで，その枠組みを超えて「多層化」するベトナム社会のダイナミズムを，上層・下層のそれぞれに位置づけられる職業階層の実態から描き出すことを試みた。日本語でのベトナム社会階層研究の萌芽となる本書が，ベトナム社会についてのさらなる議論のきっかけとなればと祈念している。

　研究会の実施および本書の編集・出版にあたっては，多くの方々からご指導・ご協力をいただいた。研究会では，アジア経済研究所の船津鶴代氏に社

会階層論について講義をお願いし，本書の分析枠組みを構築するための土台となる知識を学ぶ機会を得た。本書の出版に先がけ，内容の一部をアジア政経学会で報告した際には，東京大学の園田茂人教授に中国との比較という視点からコメントを頂戴し，今後のベトナム社会階層研究の深化につながる多くの有益な示唆をいただいた。本書の編集作業では，アジア経済研究所・編集出版アドバイザーの勝康裕氏，同・出版企画編集課の宮坂綾子氏に大変お世話になった。これらの方々に加え，ベトナムでの現地調査で便宜を図っていただいた現地研究機関・大学や中央・地方の政府機関の方々，また聞き取り調査や質問票調査に快く応じてくださった多くの方々に，執筆者を代表して心より感謝を申し上げたい。

2017年11月

編　者

目　　　次

まえがき

序　章　ベトナムにおける社会階層分化 ……………………荒神衣美 … 3
　第1節　ベトナムの格差・不平等研究の動向 …………………………5
　第2節　本書の概要 …………………………………………………12

第1章　ドイモイ期ベトナムの政治エリート層 …………石塚二葉 … 19
　はじめに ……………………………………………………………19
　第1節　計画経済システム下の党・国家指導層 …………………………20
　第2節　ドイモイ期ベトナムにおける環境変化 …………………………25
　第3節　ドイモイ期における党・国家指導層 …………………………30
　第4節　党・国家指導層人事の特色 …………………………………37
　結語 …………………………………………………………………43

第2章　ベトナム大企業経営者の属性と出世過程
　　　　──ホーチミン証券取引所上場企業の経営者の考察──
　　　　……………………………………………………藤田麻衣 … 51
　はじめに ……………………………………………………………51
　第1節　ベトナムの企業経営者をめぐる議論 …………………………52
　第2節　公刊統計にみる企業経営者層の特徴と企業セクターの変化 ……57
　第3節　問題設定とデータソース …………………………………61
　第4節　上位上場企業経営者の分析(1)
　　　　　──属性，家族による所有と経営の支配── ………………64
　第5節　上位上場企業経営者の分析(2)──出自と出世過程── ………72

iv

おわりに ……………………………………………………………… 82

第3章　ベトナム大卒労働者のキャリア・パターン
───高度技能労働者の集団的考察─── …………伊藤未帆… 89

はじめに ……………………………………………………………… 89

第1節　移行経済国の高学歴労働者層についての先行研究 …………… 90

第2節　計画経済期における職業分配制度 …………………………… 93

第3節　高学歴労働者の集団的特徴とキャリア・パターン ………… 102

第4節　キャリアパスとしての転職行動 …………………………… 109

おわりに …………………………………………………………… 117

第4章　ベトナム北部農村の職業階層移動
──階層移動における自営業層の位置づけを中心に──
………………………………………………………坂田正三… 125

はじめに …………………………………………………………… 125

第1節　経済自由化，経済発展と自営業層 ………………………… 126

第2節　VHLSS データからわかる職業階層移動の現状 …………… 130

第3節　北部農村における職業移動と階層化 ……………………… 139

おわりに …………………………………………………………… 150

第5章　ベトナム農民層の経済的分化メカニズム
──メコンデルタ稲作農村の事例から── ………荒神衣美… 157

はじめに …………………………………………………………… 157

第1節　農民層分化をめぐる議論 …………………………………… 158

第2節　調査と調査地の概要 ………………………………………… 162

第3節　メコンデルタ稲作農村における経済階層分化 …………… 165

第4節　ふたつのパターンを分けた地域的条件 …………………… 174

おわりに …………………………………………………………… 181

第6章　高度経済成長下ベトナムにおける新しい労働者層の形成と展
　　　　望——メコンデルタ地方都市における外資企業の事例から——
　　　　……………………………………………………藤倉哲郎 … 185
　はじめに ……………………………………………………………… 185
　第1節　市場経済化以降の被雇用部門の動向 ………………………… 186
　第2節　外資企業労働者の横顔 ………………………………………… 193
　第3節　世代間および世代内の階層移動 ……………………………… 196
　第4節　離職率からみる生産労働者の就業行動 ……………………… 203
　第5節　賃金水準の上昇と生産労働者の意識・行動の変化 ………… 211
　おわりに ……………………………………………………………… 216

終　章　閉鎖的社会における安定性の担保 ……………荒神衣美 … 221
　第1節　上層の閉鎖性 ………………………………………………… 221
　第2節　抑えられてきた社会の不安定化 ……………………………… 222
　第3節　社会的安定は続くのか？ …………………………………… 226

索　引 ………………………………………………………………… 229

多層化するベトナム社会

序　章

ベトナムにおける社会階層分化

荒　神　衣　美

　ベトナムは1980年代半ばから，市場経済化，高度経済成長，国際化といった，社会構造に影響をもたらし得る経済変容を経験してきた。とりわけ2000年以降，経済成長および国際化が本格化するなかでさまざまな経済機会が生まれ，都市・農村の双方で職業・就業形態の多様化が進んだ。

　公刊統計に基づけば，この間，経済的格差はほとんど拡大していない。ベトナムのジニ係数は他国と比して決して高くなく，また1990年代半ば以降，多少の変動はありつつも，ほぼ変化がみられない。ベトナム統計総局（General Statistics Office: 以下，GSO）による消費ベースのジニ係数は，1998年の0.350から2012年の0.356へと微増にとどまっている。

　このような公刊統計の分析結果とベトナムの人々の格差・不平等（inequality）に対する認識のあいだには，隔たりがあることが指摘される（World Bank 2012, 146）。すなわち，ジニ係数の低さ・変動の小ささの一方で，人々のあいだでは「不平等が拡大している」という認識が強まっているのである。実際，記述的な情報が示す実態は，公刊統計で示される以上に不平等が拡大していることを示唆しているようにみえる。少数民族の子どもたちの教育，栄養，衛生状態に大きな改善がみられない（World Bank and MPI 2016, 45-47）反面で，超富裕層は拡大傾向にある。純資産額3000万ドル以上の人々を「超富裕層」とする定義に従えば，2003年には34人しかいなかったベトナムの超富裕層は，2013年までの10年で110人に増加している（World Bank 2014, 45）。

党・政府の不平等に対する認識も強まっている。ベトナムでは従来，社会主義的な階級定義（労働者，農民，知識人）によって社会構造が把握されてきたこともあり，多様な層の存在やその間での格差について，公に論じられることがなかった。しかし2000年頃から，党文献などで示される社会のとらえ方に変化が表れ始めた。社会主義的な階級定義ではとらえきれない多様な層が社会の構成要素として認められるようになり，各層のあいだに存在する不平等の問題は，近年，発展における主要課題のひとつとして議論され始めている（荒神 2017）。

　本書は，公刊統計で示される以上に不平等が広がりつつあると考えられるベトナム社会を「社会階層」（Social Strata）という枠組みから理解したうえで，ベトナム社会が各人の能力・努力に応じて上昇移動を果たせるような開放性を帯びたものとなっているのか否かという点を考察しようとするものである。社会階層という概念は，経済成長・近代化のなかで生じる社会経済的な不平等・格差の構造や特徴を，経済的資本（所得や資産）だけでなく，文化的資本（学歴）や政治的資本（コネクションや社会的地位）の分配，威信，権力などから，多元的にとらえようとする枠組みである。階層分類の基軸として国際的に共有されているのは職業である。かつて社会階層研究の中心的理論であった「近代化論」（産業化論）では，経済発展が進むにつれて社会の開放性が高まり，階層間の不平等は解消されていくとされた。一方，移行経済国では，経済社会的な上昇が政治的コネクションや家族背景といった本人の努力ではどうにもできない条件に規定される傾向が根強いといわれる。ベトナムでも近年，そうした不公平性（inequity）をともなう格差の拡大と，それに対する不満の高まりが指摘されている（World Bank 2014）。社会に対する不満の高まりは，社会の不安定化につながり得る。ベトナム社会の開放性を検討しようとする本書の試みは，社会の安定性を問う作業でもある。

　ただし，その作業をするにあたり，現時点のベトナムにデータ的制約があることは否めない。社会の開放性を議論する際，日本のように大規模社会調査によるデータの蓄積が進んでいる国では，職業階層の世代間移動の状況か

ら流動性を示す指標を算出することで，社会変化の趨勢をみるという手法がとられる。しかし，ベトナムでそのようなデータの蓄積はない。そこで，本書では，社会の上層および下層に位置づけられる職業階層の形成過程と特徴を，歴史，制度，経済の諸側面から多面的に精査するというアプローチをとる。すなわち，現在のベトナムにおいて，どのような人々がどういった条件下で上層に台頭しているのか／下層にとどまっているのか，という点の質的な解明を通じて，社会の開放性および安定性を問おうとしている。

第1節　ベトナムの格差・不平等研究の動向

1．多様な基準からみた格差への注目

　ベトナムの格差・不平等について2000年以前に書かれた文献は，管見のかぎり見当たらない。これは，先述のとおり，ベトナム国内では社会構造が社会主義的な階級定義によってとらえられてきたこと，また，概して実態の変化がまだそれほど顕著ではなかったことによると考えられる。

　ベトナムの格差・不平等研究の先駆けと位置づけられるのはTaylor（2004）であろう。テイラーは，市場経済化後に顕在化した不平等に注目し，公刊統計だけでなく政府・援助機関のプロジェクトで実施された事例調査のデータを利用して，1990年代末から2000年代初頭の不平等のパターンや背景を明らかにしている。テイラーはドイモイ開始から十数年たったベトナム社会で，生産手段の所有／非所有のみに注目するマルクス階級論では説明できないような，多様な基準からみた格差が生じているという実態をとらえ，さまざまな地域・テーマの事例研究を通じて描き出した不平等のパターンのなかから，地域性や歴史的連続性などいくつかの重要な特徴を見いだしている（Taylor 2004）。

　2010年代に入ると，ベトナム国内でも，Lê Hữu Nghĩa và Lê Ngọc Hùng

6

(2012) や Tạ Ngọc Tấn (2013) のように，社会階層／社会構造をタイトルに掲げる文献がみられるようになる。これらも基本的には Taylor (2004) と同様に，多様な基準からみた格差社会に注目していると理解されるが，その分析は，おもに既存の統計資料を用いて，性別・年齢，地域などの基準から社会を層化し，そこでの格差・不平等の状況をマクロレベルで概観するにとどまっている。

2．社会階層構造の特定と階層変動分析

このように，2000年以降いくつかの研究において，ベトナム社会で多様な基準からみた格差・不平等が生じていることが明らかにされてきた。一方で，それらの研究はベトナムの社会構造を特定できるような階層分類は示してこなかった。そうしたなか，近年，ベトナム人社会学者によるベトナム語の階層研究のなかに，国際的に認められた階層分類基軸である職業に基づいてベトナムの社会階層構造を特定しようとする新たな流れが生じている。

⑴　ド・ティエン・キンによるマクロ社会分析

Đỗ Thiên Kính (2012) は，職業を階層分類の基軸とするという社会階層研究の国際的潮流をふまえつつ，ベトナム独自の階層分類を提示した先駆的研究である。そこでは，GSO の職業リストに基づき９つの社会階層を示したうえで[1]，各階層について，客観的指標（就学年数，支出総額，食費以外の支出額，住居価値，パソコン所有の有無，インターネットへのアクセスの有無）をベトナム家計生活水準調査（Viet Nam Household Living Standards Survey: 以下，VHLSS）から，主観的指標（職業威信スコア）をハノイ市とバクニン省で実施した職業威信調査からとり，それらに基づく階層の序列づけを行っている。具体的には，①指導層，②企業経営者，③高度専門技術職の３階層が上層，④事務職，⑤販売サービス員，⑥工員・職人，⑦手工業者の４階層が中層，⑧単純労働者，⑨農民の２階層が下層とされている。この階層分類および序

列は，中国の学界で広く用いられているという「10大社会階層」（園田 2008, 4-6；厳・魏 2014, 13）[2]と似通っており，指導層が最上位に位置づけられるという点が特徴的である。

　ベトナムの指導層について，ド・ティエン・キンは「地位の非一貫性」（status inconsistency）という特徴がみられることを指摘している（Đỗ Thiên Kính 2012, 54）。すなわち，指導層の主観的位置づけと客観的位置づけとのあいだにはかなりギャップがある。ハノイ市とバクニン省での調査結果（2010年）に基づいて抽出された各職業階層の威信スコアは，指導層7.5，企業経営者7.1，高度専門技術職8.2，事務職4.4，販売サービス員4.7，工具・職人5.1，手工業者4.0，単純労働者1.9，農民2.0，というものであり，指導層に対する威信は，最高ではないもののかなり高い[3]。一方で，客観的指標，とりわけ支出総額や住居価値など経済力に関連する指標についてみると，指導層は下層といっても過言でない状況にある。このような，地位の非一貫性という特徴があることを認めたうえで，ド・ティエン・キンは指導層を最上位に位置づけた階層フレームワークを提示している。

　ド・ティエン・キンは，各階層に属する人の割合をVHLSSのマイクロデータに基づいて算出した結果，ベトナムの社会階層構造は上層から下層に行くほど人数の多いピラミッド型であるとしている（図 序-1）（Đỗ Thiên Kính 2012, 51, 127-128）。

　2002〜2008年のVHLSSデータを用いた社会移動の分析結果からは，ベトナム社会が流動性の乏しい社会であること，なかでも最下層に位置づけられる農民層が固定的階層であることが見いだされる。また，ド・ティエン・キンの別の論考では，このようなピラミッド型の社会構造が，一部の経済先進地域を除いて，ドイモイ開始から30年にわたって維持されてきたと指摘される（Đỗ Thiên Kính 2015）[4]。このような，経済発展の進展にもかかわらず職業階層でみた社会構造に変化がみられないというマクロ社会分析の結果は，ベトナム社会で閉塞感・不満感が強まり，不安定要因が大きくなっているということを意味しているのだろうか。

8

図 序-1　ベトナムにおける社会階層構造

指導層	1	
企業経営者	2	上層
高度専門技術職	3	
事務職	4	
販売サービス員	5	中層
工員・職人	6	
手工業者	7	
単純労働者	8	下層
農民	9	

（出所）　Đỗ Thiên Kính（2012, 51）より抜粋（筆者和訳）。

(2)　地域性をともなう職業階層内部での多様性

　この疑問を検討するには，各職業階層の実態をもう少し掘り下げてみる必要があると考えられる。上記のド・ティエン・キンによる一連の研究は，VHLSS という全国レベルで収集されたデータを用い，国際的に共有された階層枠組みを通してマクロ社会の総体を把握しようという画期的な取り組みである。そこでは職業階層間の経済的・文化的資本の保有格差が明快に描き出される。しかしそうしたマクロレベルの分析では，次のような，社会階層分化にみられるアジア的特徴が捨象されてしまう。

　伝統社会や経済発展パターンといった階層分化の土台が欧米とは異なるアジア諸国では，欧米ベースの階層理論で示されるのとは異なる社会階層の構造や形成過程，社会移動パターンがみられることが，先行研究で実証されている。いくつかの研究が共通して指摘するのは，職業という枠組みでくくられた階層が必ずしも同質性をもたず，層の内部に農村との関係（出自）や国家との関係（政治志向）などからみた多様性があること（Hsiao 1999; 服部・船津・鳥居 2002），欧米ベースの社会階層理論の骨格をなしてきたマルクス階級論で経済発展とともに縮小・消滅していくとされた自営業層が長期的に存続する（かつ高い社会的地位をもつ）傾向があること（服部・船津・鳥居 2002;

佐藤［粒来］2004），といった点である。服部らは，そうしたアジア的特徴は，欧米とは異なりアジアの経済成長が「圧縮された工業化」と表現されるように早い速度で進んだことに起因すると指摘している（服部・船津・鳥居 2002）。

このようなアジア的特徴は，急速な経済発展を遂げたベトナム東南部の実態のなかにもすでに見いだされている。ブイ・テー・クオンを中心とする南部社会科学研究所の研究者による一連の研究では，ベトナム東南部で各職業階層の所得，学歴，党員資格を詳細に調査したうえで，以下の点でド・ティエン・キンと異なる階層分類を提示している（Bùi Thế Cường và Lê Thanh Sang 2010; Bùi Thế Cường 2015）。第一に，ド・ティエン・キンに限らず，社会階層研究一般に最下層と位置づけられることの多い農民層を，農地保有規模によって上層（1人当たり保有面積5000平方メートル以上），中層（同1000～5000平方メートル），下層（同1000平方メートル未満）に細分類している。第二に，上層とされる企業経営者のうち，国有企業幹部を私営企業主とは別に扱い，政治家・役人などと同じ「指導層」に含めている。第三に，企業に比べて小規模零細な事業体である個人基礎の主（自営業層）を上層と位置づけている[5]。

筆者が行った2012年版 VHLSS マイクロデータの分析からもまた，各職業階層内で地域性をともなう分化傾向が確認される。表 序-1は，2012年版 VHLSS のサンプルから15～60歳の男女を抽出し，職業階層別に経済的資本（所得）と文化的資本（学歴）の分配格差をみたものである[6]。所得については，主たる職業から過去12カ月に得た収入（旧正月時のボーナス，昼食の支給なども含む）のデータを用いており，副業からの所得は反映できていない。

これをみると，ド・ティエン・キンが示した職業別の階層序列がおおむね妥当といえそうな一方で，各職業階層内部で年収・学歴の双方にばらつきがあることが，変動係数からうかがえる。とりわけ，上層から中上層に位置づけられる職業階層で，年収の変動係数が大きく，また職業階層ごとの平均年収の地域差も大きい。中下層および下層では，学歴と所得の双方にばらつきがみられる。

10

表 序-1　職業階層

分類		GSO の職業コード	サンプル数			生年		
			全国	北部	南部	全国	北部	南部
1	指導層	11〜17	119 (118)	82 (81)	37 (37)	1967	1967	1967
2	企業経営者	18, 19	109 (91)	72 (62)	37 (29)	1968	1968	1967
3 専門・技術職	3-1 高度専門技術職	21〜26	939 (913)	600 (590)	339 (323)	1975	1975	1974
	3-2 中級専門技術職	31〜36	746 (679)	476 (448)	270 (231)	1976	1976	1976
4	事務職	41〜44	348 (326)	190 (182)	158 (144)	1976	1976	1975
5	販売サービス員	51〜54	2,538 (621)	1,345 (319)	1,193 (302)	1973	1972	1974
6	工員・職人	81〜83	1,088 (836)	558 (422)	530 (414)	1978	1978	1979
7	手工業者	71〜75	2,576 (1,796)	1,750 (1,213)	826 (583)	1976	1975	1977
8	単純労働者	91, 93〜96	1,821 (1,297)	988 (678)	833 (619)	1975	1975	1976
9 農業者	9-1 商業的農業者	61, 62	1,329 (128)	534 (52)	795 (76)	1971	1972	1971
	9-2 自給農業者	63	311 (8)	272 (6)	39 (2)	1969	1969	1971
	9-3 農業労働者	92	8,042 (919)	5,261 (271)	2,781 (648)	1975	1975	1975

(出所) 2012年版 VHLSS マイクロデータを用いて算出。

(注) 1) 北部は紅河デルタ，北部山地，北中部沿海を，南部は中部高原，東南部，メコンデルタを含む。

2) 学歴は，中等教育（12年生）までの修了学年の平均。よって，ここからは高等教育以上の学歴については把握できない。

　以上より，職業階層という枠組みを通じてみたベトナム社会にほとんど変化がみられない一方で，各職業階層内ではさまざまな形での分化が生じている可能性が示唆される。この職業階層内部での分化の実態を明らかにしない

序章　ベトナムにおける社会階層分化　11

別にみた分化状況

学歴（年）			主職からの年収（万ドン）			変動係数（学歴）			変動係数（年収）		
全国	北部	南部	全国	北部	南部	全国	北部	南部	全国	北部	南部
11.1	11.1	11.2	3,610	3,678	3,463	0.15	0.15	0.15	0.77	0.69	0.95
11.7	11.6	11.8	12,220	9,960	17,052	0.10	0.11	0.06	0.95	0.61	1.04
12.0	12.0	12.0	7,420	7,000	8,186	0.02	0.01	0.02	0.72	0.65	0.79
11.7	11.7	11.6	5,096	4,785	5,699	0.10	0.09	0.13	0.63	0.66	0.57
11.1	11.5	10.6	4,325	3,783	5,010	0.17	0.13	0.20	0.76	0.78	0.70
8.6	9.3	7.9	3,558	3,359	3,769	0.36	0.30	0.42	0.63	0.63	0.63
9.1	10.1	8.1	4,652	4,569	4,736	0.30	0.22	0.35	0.49	0.49	0.49
8.6	9.1	7.5	3,494	3,395	3,698	0.33	0.27	0.43	0.54	0.54	0.54
7.3	8.2	6.2	2,636	2,601	2,674	0.45	0.36	0.54	0.66	0.65	0.67
6.6	7.0	6.3	3,940	3,385	4,320	0.50	0.48	0.52	0.82	0.91	0.77
8.0	8.3	5.5	2,593	2,904	1,659	0.36	0.32	0.57	0.30	0.15	0.56
6.5	7.0	5.7	1,810	2,102	1,688	0.56	0.53	0.59	0.76	0.77	0.74

3) サンプル数のカッコ内数値は，年収平均の算出対象となったサンプル数。

ことには，社会の開放性および安定性の問題について，現実に即した議論をすることはできないだろう。

第2節　本書の概要

1．分析視角とデータ

　本書は，図 序-1に示したド・ティエン・キンの階層枠組みをベトナム社会の構造把握に採用したうえで，その枠組みのなかでは捨象されがちな職業階層内部での多様性に注目し，上層および下層に位置づけられる職業階層の形成過程や特徴を，歴史，制度，経済の諸側面から多面的に精査する。具体的には，社会の上層に位置づけられる指導層，企業経営者，高度専門技術職，中下層から下層に位置づけられる農村自営業者，農民，労働者の各職業階層に焦点を当て，各層がどのような条件下でどういった人々によって形成されてきたのか，各層のなかにどのような分化状況がみられるのか，各層内で所得もしくは地位からみて上位に位置する人々は上昇移動のために必要な資本をどう入手したのか，といった点を検討していく。

　これらを検討するうえでは，ベトナムがアジアの新興国であると同時に，移行経済国であるという条件を無視できない。移行経済国を対象とした社会階層研究では，市場経済化にともなって社会的上昇における教育の重要性が増してくるなかで，政治的資本（コネクションや党員資格など）の重要性が薄れるか否かという点が中心的に議論されてきた。その多くが，政治的地位・コネクションが資源へのアクセスやエリート職への就職・起業，ひいては所得に対して正の影響をもたらしていることを論じている（Hanley, Yershova, and Anderson 1995; Walder 2003; Gainsborough 2003など）一方で，党員資格に代表される政治的資本が就職や所得にもたらす影響の職種による限定性や，影響自体の弱まりを指摘する研究もある（Nee 1989; Kim 2004; Walder, Li, and Treiman 2000; 厳・魏 2014）。これらの点は，本書所収の各章でも主要な論点として取り上げられる。

　各章では，マクロ状況の把握にあたってVHLSSデータを使用するものも

あるが，基本的に各筆者が独自に収集ないし加工した，サンプル・地域限定的なデータを分析の材料としている。VHLSS はマクロ社会状況を把握するには非常に貴重なデータである反面，以下のような欠陥も指摘できる。

①とりわけ上層の職業層で，最上位に位置する人々がサンプルから抜け落ちている可能性がある。
②そうした層は，サンプルに含まれる場合にも，所得・資産を過少申告する傾向があったり，VHLSS の調査項目でカバーされない資産（株式など）を多くもっていたりするため，正確な情報が把握できない。
③とくに下層に位置づけられる職業層の生計手段の多様性・季節性が十分につかめていない可能性がある。

こうした点は，本書が焦点を当てる職業階層内部での分化という，よりミクロの実態を分析するうえでは，制約になると考えられる。本書各章の執筆者は，それぞれの職業階層内のどこに分化が生じているのかにある程度当たりをつけたうえで，地域・サンプルを絞って，上記の欠陥をできるかぎり補えるような詳細なデータの収集・加工に努めた。このような手法がとれたのは，各章の執筆者に長年にわたるベトナム地域研究の蓄積があるゆえであり，ここに本書の強みがあると考える。

2．本書の構成

以下，第1章から第3章では，社会の上層に位置づけられる層の形成過程と特徴が検討される。
第1章は，計画経済体制のもとで権力と富を独占し，社会の上位に君臨していた党・国家指導層が，市場経済化ののちもその社会的地位を維持（または強化）してきたといえるのかという点を，指導層の属性や彼らを取り巻く制度の精査を通じて議論している。ドイモイ期の党・国家指導層には，計画

経済期のように絶対的権力を長期独占するという状況はみられない一方で，その経済的豊かさは，経済機会の増大にともなって，むしろ増大していることが導き出される。同層への参入については，学歴重視の傾向がみられつつも学歴は十分条件とはならず，党員資格や政治的コネクションも兼ね備えて政治システム内に職を得たうえで，属性や出身地域などからみたバランスにも適合的でなければならないことが指摘される。

　第2章および第3章は，企業経営者層と高度専門技術職層とを構成する人々の様相に，それぞれ異なる視角からアプローチしている。第2章では，筆者が証券市場や企業のウェブサイト情報から構築した，ホーチミン証券取引所に上場する大企業経営者のデータベースに基づき，属性・経歴からみた大企業経営者の特徴と変容，また企業経営者内での分化状況について検討している。市場経済化が進んだ現在でも，国有・民間含めて大企業経営者のかなりの部分が依然として国家セクター出身者に占められているという状況にあるなかで，元国有企業や純粋民間企業の総社長職では，国家セクターでの勤務経験がなく，高い学歴・技能に特徴づけられる新たな層が出現していること，しかしその一方で，大企業経営者となる機会を限られた人々に集中させるような，新たな閉鎖的構造も生まれつつあることが指摘される。

　第3章では，企業経営者層と高度専門技術職層に属する人々を「大卒者」という枠で抽出し，その学歴取得の条件とキャリアパスの変化について考察している。ハノイ市で就業する大卒者のサンプル調査の結果分析によれば，1990年代以降の高等教育の大衆化を契機に，大卒者の数は全国的に増加し，非国家セクターでの就職という選択肢が生まれたなかで，そのキャリアパスも多様化したという。しかし，給与や安定性の面から大卒者が志向する国家セクターへの入職は，かつての職業分配制度のもとでそれらへの就職パイプをもっていた伝統的な国公立大学の出身者に偏重していることが指摘される。

　第1章から第3章の議論からは，上層がわずかな開放性を帯びつつも，基本的には各人の努力・能力だけではどうにもならない閉鎖性に特徴づけられているという実態が浮かび上がる。そのことは，VHLSS（2012年版）の「世

帯を離れた家族」に関するデータを用いた長期間の職業移動状況の分析（第4章）にも裏づけられる。一方，第4章のデータ分析からは，中層以下で階層序列をまたいだ職業移動および兼業が比較的盛んに行われていることも見いだされる。下層と位置づけられる職業階層に属する人のなかには，そうした中層以下の領域での自由な職業移動や兼業，また下層とされる職業自体から得られる所得の向上も相まって，職業的には下層にとどまりつつも十分な経済的豊かさを享受する者が，一定の層として出てきていることが，第4章から第6章の事例研究で明らかにされる。

　第4章の北部農村のケーススタディは，上層への参入に壁があるなかで，農村世帯が経済的・社会的な上昇の手段として，家内企業の起業を選好していることを示している。ただし，食品加工，手工業，販売などの限られた業種での自営から得られる所得は限られており，農村世帯は自営業と賃金雇用とを組み合わせることで経済的上昇を達成しているという実態が描き出される。

　第5章ではメコンデルタのふたつの稲作農村の事例から，下層とされる農民層のなかに全国レベルでみても高い経済水準を達成する層が出てきていることが明らかにされる。それらの層の経済的台頭のメカニズムには，ベトナム農村の発展方向性の二分化を背景とした地域差があり，非農業化が進む農村では，経済階層と農地保有規模とのあいだにもはや関係性はなく，階層分化は非農業所得の大きさに規定されているのに対し，農業を発展の中心に据える農村では，農地保有規模によって階層が分化・固定化するという農民層分解論的な状況が生じていることが示される。

　第6章は，労働者層の質的変容の兆しをとらえている。かつて国家セクターの従業員にその大半を占められた労働者層のなかで，2000年以降，非国家セクター，とりわけ外資企業に勤める者の比重が拡大している。同章では，メコンデルタの一外資企業の労働者の現状を2011年までの状況と見比べながら検討し，経済的に脆弱・不安定で閉塞感にあふれていた労働者層が，最低賃金政策の変更を契機とする賃金の引き上げを背景に，自己肯定感をもった

安定的な層となりつつある兆しを見いだしている。

　本書で導き出された，閉鎖的・固定的な上層と流動的かつ多様な中・下層とに構成される現代ベトナムの社会構造は，社会の安定性という問題に対して，どのような示唆を与えるのか。終章ではこの点を本書の結論として議論する。

〔注〕————————————

⑴　階層分類のベースとされているのは1998〜2008年の職業リスト（1998年統計総局決定114号，114/1998/QD-TCTK）におけるコード2桁の細分類である。分類の詳細は荒神（2016）に資料として添付した。

⑵　中国の「10大社会階層」では，最上位に国家・社会管理職，その下に，管理職，私営企業主，専門技術職，事務職，零細経営者，商業サービス職，労働者，農業労働者，無職・失業者が，順に位置づけられている。

⑶　こうした職業威信の傾向は，北部でのみならず南部でも同様にみられるようである。Bùi Thế Cường（2016）による東南部の職業威信調査の結果も，Đỗ Thiên Kính（2012）による北部2省での調査結果と大きくは変わらず，指導層や専門技術職に対する評価が高い一方で，労働者や農民に対する評価は総じて低い。

⑷　Đỗ Thiên Kính（2015）は1992〜1993年，2002年，2012年の3時点の全国および南部8省の社会階層構造をVHLSSデータに基づいて描き出している。それによれば，全国レベルでみた社会階層構造が3時点を通じてピラミッド型のままであるのに対し，経済発展・工業化の先進地域である南部8省（ビンフック省，タイニン省，ビンズオン省，ドンナイ省，バリア・ヴンタウ省，ホーチミン市，ロンアン省，ティエンザン省）の社会階層構造は，2002年時点のピラミッド型から2012年時には樽型に移行している。

⑸　1998年のGSO職業分類を基盤としたĐỗ Thiên Kính（2012）の階層分類では，個人基礎事業主の多くは中層とされる販売サービス員，工員・職人，手工業者に含まれていると考えられる。

⑹　職業階層の分類基準は，基本的にĐỗ Thiên Kính（2012）を踏襲するかたちで，GSOの職業コードに則っている。ただし，ここで使った職業分類は2008年統計総局決定1019号（1019/2008/QD-TCTK）で定められたものであり，Đỗ Thiên Kính（2012）が使用した職業分類（1998年統計総局決定114号，114/1998/QD-TCTK）と若干の違いもみられる。詳細は荒神（2016）を参照されたい。

［参考文献］

＜日本語文献＞

荒神衣美 2016.「現代ベトナムにおける社会階層構造の把握」（荒神衣美編「2000
　　年代ベトナムにおける新たな社会階層の台頭」調査研究報告書　アジア経
　　済研究所　1-29　http://www.ide.go.jp/Japanese/Publish/Download/Report/2015/
　　2015_C09.html）.
―――― 2017.「ベトナム社会の多様化と格差問題」石塚二葉編『ベトナムの「第2
　　のドイモイ」――第12回共産党大会の結果と展望――』アジア経済研究所
　　107-123.
佐藤（粒来）香 2004.『社会移動の歴史社会学――生業／職業／学校――』東洋館
　　出版社.
園田茂人 2008.『不平等国家　中国――自己否定した社会主義のゆくえ――』中央
　　公論新社.
服部民夫・船津鶴代・鳥居高編 2002.『アジア中間層の生成と特質』アジア経済研
　　究所.
厳善平・魏禕 2014.「中国の大都市における階層形成と世代間階層移動の実証分析
　　――1997年，2008年天津市民調査に基づいて――」『アジア経済』55(3)　9
　　月　2-32.

＜英語文献＞

Gainsborough, Martin 2003. *Changing Political Economy of Vietnam: The Case of Ho Chi
　　Minh City,* New York: Routledge Curzon.

Hanley, Eric, Natasha Yershova, and Richard Anderson 1995. "Russia- Old wine in a
　　new bottle? The circulation and reproduction of Russian elites, 1983-1993," *The-
　　ory and Society,* 24(5) October: 639-668.

Hsiao, Hsin-Huang Michael, ed. 1999. *East Asian Middle Classes in Comparative Per-
　　spective,* Taipei: Institute of Ethnology Academia Sinica.

Kim, Jee Young 2004. "Political Capital, Human Capital, and Inter-generational Occupa-
　　tional Mobility in Northern Vietnam," In *Social Inequality in Vietnam and the
　　Challenges to Reform,* edited by Philip Taylor, Singapore: Institute of Southeast
　　Asian Studies, 166-207.

Nee, Victor 1989. "A Theory of Market Transition: From Redistribution to Markets in
　　State Socialism," *American Sociological Review,* 54(5) October: 663-681.

Taylor, Philip, ed. 2004. *Social Inequality in Vietnam and the Challenges to Reform,* Singapore: Institute of Southeast Asian Studies.

Walder, Andrew G. 2003. "Elite Opportunity in Transitional Economies," *American Sociological Review*, 68(6) December: 899–916.

Walder, Andrew G., Bobai Li, and Donald J. Treiman 2000. "Politics and Life Chances in a State Socialist Regime: Dual Career Paths into the Urban Chinese Elite, 1949 to 1996," *American Sociological Review,* 65(2) April: 191–209.

World Bank 2012. *Well Begun, Not Yet Done: Vietnam's Remarkable Progress on Poverty Reduction and the Emerging Challenges,* Hanoi: World Bank in Vietnam.

——— 2014. *Taking Stock: An Update on Vietnam's Recent Economic Developments* Hanoi: World Bank in Vietnam.

World Bank, and MPI (Ministry of Planning and Investment of Vietnam) 2016. *Vietnam 2035: Toward Prosperity, Creativity, Equity, and Democracy* (Overview).

＜ベトナム語文献＞

Bùi Thế Cường 2015. "Nông dân trong cấu trúc phân tầng xã hội（社会階層構造のなかの農民），" *Tạp chí Xã hội học*（社会学ジャーナル），2(130)，20-31.

——— 2016. "Người dân ở vùng đông nam bộ xếp bậc uy tín nghề nghiệp（東南部の人々の職業威信評価），" *Xã hội học*（社会学），1(133)，13-19。

Bùi Thế Cường và Lê Thanh Sang 2010. "Một số vấn đề về cơ cấu xã hội và phân tầng xã hội ở Tây Nam Bộ: Kết quả từ cuộc khảo sát định lượng năm 2008（東南部の社会構造・社会階層における問題：2008年定量調査の結果から），" *Tạp chí khoa học xã hội*（社会科学ジャーナル），3(139)，35-47.

Đỗ Thiên Kính 2012. *Hệ thống phân tầng xã hội ở Việt Nam hiện nay*（現代ベトナムにおける社会階層構造），Hà Nội: Nhà xuất bản khoa học xã hội（社会科学出版社）.

——— 2015. "Bất bình đẳng về diện tích đất đai trong hệ thống phân tầng xã hội ở nông thôn hiện nay（現代農村における社会階層間の農地規模格差）", *Xã hội học*（社会学），4(132)，37-44.

Lê Hữu Nghĩa và Lê Ngọc Hùng 2012. *Cơ cấu xã hội, phân tầng xã hội trong điều kiện đổi mới ở Việt Nam*（ドイモイ期ベトナムの社会構造・社会階層），Hà Nội: Nhà Xuất Bản Chính Trị Quốc Gia（国家政治出版社）.

Tạ Ngọc Tấn 2013. *Xu hướng biến đổi cơ cấu xã hội Việt Nam*（ベトナム社会構造の変容傾向），Hà Nội: Nhà Xuất Bản Chính Trị Quốc Gia（国家政治出版社）.

第1章

ドイモイ期ベトナムの政治エリート層

石塚　二葉

はじめに

　ベトナムと同じ社会主義国，移行経済国であり，さまざまな経済社会指標においてその5〜10年先を行く中国では，ベトナムに先んじて社会の階層分化に関する研究が進んでいる。中国社会の研究者である園田茂人は，市場経済化によって中国社会の格差・不平等の様相に生じた変化を，次のように要約している（園田 2008, 174-176）。まず，市場経済化によって根本的に変わった部分として，個人事業者や民間企業家の台頭，学歴等の要因による収入格差の拡大などが挙げられる。第二に，市場経済化によって部分的に変化したとはいえ，基本的に変わらず存続している部分として，都市と農村の二重構造や，世帯収入を支える女性の役割などが指摘される。そして，第三に，市場経済化にもかかわらず，従来のまま維持，ないしむしろ強化されている部分として，国家機関で働く管理職（国家幹部；共産党員が多い）による社会的資源の独占があるという。このような「政治優位の階層構造」が形成されてきたのは，中国が社会主義システムを維持しながら市場経済を導入してきたことの帰結であると，園田らは指摘する（菱田・園田 2005, 158-159）。

　ベトナムでは，まだ中国ほど社会的分化が進んでいないという認識が一般的であり，公式には社会主義的な階級定義が依然として用いられていることとも相まって，階層研究というものがあまり進んでいない。しかし，Đỗ

Thiên Kính（2012）のように，ベトナムにおいても党・国家指導層を社会階層構造の最上層に位置づける研究も現れている（序章参照）。本章では，ベトナムにおける党・国家指導層とはどのような層であるのか，彼らは市場経済化のなかでその社会的地位を維持，ないし強化してきたと考えられるのかという問いを検討し，その階層としての開放性，閉鎖性についても予備的な考察を行うことを試みる。

　なお，ベトナムでは，国家指導層の保有する経済的資本の実態に関する信頼できるデータは得られていない。後述するとおり，国家指導層の一部は非合法な手段により大きな富を得ているとみられるが，その非合法性ゆえに調査によって捕捉することは困難である[1]。そのような限界もあり，本章の分析は主としてベトナムの政治エリート層の階層としての特性，およびこの層への参入に関する制度・実務に焦点を当てていることをあらかじめお断りしておく。

第1節　計画経済システム下の党・国家指導層

1．党・国家指導層の定義と「ノーメンクラツーラ」

　まず，本章で論じる対象について基本的な定義をしておくと，党・国家指導層とは，ベトナムの政治システム，すなわち党・国家および主要大衆組織（政治・社会組織）における指導的地位を占める人々を指す。広義の国家セクターのなかでも，国有企業の幹部はここでは除かれる。国有企業はその主管機関と密接な関係があり，人事的にも同一人物が国家機関と国有企業の主要ポストを行き来することは今日でも珍しいことではないが，ドイモイ期には制度的に国有企業における所有と経営の分離の方針がとられていることもあり，ここでは政治・行政的活動を主たる任務として行う者のみを党・国家指導層として扱うこととする。

別の言い方をすれば，本章でいう党・国家指導層とは，2008年の幹部・公務員法にいう幹部・公務員のうち，指導・管理的職位にある者を指すことになる。2008年幹部・公務員法によれば，幹部・公務員とは，国家機関の職員のみならず，党や政治・社会組織の職員をも含む。それらのうち，幹部とは選挙や政治的任命により一定の任期の間当該職位を占める者であり，公務員とは試験などの方法による選考を経て採用される常勤の職員である。ただし，本章では，「幹部」と「公務員」という用語をそれぞれ法律上の用法よりも広く用い，「公務員」というときは法律上の「幹部」と「公務員」を含む全体を指し，「（党・国家）幹部」というときは，この「公務員」のうち指導・管理的職位にある者（すなわち，党・国家指導層と同義）を指すこととする。後に詳しくみるように，本章では党・国家指導層ないし幹部として中央の国家機関でいえばおおむね「副局長」級以上の職位を占める者を想定するため，その対象は法律上の「幹部」よりも広くなる。

　党・国家幹部に国会議員など民選機関の議員を含めて論じるかどうかはひとつの問題である。第3節でみるように，統計上は民選機関の議員は「指導層」に含まれている。しかし，ベトナムにおける民選機関の議員はすべてが幹部・公務員法にいう幹部・公務員であるわけではなく，当該機関の議長，副議長などの役職者，または他の国家機関等に勤める幹部・公務員が議員を兼任している場合のみ，これに含まれることになる。また，実際に多くの議員は非専従の議員であり，改選率も高い（石塚 2016, 49）。本章では，ひとまず民選機関の議員を含む広義の党・国家指導層とこれを含まない狭義の党・国家指導層を区別し，基本的には後者を念頭におきつつ，人事制度について論じる際などには必要に応じて民選機関の議員にも言及することとする[2]。

　社会主義国における党・国家指導層が「西側」の政治エリート層とは異なる様相を呈する新たな支配階級として出現してきたことを最初に理論的に示したのは，ソビエト連邦（ソ連）や東欧の知識人たちであった。1970年，ソ連の作家ヴォスレンスキーは，現存社会主義国においては，マルクスが予言したような階級なき社会が実現することはなく，実際には「ノーメンクラ

ツーラ」と呼ばれる特権的な官僚機構による独裁が生じたと指摘した（ヴォスレンスキー 1988）。ノーメンクラツーラとは，ソ連で用いられた，上位の機関により任命される公的役職とそれらの役職につく候補者の名前のリストのことであるが，転じて社会主義諸国におけるエリート層・支配的階級や，それを構成する人々を指す言葉として用いられる。

　ヴォスレンスキーによるソ連のノーメンクラツーラの描写は詳細にわたっているが，その主要な特色を筆者なりに要約するとすれば，次のような点が指摘できる。第一に，彼らが全体主義的な共産党一党独裁体制のもとで国家・社会管理のための権力を独占していることである。すなわち，「問題が工業であれ，農業であれ，内政，外交，経済，軍事，社会の諸政策であれ，イデオロギーであれ，文化ないしスポーツであれ，どれもこれも，ノーメンクラツーラ内部でのみ決定が下される」（ヴォスレンスキー 1988, 133）のである。生産手段を私有する資本家階級が存在しない計画経済システム下では，党・国家官僚は国内の主要な経済資源をも独占的に管理しており，その一員になる以外に立身出世の道はないといってよかった。

　第二に，ノーメンクラツーラは，党機構内のみならず，国家機構，大衆組織などを含む政治システム全体において，各党機関がその直接の管轄下にある機関の人事を決定・承認する，包括的・階層的な人事システムのうえに成り立っていることである。そのなかで，ノーメンクラツーラ構成員の異動・昇進ルートには多様なバリエーションがあり得る。昇進のための選抜の基準は，まず政治的信用や姿勢であり，次いで専門知識や管理的能力などが考慮される。また，もうひとつ現実に要請されることは，幹部候補者が幹部ポストをめざして努力する（すなわち，出世主義者である）ことであり，それは具体的には任命に影響力をもつ上級者に目をかけられるようにふるまうことなどを含む（ヴォスレンスキー 1988, 144-151）。

　第三に，ノーメンクラツーラは「権力によって富を獲得する」特権的支配階級であることである。彼らは別名「赤い貴族」とも称され，幹部用の特別の配給や病院などのサービスを受け，専用の別荘や保養所を割り当てられた

（ヴォスレンスキー 1988, 295-389)。このような特権を享受する党・国家官僚は，その子弟をも要職につかせようと努め，ノーメンクラツーラの身分は事実上世襲のものとなっていった（ヴォスレンスキー 1988, 183-187)。

　ノーメンクラツーラは，計画経済などを特徴とする国家社会主義に特有の現象であり，制度としてのノーメンクラツーラ・システムは，ソ連・東欧では社会主義体制の消滅にともない廃止されている。

2．計画経済期ベトナムにおける党・国家指導層

　上述のようなノーメンクラツーラは，計画経済期ベトナムにも存在していたと考えられる。共産党機関紙『ニャンザン』（人民）の元副編集長であるタイン・ティンは，ベトナムの特権的官僚階級は，その形成時期が遅かったことや長期にわたる戦争の影響などもあり，ソ連やその他の社会主義国のそれと比べると，それほど極端な特権や富を集中していたわけではないとする一方で，ベトナム戦争終結後からドイモイ初期にかけて急速にこの階級による富の蓄積が進んできたとみる（タイン・ティン 2002)[3]。

　ティンのいう特権的官僚階級は，「党と国家，軍隊，公安，大衆団体で高い地位にある幹部の総体」によって構成される。具体的には，中央レベルであれば「副局長クラス以上，各研究機関の副所長クラス以上，各公共機関，経済・金融機関の所長と副所長など」，地方省レベルであれば「省委員会の書記，副書記，省委員会の常務委員，省人民評議会および行政委員会の主席，副主席，省委員，そして省のその他の機関の長」であり，県レベルでも同様のポストについている者を含む（タイン・ティン 2002, 335-336)。ティンは，この特権的官僚階級の規模を，全国で5万人以上，戸数にして全国の戸数の200分の1程度と推定する[4]。

　これらの党・国家幹部はどのような意味において特権的であったのだろうか。まず，給与についてみると，ティンによれば，給与制度の施行当初から，最高レベル（国家主席，党書記長）と最低レベル（単純労働者の最低賃金）の

給与の差は7倍とされていた。しかし，実際には，上級公務員以上になると，給与外の俸給と配給が増え，結果としてこの比率は100倍かそれ以上にも達していた，とティンは推定する（タイン・ティン 2002, 342-343）。高級幹部は，自腹を切らずに高価な衣服，新聞雑誌，書籍，劇場のチケットなどの現物支給を受けていた。彼らはまた専用運転手付きの自家用車をもち，政治局員ともなるとその家族までが週末や休暇に自動車で遊びに出かけた。労働者や下級・中級公務員がやっと古い自転車に乗っていたとき，政治局員や書記局員は，公用私用を問わず，自分専用に飛行機を徴用する権利までもっていた。

　配給についても同様である。国民一般が受けられるコメの配給は，規定どおりでも必要最低限に満たない量であったが，実際にはそれより量が少なかったり，質が悪かったり，輸送が遅れるなど，庶民の主要な悩みの種となっていた[5]。これに対し，中央委員や政治局員などは，専用の農地で栽培された上等なコメを十分に受け取っており，その他の食料についても，パーティやセレモニー，贈り物などがあるため，事欠くことはなかった。

　すなわち，ティンによれば，国民がさまざまな制約のもとで貧しさを分かち合っていたとき，高級幹部とその家族は単に不自由がないというばかりか，相当豊かな生活を享受していたということになる。これは，国家社会の指導・管理や外交などの重責を担う者たちにとっての必要ということで一定程度は正当化できるであろうが，一見して限度を超えている，あるいは法や道理に反していると思われる部分もある。たとえば，住宅についてみれば，高級幹部はしばしば広大な住宅に住み，その家族のために複数の家屋を所有していた。また，外国への渡航の権利はかつては党・国家官僚階級の独占であったが，高級幹部はそれを利用して大量の商品を密輸したり，高価な贈り物を懐に入れたりしていたという。

　ティンはまた，党・国家官僚がこのような特権をもたらす地位に固執し，より高い地位に移る以外はいつまでも同じポストにとどまり続けようとしたと主張する。もっともセイヤーは，ドイモイ以前のベトナム共産党の中央委員会の構成の分析から，第6回党大会以前にも中央委員の世代交代はすでに

生じていたと指摘する（Thayer 1988, 185）。また，彼は計画経済期における「定期的かつ秩序だって行われる大臣ポストの入れ替え」にも言及している（Thayer 1988, 179）。実際，主要職位の長期独占や終身化については，ホー・チ・ミンをはじめとする初期の最高幹部のあいだで顕著にみられるが，どの程度一般的に行われていたかについては検証を要する（この点については第3節であらためてふれる）[6]。

　非制度的な面を含む党・国家官僚層による特権の享受については，管見するところ，タイン・ティン（2002）以外に一定程度詳細に叙述した文献は見当たらないが，Kolko（1997）はより一般的な記述ながら，党指導層の特権階級化の進行についてティンとおおむね同様の見解を示している。たとえば，コルコは，1975年以前には党の主要幹部のあいだでの汚職は目立たない程度であったと述べている（Kolko 1997, 74）。ただし，1954年以降制度化していた特権として，党幹部の子弟は優先的に国内外の高等教育の機会を与えられていた。また，党員の家族は党員資格を獲得することも容易であった。その結果，1954年当時の党幹部の家族は党・国家機構のなかでしだいに大きな位置を占めるに至り，多くの地域，とくに都市部において「明確な社会的，教育的，政治的カースト」（Kolko 1997, 122）を形成してきたとされる。

第2節　ドイモイ期ベトナムにおける環境変化

　ドイモイ期に入り，党・国家官僚を取り巻く情勢は少なからず変化してきた。変化の方向性は，大きくふたつに分けられる。ひとつは，法治主義の制度化や政治・行政の近代化への動きである。もうひとつは，市場経済化による経済的機会の増大である。

1．法治国家化，政治・行政の近代化

　ドイモイによる経済面での市場経済化にともない，政治制度面で推進されてきたのが「社会主義的法治国家」の建設である。その基本的な命題のひとつは「党と国家の機能の分離」であった。これは，計画経済期において「党が指導し，国家が管理する」という原則があいまいになり，党がしばしば国家に取って代わるという過ちがあったという反省に基づき，国会や政府などの国家機関の社会管理の効力を高める一方で，党はその指導的役割に専念するという役割分担の明確化をめざすものである。法治主義の重視は，資本主義諸国との経済関係を深めていこうとするベトナムにとって不可欠の要請でもあった。

　法治国家建設の動きのなかで，能力主義を基本とし，明示的な権利義務の定めをもつ，近代的な公務員制度の整備も進んできた[7]。1993年には公務員の給与に関する政府議定25号が公布され，公務員の最低賃金や給与体系の基本的な仕組みを定めた。同議定は，それまで行われていたさまざまな現物給付を廃止し，原則として金銭による給付に一本化した。各職位の給与額は公的部門の最低賃金に係数を掛けた金額とされ，最高レベルの党書記長および国家主席の係数は1993年時点では10.00であり，その後2004年の改定により13.00となっている[8]。2016年5月時点における公務員の最低賃金は月額121万ドン（約6110円）[9]であり，これに基づいて計算すれば党書記長および国家主席の給与額は月額約8万円程度となるが，実際にはそれに諸手当やボーナスなどが加算される[10]。また，給与以外の所得機会については，次項で取り上げる。

　1998年には幹部・公務員に関する法令が公布され，公務員の定義や範囲，その権利義務や任用などのあり方について規定した。法令は，公務員が私企業を設立したり，その経営に携わったりすることを禁じている。また，常勤の公務員の任用については，対象者は道徳的品性をそなえ，職務に必要な基

準を満たす必要があり，試験を経て任用されることなどが定められた。幹部・公務員に関する法令は2000年，2003年に改正され，2008年には幹部・公務員法が制定された。

　党幹部人事に関する制度・実務も，個人による職位の独占を防止し，世代交代と幹部の若返りを促進する方向で刷新されてきた[11]。2001年の第9回党大会では，中央委員，政治局員等のすべての役職を対象に年齢制限が導入され，任命時点で65歳を超えてはならないこととされた（ただし，個別の場合に例外は認められる）。その後，2006年の第10回党大会では，原則として，中央委員に関しては再任が60歳，新任が55歳まで，政治局員に関しては再任が65歳，新任が60歳までと年齢制限が引き下げられた。また，第9回党大会で改正された党条例には，書記長の在任は連続2期までとすることが明記された。

　また，党・国家組織は，合理化・簡素化の方向で改革されてきた。中央レベルの行政機関は，省庁，省庁と同格の機関，その他の政府機関を含め，2001年にはそれぞれ17，8，23の合計48機関あったが，2010年までにはそれぞれ18，4，8の合計30へ減少した。地方レベルでも，中央の機関の統廃合に対応して専門機関の整理が行われた。公的機関におけるポストの創設にも従来よりも厳しい目が注がれるようになり，1987年の一時期には11人にまで増えた副首相は1992年には3人となった（2017年現在，5人）。2015年の政府組織法では，各省庁・省庁と同格の機関の次官級の人数は5人（国防省，公安省，外務省は6人）を超えてはならないと定められた。党組織においても，2007年，党中央の委員会組織の再編が行われ，委員会の数は11から6へと減少した（その後，2012年には2007年に統合されたふたつの委員会が再設置されている）。

　このように，ドイモイ期の党・国家官僚制は，総じてより近代的・民主的な方向へと改革されてきたようにみえる。ただし，「党は国家・社会を指導する」「党は全政治システムにおける幹部工作および幹部・党員の管理を統一的に指導する」という基本原則は変わっていないことには注意が必要であ

る。「党と国家の機能の分離」が主張される一方で，党の国家に対する指導力を確保することにも同等の注意が払われているのである。たとえば，各政府機関にはその組織において一定の職位（省庁であれば大臣，次官，党委書記，組織人事担当局長など）を占める党員によって構成される「幹事委員会」（ban cán sự）がおかれ，党の方針・政策が当該組織において実現されるよう指導する役割を果たしている。国家機関である中央省庁の人事についても，実質的な決定権をもつのは，党の機関である幹事委員会であるということになる。

2．市場経済化にともなう経済機会の増大

ドイモイにより，ベトナム経済は，それまでの国営企業と合作社中心の経済から「多くの部門（所有形態）からなる経済」へと移行し，経済主体の多様化が進んできた。現在では，土地に関しては依然として「全人民所有」の建前が維持されているが，それ以外の主要生産手段に対しては私的所有権が憲法上も保障されている。このことは，一面，個人が「権力によって富を獲得する」以外の方法で経済的・社会的な成功を収めることを可能にしたといえる。実際，ドイモイ開始後30年を経て，国内の大企業ランキングに名を連ねる民間企業も増加しており，そのような企業の経営者のなかから主要経済誌によって世界的な富豪と認定される者も現れている。

他方で，ベトナムにおける漸進的な市場経済化は，国有企業を温存しながら進められてきた。ドイモイ初期こそ小規模で非効率な赤字企業の淘汰が集中的に行われ，国有企業は数のうえでは大きく減少したが，その実質的な活動規模にはほとんど影響はみられなかった。むしろ1990年代半ば以降の「工業化・近代化」路線のもとでは，国有企業は工業化の主たる担い手と目されて統合・大規模化が進み，さらに2000年代にはコングロマリットの形成により企業活動の多角化が進んだ。国有企業に対するあからさまな優遇・保護政策はベトナムの国際経済統合の進展にともない縮小してきたが，土地や融資へのアクセスなどに関し，国有企業は依然として民間企業に比べて優位に立

つ傾向もみられる。ドイモイの30年を経て，ベトナムの国有部門は現在でも
ベトナムにおける大企業ランキングの上位をほぼ独占している。

　また，民間企業は，1999年の企業法制定を契機としてようやく新規設立が
活発に行われるようになってきたが，実際には少なからずの民間企業が党・
国家と密接な関係をもっていることは（データによる裏づけは限定的であるが）
多くの研究や報告が指摘するところである（Kolko 1997; Gainsborough 2010;
Hayton 2010など。また，本書第2章参照）。上述のように，ベトナムの公務員
制度は，公務員が自ら私企業の設立や管理に関与することを禁止しており，
また，公的機関の長や次長については，その家族が当該機関の管理の対象分
野において企業活動を行うことも禁じているが[12]，実際には少なからずの公
務員が，不十分な給与所得を補うべく，何らかの方法で私的経済活動に携わ
っているとみられる（Nguyễn Hữu Hiệp 2011）。ちなみに，一般党員について
は，2006年以来，私企業経営に携わることが認められ，2011年には私企業経
営者の入党も試験的に認められている。国会や地方の人民評議会には，私企
業経営者の議員も当選している。

　さらに，経済活動の活発化は，公務員に対し，企業活動以外の合法，非合
法な給与外の所得獲得の機会を増大させている（Nguyen Khac Hung et al. 2006,
26)。合法的な所得獲得手段としては，公務員の専門的な識見を生かした調
査研究活動やコンサルティング，書籍・論文の執筆など，また，医師が勤務
時間外に診断・治療行為を行うことなどが挙げられる。非合法な所得として
は，許認可や土地収用，徴税などの実務に絡んだ汚職や密輸などの行為によ
る利益が考えられる。

第3節　ドイモイ期における党・国家指導層

1．党・国家指導層の範囲と規模

　ドイモイ期における党・国家指導層の範囲をより具体的に画定するために
は，ベトナム統計総局（GSO）の職業分類が参考になる。2008年の職業分類
によると，「各部門，各級，各単位における指導層」として8つの分野の職
業が挙げられており，そのうち「党・国家指導層」に当たるのはおおむね1
〜6であると考えられる（表1-1）。

　「党・国家指導層」をこのようにとらえることは，前節のティンの観察と
も基本的に整合的であると思われる。また，社会学者のド・ティエン・キン
も，ほぼ同様の階層区分を行っている（Đỗ Thiên Kính 2012, 32）。キンは2002
〜2008年のあいだに実施されたベトナム家計生活水準調査（VHLSS）のデー
タの分析を行っているため，1998年版の職業分類を用いているが，階層分析
にあたってはやはりそのなかの「各部門，各級，各単位における指導層」か
ら企業経営者層を除いたものを「指導層」と位置づけている[13]。このように
みると，「指導層」を官庁でいえばおおむね「副局長級以上」とみることは，
ベトナム人の感覚からいっても妥当であるということが推測できる。

　公刊されている GSO の「労働・就業サーベイ」では，「各部門，各級，各
単位における指導層」の総数のみが示され，その内訳は示されていないため，
企業幹部などを除いた「党・国家指導層」の正確な規模はわからない。一方，
キンは，VHLSS のデータをもとに，2002〜2008年における「指導層」の規
模を，15〜60歳の就労人口の0.8〜1.1％としている（Đỗ Thiên Kính 2012, 55）。
これに対し，「企業経営者層」は同じく0.3〜0.5％とされている。このことか
ら，「労働・就業サーベイ」における「各部門，各級，各単位における指導
層」のうち，「党・国家指導層」の占める割合は，約70〜75％程度であると
推測される。この比率を2015年版「労働・就業サーベイ」（TCTK 2016）の

表1-1　統計総局の2008年職業分類による「各部門，各級，各単位における指導層」

	分　野	職　業
1	中央・地方の共産党機関の指導者（専任）	党中央各委員会委員長・副委員長，局長・副局長，中央委員；省級および県級各委員会委員長・副委員長，省級および県級党部執行委員；社級党委書記・副書記など
2	国会と国家主席官房の指導者	国会議長・副議長，各委員会委員長・副委員長，局長・副局長，国会議員；国家主席・副主席，国家主席官房長官・副長官など
3	政府指導者	首相・副首相，政府官房長官・副長官，局長・副局長；各省大臣・次官，局長・副局長など
4	人民裁判所と人民検察院の指導者	最高人民裁判所長官・副長官；最高人民検察院院長・副院長；最高人民裁判所および最高人民検察院局長・副局長；省級人民裁判所長官・副長官および人民検察院院長・副院長；県級人民裁判所長官・副長官など
5	地方の人民評議会と人民委員会の指導者（司法機関および団体を除く，各専門機関を含む）	省級および県級人民評議会主席・副主席・常務委員，各委員会委員長・副委員長，省級および県級人民評議会議員；社級人民評議会主席・副主席；省級および県級人民委員会主席・副主席・常務委員；社級人民委員会主席・副主席；省級および県級専門機関の長・次長など
6	団体：祖国戦線，労働連合，婦人会，農民会，ホーチミン共産青年団，退役軍人会	（労働連合以外の団体）主席・副主席，中央の委員以上，中央の局長・副局長；省級および県級の委員以上 （労働連合）主席・副主席，労働総連合の委員以上；省級および県級労働連合の委員以上；中央省庁の労働組合主席・副主席など
7	起業家組織，人道その他特殊な権利のための組織の指導者	主席・副主席
8	経済集団，総公司および同等組織の指導者	経営管理評議会会長・副会長，社長・副社長，大規模大学の学長・副学長；経済集団・総公司等に属する生産単位の長・次長；総公司・大規模大学等に属する管理単位の長・次長；その他の企業の社長・副社長；小規模大学の学長・副学長など

（出所）　2008年統計総局決定1019号（1019/2008/QĐ-TCTK）に基づき筆者作成。

「各部門，各級，各単位における指導層」の総数約57万人に掛けると，「党・国家指導層」に分類される就労人口は約40〜43万人となる。ヴォスレンスキーやティンにならって，党・国家幹部の家族までを「党・国家指導層」に含めるとすると，「党・国家指導層」の人数は150〜160万人程度となり[14]，人口の約1.7%を占める計算になる。

　上述のとおり，ティンの推計による特権的官僚階級の規模は全国の戸数の200分の１程度であり，また，ヴォスレンスキーはソ連のノーメンクラツーラ階級の規模を全人口の1.2%弱と見積もっている（ヴォスレンスキー　1988, 176）。また，現代中国の指導的幹部の人数について，グッドマンは約50万人と推定している（Goodman 2014, 68）。これらの推計はそれぞれ異なる方法で行われており，いずれがより厳密・正確であるということではないが，直感的にいっても人口の約1.7%という上記の数字はやや高いように思われる。2016年年初に公表された共産党の党員数が約450万人（人口の約５%）であることと比較しても同様である。

　「労働・就業サーベイ」に基づく推計が高めになる理由としては，この数字には広範囲の地方幹部や民選機関の議員が含まれていること[15]などが考えられるが，ここでは差し当たりそのような留保をおくにとどめる[16]。

２．計画経済期の党・国家指導層との比較

　つぎに，ドイモイ期の党・国家指導層が計画経済期のそれと同様であると思われる点，異なると思われる点について，先に挙げた「ノーメンクラツーラ」の３つの特徴のうち，ここでは第一と第三の点について検討する。第二の党・国家指導層の任命システムについては，節をあらためて論じる。

(1)　国家権力の性格

　前節で論じたように，党・国家指導層がおかれている環境は，市場経済化・法治国家化によって相当程度根本的に変化してきた。経済社会活動の自

由化が進み，党・国家による指導・管理が及ばない領域が拡大し，全体主義的な国家・社会管理は後退した。国家は憲法と法律に基づいて社会を管理することや，党組織および党員は憲法と法律の範囲内で行動することが憲法上も明記された。主要な生産手段の私有が保障され，個人による資本の蓄積が可能になり，民間企業家が党員になり，あるいは国会議員や地方議員になる道も開かれてきた。このようななかで，党・国家指導層の有する権力の絶対的・独占的な性格は失われてきた。

　もっとも，国民生活への国家の介入の程度や公権力行使にあたっての裁量の余地などの実態からみても，ベトナムの「法治国家化」はまだ道半ばである。法体系は「一体性を欠き，多くの内容は法治国家建設の要請にかなっておらず」「公開性，透明性，実現可能性，安定性が低い」（第12回党大会政治報告）。行政手続は「複雑，煩瑣であり，発展のための，健全で透明性のある，効果的な社会・経済環境を創設するうえで大きな障害となっている」（同）とされる。このようななかで，交通違反の処理から建築や営業の許可，土地収用や開発プロジェクトの認可まで，公務員の判断・裁量に委ねられる部分は大きい。たとえば，2012年には，北部ハイフォン市で，20年間にわたって開発に心血を注いできた土地を何らの補償もなく地方当局に収用される危機に瀕した土地使用権者が，強制収用に当たった警察官ら6人を負傷させるという事件が発生し，地方当局による恣意的な法令の適用や，それを可能にしている土地法の規定自体に批判が集まった。

　また，そもそもベトナムが掲げる「社会主義的法治主義」は，共産党一党独裁を前提とし，三権分立による国家権力の抑制と均衡という考え方を否定する点で「ブルジョワ法治主義」と異なるとされる（Truong Trong Nghia 2000）。憲法や法律は，党の路線や政策上の変化を反映すべく改正・制定される。刑法には要件の明確でない規定が残り，これが体制に批判的な言論活動などに対し頻繁に適用されている。司法権は十分な独立性をもたず，司法システムへの国民の信頼は低い。国連開発計画（UNDP）ベトナム事務所が公表している「2015年版司法指標報告書」によれば，「市場価格の10分の1

という不公正な補償額であっても，事業主が地方当局の支持を受けている場合には（司法機関などに訴えることなく）受け入れる」とした回答者が5割に達したという（VLA and UNDP 2016, 31）。

こうしてみると，党・国家指導層の権力は，以前のような絶対的・独占的なものではないとしても，依然として法の支配に十分服することなく行使され，国民生活に大きな影響を与えていると考えられる。

(2) 特権階級としての特徴

続いて，党・国家指導層が特権階級的な性格をもつとみられるかどうかについて，所得，資産などの経済力，および官職の長期独占や私物化の傾向のふたつの面から検討する。

まず，所得についてみると，GSOの「労働・就業サーベイ」には，各職業分野別の所得についてのデータも掲載されており，2015年版の同調査では，「各部門，各級，各単位における指導層」の所得レベルは，それ以外の各職業階層と比べて最も高くなっているが，ここでもキンのいう「指導層」と「企業経営者層」それぞれの所得レベルを区別することはできない。他方，キンによるVHLSSのデータを用いた分析によれば，「企業経営者層」の経済指標は他の階層と比べて全般的に最も高いのに対し，「指導層」のそれは，全階層の平均よりは上ではあるが，決して高い方ではない。これは，公務員の給与レベルが社会一般のそれと比して決して高くないことにかんがみれば，当然の結果であるともいえる。

しかし，統計に表れた所得レベルのみから党・国家指導層の経済力を推測するのは，おそらく適当ではないだろう。先にふれたように，市場経済化は，党・国家指導層の合法・非合法な給与外所得の獲得機会を増大させている。とくに汚職などの非合法行為による利益は時に非常に大きなものになり得ることは，摘発されたいくつかの主要な刑事事件をみても明らかである。2006年初頭に明るみに出たPMU18事件では，政府開発援助（ODA）資金などから180万ドルが流用され，サッカー賭博につぎ込まれたという。2012年に発

覚したベトナム海運総公司（ビナラインズ）の乱脈経営・汚職事件では，同社の元会長が「経済管理に関する規定違反」により企業および国家に1000億ドン（約480万ドル）の損失を与え，また100億ドンを横領したとされた。これに対し，元会長の家族は控訴審の前に47億ドンを国庫に納付したという。

　一般に，出所が明らかでない「所得」の規模は，通常外部から知ることは難しいが，時おり伝えられる党・国家幹部の個人資産に関する情報は，今日の党・国家指導層の経済状況の一端を垣間みせてくれる。たとえば，チャン・ヴァン・チュエン政府監査院元院長は，退職後の2014年，自分や家族の名義で総額1000万ドル相当とも推定される土地家屋を所有していることが，メディアの報道と党中央検査委員会の調査によって明らかになった。元院長は，これらの物件の取得，利用に関し，多くの規定違反を行っていたが，当該資産の返還を命じられたほか，党書記局に警告という軽い処分を科されるにとどまった。

　また，2016年に発生したイエンバイ省の党委書記と人民評議会議長殺害事件では，殺害された人民評議会議長の執務室から現金10万ドルと15億ドンなどが入った金庫が発見され，後に当該議長夫妻の私物と認定された。事件や事故等に絡んで，党・国家幹部が，その給与レベルからは説明できないような高額の現金その他の資産を所持していたことが報道される例は散見されるが（Dien Luong 2016; Templer 1998, 132-133など），そのような資産の出所について表立って追及が行われることはあまりないことからみても，公務員にとってこの程度の資産の所有は決して例外的ではないことがうかがわれる。

　そして，このような利益の出所は，一部の職種・地位にある公務員のもつ権力・権限と結び付いていることも少なくないと推測される。「公務員は権威があり，尊大に振る舞い，不正に利益を得る機会が多いから魅力的？」と題されたあるベトナムの主要なインターネット新聞の記事は，職員採用試験の願書を提出しに「数千人」がハノイ市税務局を訪れたことを伝え，税務部門の職は「給料は少ないが，不正な利益は多い」公職のひとつであると述べている（Nguyễn Anh Thi 2014）[17]。

つぎに，官職の長期独占という面でドイモイ開始前後で変化があったかどうかについては，ここでは政府閣僚の職についてのデータをみていきたい。ベトナム政府のウェブサイトは，歴代政府の閣僚名簿を掲載している。これに基づき，1960年から1987年までの27年間（政府の任期としては，1960～1964年，1964～1971年，1971～1975年，1975～1976年，1976～1981年，1981～1987年）と1987年から2016年までの29年間（同1987～1992年，1992～1997年，1997～2002年，2002～2007年，2007～2011年，2011～2016年）のそれぞれについて，閣僚の平均在職年数[18]を比べると，前者は約8年，後者は約5.5年でそれほど大きなちがいはないともいえる。ただし，これはドイモイ以前の時期については延べ134人，ドイモイ期については延べ158人の閣僚の平均である。

個々の閣僚の在職年数についてみると，在職年数が11年以上にわたる閣僚の数は，1987年以前は134人中40人（約30％）であるのに対し，1987年以降は158人中12人（約8％）にとどまり，なかでも在職21年以上の閣僚は1987年以前は7人いるのに対し，1987年以降はゼロである。このような長期在職者は，1987年以降についてみると最終的に首相，副首相になっていることが多いが（12人中7人），1987年以前はこのような例は40人中14人にとどまり，より多様な分野の職位保持者が含まれている。このように，少なくとも政府閣僚の職についてみるかぎり，ドイモイ期にはより規則的な人事の入替が行われてきたことがデータからも確認できる。

以上を要するに，ドイモイ期の党・国家指導層は，計画経済期のそれのように，絶対的・独占的な権力を誇示するものではない。また個人による主要官職の長期独占も制限され，幹部の交代がより整然と行われるようになっている。他方，経済活動が活発化する一方で法治主義が徹底されない状況のもとで，党・国家指導層の一部が「権力によって富を獲得する」機会や，実際に得ている富の規模は，むしろ増大しているとみられる。汚職の問題は，2012年に公布された第11期中央委員会第4回総会決議でも指摘されているように，近年，その深刻さの度合いを増しているものと考えられる。

第1章　ドイモイ期ベトナムの政治エリート層　37

第4節　党・国家指導層人事の特色

　本節では，主要党・国家幹部の選任に関する制度と実務の分析から，ドイモイ期ベトナムにおける党・国家指導層の人事システムの特色の一端を明らかにすることを試みる[19]。

1．主要党幹部選出プロセス

　中央レベルの主要党幹部の選任プロセスは，5年に一度開催される党大会の開催を起点とするが，その準備は大会開催の2年以上前に始まっている。2016年1月に開催された第12回党大会についてみると，第11期中央委員会は，その任期半ばの2013年の第8回総会において，第12回党大会の準備のため，人事小委員会を含む5つの小委員会の設立を決定した。人事小委員会は，中央委員会が設定する基準に従い，各地方・部門等の意見をふまえて，政治局の指導のもとに，中央委員会が党大会に推薦する第12期中央委員候補者の名簿の草案を準備した。政治局は，党大会前年から大会開催直前までの3回の中央委員会総会において同名簿案および次期政治局員に関する人事案などを討議に付し，これらの案について合意を成立させた。

　下級の党支部により選ばれた代表ら1510人が参加した党大会では，こうして準備された第12期中央委員候補者の名簿案および議場からの追加の候補者の推薦や立候補について審議が行われ，候補者名簿案は修正・補充ののち確定され，投票が行われた。議場からの中央委員候補者の追加的推薦や立候補が認められるようになったのは第10回党大会以降のことであるが，実際には追加的推薦・立候補による候補者の当選はまれである。第10回から第12回党大会の実績をみると，前期の中央委員会が推薦する候補者（正規委員，予備委員含む）の数は予定された当選者数の1.1倍程度であり，追加的推薦・立候補者を加えても中央委員の当選倍率は1.2〜1.4倍程度である。すなわち，実

質的にみて，新中央委員は前期中央委員会によってほぼ「任命」されている
ことになる。

投票の結果選ばれた第12期中央委員会は，党大会開催中に第1回の総会を
開き，第11期中央委員会の推薦をふまえて，中央委員のなかから政治局その
他の主要機関の構成員を，政治局員のなかから書記長を選出した[20]。政治局
員のあいだでの職務分担については，この時点ではまだ正式に決定していな
かったが，少なくとも書記長とともに「四柱」と称される国家主席，政府首
相，国会議長の人選については，第11期中央委員による推薦を受けて，この
時点で実質的に決定していたものと思われる。ただし，これらの国家機関幹
部の職については，正式には後述のように国会により選出されることが必要
になる。

党内には，党書記長についても党大会参加者による直接選挙で選ぶべきと
いう意見もあるが，これは実現していない（ただし，省級以下では，大会が直
接党委書記を選出する試みがすでに行われている）。また，これまで党書記長な
どの主要職位に複数の候補が立てられたり，唯一の候補が中央委員会の信任
を得られなかったりしたことはない[21]。すなわち，党書記長などの主要職位
の選任についても，前期中央委員会とその中枢機関である政治局が実質的な
決定権を有しているとみられる。

2．主要国家幹部選出プロセス

中央レベルの国家幹部の選出については，まず国会議員選挙が5年に一度
実施される。以前は，国会議員選挙は党大会の翌年に，各級人民評議会議員
選挙は国会議員選挙の2年後に，それぞれ実施されていたが，党大会にとも
なう人事の変動は各級国家機関にも直ちに影響するため，国家幹部の任期途
中での異動およびそれにともなう業務の停滞が常態となっていた。このよう
な状況を是正するため，2011年以降は党大会，国会議員選挙，人民評議会議
員選挙が同年に行われるようになった。

ベトナムの国会議員選挙は，普通・平等・直接選挙であり，秘密投票により行われる。国会議員候補者は，中央・地方の国家機関や政治組織，政治・社会組織，社会組織などの推薦を受けるか，または自薦により立候補する。しかし，すべての立候補申請が承認されるわけではなく，最終的な候補者の名簿に掲載されるためには，最大の政治・社会組織である祖国戦線が主導する候補者適格の審査に通らなければならない。

　国会常務委員会は，選挙に先立って，国会議員の属性（民族，性別，年齢などによる）や出身部門による構成案を発表する。推薦候補については，基本的にこの構成案をもとに候補者数およびその構成が各機関に割り振られ，それに従って各機関が適当な候補者を探して推薦する。推薦候補には中央推薦と地方推薦があり，中央推薦の候補には中央レベルの主要党・国家幹部や，当選後，国会各委員会の主要な役職を占めることが見込まれている幹部予備軍の候補などが含まれる。中央推薦の候補の当選確率は高く，2016年5月に行われた第14期国会議員選挙の結果をみるならば，全候補者数に占める当選者の割合は約57％であるのに対し，中央推薦の候補者に限ると同比率は約92％であった[22]。

　これに対し，自薦による候補が最終的に当選する確率は低く，第14期では当初の立候補申請者154人，最終的に候補者名簿に掲載された11人のうち，当選者は2人のみであった。これまで自薦候補が最も多く当選したのは第13期国会の4人であった。ドイモイ期においては，国会議員選挙の当選倍率は約1.5～1.8倍とそれ以前よりも高くなっており，その意味においては国民にとっての選択の余地が広くなっている。しかしながら，最終的な当選者はほぼ100％が国会常務委員会による構成案に基づき各機関により推薦された候補のなかから選ばれていることになる。

　選挙で選ばれた国会は，その第1回の会期において，まず国会議長，副議長および国会常務委員を，前期の国会常務委員会の提議に基づいて，国会議員のなかから選出する。次いで，選出された国会常務委員会（国会議長，各副議長，各委員からなる）の提議に基づいて，国会議員のなかから国家主席

40

を選出する。そして，選出された国家主席の提議に基づいて，国会議員のなかから政府首相を選出し，選出された政府首相による，各副首相，各大臣，その他の閣僚の任命に関する提議を承認する。これらの主要国家幹部の推薦は先に開催される党大会の結果に基づいて行われ，通常，各職位につき定数と同数の候補者が立てられ，その候補者は国会議員の圧倒的多数により承認される[23]。このようにして，主要国家幹部人事においても，前期からの継続性および党大会の結果との整合性が確保されている。

3．人事の特色

以上のような人事の仕組みやその実際の運用から見て取ることのできる特色としては，次のような点が挙げられる。

まず，人事の継続性・安定性である。党と国家のそれぞれの人事において，その起点となるのは選挙であり，建前上は全党員，全国民の意思ということになるが，実質的には選挙結果の基幹的な部分はあらかじめ前期の指導者層によってほぼ決定されている。そして，選出された合議体（中央委員会と国会）が行う人事に関する決定も，基本的に，前期の指導者層による実質的な決定の追認にとどまる。例外的に波乱が表面化するのは，指導者層内部において見解の相違が解消されなかったような場合であると推測される。

第二に，人事の基準として，「構成」（cơ cấu）が重視されている点が指摘できる[24]。とくに国会などの代議機関については，社会各層の代表としての正統性を担保すべく，そのメンバーの属性（民族，性別，年齢など），出身部門，出身地域などについてのあるべき「構成」の目安が明示的に示される。この「構成」は，長期的には社会全体の階層構成の変動などを反映して変化し得るが，短期的には比較的安定していると考えられる。

このような「構成」は，より暗黙的ながら，政治局員の選出の際などにも一定程度考慮されているとみられる。政治局員についてよく指摘されるのは，北部，中部，南部という出身地域のバランスである。実際にドイモイ期の政

表1-2　政治局員および「四柱」の出身地域による構成

（単位：人）

		第6期 (1986年)	第7期 (1991年)	第8期 (1) (1996年)	第8期 (2) (1997年)	第9期 (2001年)	第10期 (2006年)	第11期 (2011年)	第12期 (2016年)
全政治局員	北部	8	5	6	7	5	4	6	11
	中部	4	6	9	8	5	5	4	4
	南部	2→1	6	4	4	5	6	6	4
「四柱」	北部	1→2	2	2	1	2	2	1	2
	中部	1	1	1	2	1	0	1	1
	南部	1→0	1	1	1	1	2	2	1

（出所）筆者作成。
（注）第6期ファム・フン首相以外は任期の途中での死亡や退任，就任についてはとくに区別せず，その期に任命されたすべての政治局員を含めている。ファム・フン首相は1988年3月死去。後継の首相には，同年6月，ド・ムオイ政治局員・書記局常任が選出された。

治局員の出身地域による構成をみると，第6期と第12期を例外として，いずれかの地域の出身者が全政治局員の半数以上を占めることはなく，また，「四柱」に限ってみれば，第6期の1988年以降と第10期を除いて，すべてこの4職のなかに3地域の出身者を含んでいる（表1-2）。このような点からみて，実際に政治局員の選出にあたっては，出身地域のバランスが一定程度考慮されていることがうかがわれる。

　第三に，とくに高いレベルの職位になると，個々の幹部についてもその経歴の多様性・全面性が重んじられる傾向が見受けられる。筆者はかつて，2016年の第13期第11回国会で改選される前の第13期政府閣僚（グエン・タン・ズン首相を除く）のキャリアパターンを，「キャリア官僚」「キャリア軍人・公安」「地方政治家」「アカデミック」「企業幹部」に分類した（石塚2016）。この分類は各閣僚の主たる経歴に基づいて行っているが，「キャリア官僚」型とされる閣僚でもその少なからずが地方党委員会の要職（書記・副書記）を経験しており，また「地方政治家」型の閣僚の多くが大臣等に就任する前に同じ省の次官などを経験していることも確認された。2016年7月に成立した第14期政府閣僚についても，同様のことがいえる（表1-3）。

　もっとも，多様性・全面性といっても，党・国家幹部のキャリアパスの範

42

表1-3　第13・14期政府構成員の主たる経歴別内訳

（単位：人）

	地方政治家（うち省庁幹部経験者）	キャリア官僚（うち地方幹部経験者）	キャリア軍人・公安	アカデミック	企業幹部	その他[2]	計
第13期	10 (6)	7 (5)[1]	3	3	3	1	27
第14期	9 (7)	7 (5)	3	3	2	3	27

（出所）　筆者作成。

（注）　1)　第13期キャリア官僚型中地方幹部経験者には，ハノイ市党委常務委員となったが党委書記・副書記には就任していないヴー・ヴァン・ニン副首相を含む。

　　　　2)　「その他」には，多くの分野を転々として主たる経歴が明らかでない者（第13期グエン・タン・ズン首相および第14期チャン・トゥアン・アイン工商相），主たる経歴が党中央機関職員（第14期グエン・ゴク・ティエン文化スポーツ観光相），青年団幹部である者（第14期ダオ・ゴク・ズン労働傷病兵社会相）を含む。

囲は基本的に確立した政治システムのなかに限られている。「アカデミック」型の閣僚は主要な国立大学や各省庁管轄下の研究機関などで幹部を務めてきており，「企業幹部」型の閣僚は主要国有企業の出身である。なかには労働組合や青年団の地方幹部などを務めたのちに地方政府や中央省庁に入る者もある。いずれにせよ，定年のある公務員制度[25]のもとで高い地位に行きつくためには，早くからこの政治システムのどこかに席を確保し，党の幹部養成計画の対象にならなければならない。

　第四に，以上のような代表性や多様性重視の一方で，ある種の基準については，規定の要件以上に実際に求められる標準が高くなっているようにみえる。代表的なものは学歴である。1992年の第9期国会議員選挙の結果選ばれた国会議員のうち，大卒以上の学歴をもつ議員は56％であった（村野 1993）のに対し，2016年の第14期国会議員選挙の当選者496人のうち，学士は180人（36％），大学院以上の学歴保持者は実に310人（63％）であり，6人を除く全員が大卒以上の学歴を有している。同じく2016年の党大会で選出された第12期党政治局員についてみても，全19人のうち9人が博士，7人が修士，3人が学士と非常に高学歴である。

　学歴以外でも，たとえば国家幹部に就任するには制度上は党員である必要

はないが，実際は党員以外が国家幹部に就任することはまれである[26]。2016年，ホーチミン市で「非党員」のフランス系企業幹部（50歳）が都市鉄道管理委員会の委員長に就任したことが話題になったことは，その証左である。また，かつては非党員の政府閣僚も存在したが，近年では単に党員であるばかりではなく，党中央委員であることが閣僚になるための前提条件であるようにさえなっている[27]。2016年に就任した第14期国会常務委員会の構成員も全員が党中央委員であった[28]。

結語

　本章では，ドイモイ期ベトナムの党・国家指導層が，計画経済期における「ノーメンクラツーラ」階級とどのような点で共通し，どのような点で異なっているのか，そしてその人事の仕組みにはどのような特徴があるかについて検討した。ドイモイ期の党・国家指導層は，建国以来，長期にわたった戦争や国際的孤立の時代のベトナムを率いたリーダーたちと比べると，より制度化が進んだ党・国家システムのもとで，任期に従って国務を担当するテクノクラート的性格が強くなっている。市場経済化により，国民生活のなかでは党・国家の管理が及ばない領域が拡大し，政治エリート層の一員になる以外の方法で社会的地位や富を手に入れる道も開けている。

　その一方で，現行の「社会主義的法治国家」や「社会主義志向市場経済」は，公務員による恣意的な権力行使を効果的に抑制することができず，一部の公務員が不正な方法を用いて「権力によって富を獲得する」ことを容易にしている。事柄の性格上，統計数値などから客観的に知ることは難しいが，相次ぐ大規模汚職事件の報道や，メディアが折にふれて伝える中央・地方の幹部やその家族の資産やライフスタイルなどに関する情報からみて，ドイモイ期党・国家指導層によって蓄積されている富の規模は，計画経済期のそれの比ではないであろうことは想像に難くない。

44

　そして，そのような意味において特権的な政治エリート層である党・国家指導層の構成員を選ぶ人事の仕組みについてみると，そこには継続性，安定性，「構成」の重視，政治システム内部の昇進とローテーション，それに学歴重視などの特徴が見いだされる。まず，党員資格がひとつの条件であるとすると，その母集団は人口の約５％を占める党員ということになる。そのなかで，少なくとも大学を卒業し，政治システムのなかに職を得て，党の幹部養成計画の対象となり，時宜を得て「構成」に適合した者のみがこの層に参入する機会を得られるということになるだろうか。

　最後にもうひとつ留保をつけておくとすれば，政治システムのなかに職を得るのは，それが競争試験に基づくこととされる場合であっても，必ずしも能力によるとは限らない。2016年８月，政府の定期会合で，グエン・スアン・フック首相は９つの優先課題のひとつとして幹部工作の刷新を挙げ，「身内ではなく，能力のある人物を探すために試験による任用を行う」ことをあらためて強調した。人事権を握る幹部が親族や知人を管轄下のポストに任用する例は，中央地方を問わず広く観察される(29)。

　また，2012年に，ハノイ市党委検査委員会委員長チャン・チョン・ズックは，同市人民評議会の会期において，市内の一部の機関では公務員採用試験が適切に行われておらず，最低１億ドンは払わないと課長（trưởng phòng）級の試験に合格できないと述べた。同様に，2008年，カマウ省の党委書記は，党の会合で１億ドンの現金を提示して，これはある職位へ昇進するための賄賂として支払われたものだと発言している。

　政治システムのなかに職を得るには，「一に血縁，二に関係，三に金銭，四に能力」（Thứ nhất hậu duệ/ Thứ nhì quan hệ/ Thứ ba tiền tệ/ Thứ tư trí tuệ）ともいわれる。未来の党・国家幹部を志す有為な人材にとって，指導層への参入の道は容易ではないようである。

〔注〕─────────────

(1)　国家指導層の所得を捕捉しようとした比較的最近の試みとして，政府監査

院と世界銀行（世銀）が2012年に実施した「職務，権限を有する者の収入調査」（Kiểm soát thu nhập của người có chức vụ, quyền hạn）がある。同調査に関する報道によれば，回答者の約8割が給与以外の収入を得ており，そのうちの8割強は給与以外の収入は給与額の50％未満と回答しているが，給与以外の収入が給与額の10倍以上に達するという回答も0.2％あったという。これに対し，政府監査院のある幹部は，給与以外の収入を得ていない者は実際には20％よりも少ないのではないかと述べている（Tran Cham 2013）。

(2) 実際，ベトナムの民選機関議員の相当部分は幹部・公務員の兼任である。2011年選出の第13期国会議員の名簿をみると，500人の議員のうち，中央の党機関，政府機関および政治社会団体に所属する議員が約1割，地方の党機関，政府機関および政治社会団体に所属する議員が約3割，国防・公安部門に所属する議員が約1割となっている。

(3) ティンは元体制エリートの一員であるが，南北統一後の共産党の支配体制に批判を強め，1990年，フランス滞在中に体制変革などを求める「一市民の提言」を発表し，党を除名されている。タイン・ティン（2002）の原著は1993年出版。

(4) その内訳は，ハノイに約1万人，ホーチミンに約4000人，軍隊と公安に約3000人などである。ただし，これは，ティンが勤めていた『ニャンザン』紙編集部の職員数と幹部の数の比率を用いた大づかみな推計である。また，社レベルの党幹部がこの推計に含まれているのかどうかは明らかでない（タイン・ティン 2002, 336-337）。

(5) サイゴン大学法学部副学部長であったグエン・ヴァン・カインによれば，1979年に物資の不足により配給基準が変更され，「大臣・次官」は従来どおり月に24キログラムのコメや3キログラムの肉の配給を受けたのに対し，最低ランクの「一般市民」はコメ13キログラム，肉100グラムの配給しか受けられないことになったという（Nguyen Van Canh 1983, 101）。党・国家幹部らはこれらの規定の量を超えて専用の商店で食料等を購入することもできた一方，一般市民にとっては，この規定の配給さえ不確かであったことについては，タイン・ティン（2002）と同様の記述がある。

(6) ホー・チ・ミンは1945年の独立以来1969年に死去するまで国家主席を務め，レ・ズアンは党書記長職に26年間在籍し，ファム・ヴァン・ドンは32年間首相を務めた。これらのリーダーたちは，自らの威信や能力により，また戦時という特殊な状況下における必要に迫られて，その職位にとどまり続けていたという事情もあるだろう。また，ポーターによれば，抗米戦争終結後の中国との関係悪化も，経験の豊富なトップリーダーたちに引き続き党・国家の要職を担当させる誘因となったという（Porter 1993, 105-106）。

(7) ドイモイ以前のベトナムにおける公務員に関する法的文書としては，1950

46

年に公布されたベトナム公務員規則があるのみであった（貴志 2000, 154）。

⑻　現行の給与表については，2004年国会常務委員会決議730号（730/2004/NQ-UBTVQH11）および同年の党中央委員会決定128号（128-QĐ/TW）参照。

⑼　ベトナム外商銀行ハノイ支店における2016年5月末の為替レート（1円＝198.60ドン）に基づき換算。

⑽　Nguyen Khac Hung et al. (2006) 参照。なお，手当については，1993年の給与改革で従来の12種類から8種類に整理された（Nguyen Khac Hung et al. 2006, 19）。

⑾　ドイモイ以前においても中央委員の世代交代が一定程度行われていたことについては，Thayer (1988) 参照。

⑿　2005年汚職防止法第37条。

⒀　キンの定義と本章の定義では，表1-1の「7．起業家組織，人道その他特殊な権利のための組織の指導者」の扱いが異なるが，大勢に影響はないものと考える。

⒁　2014年の中間人口・住宅調査（TCTK 2015）による2014年4月1日時点の1世帯当たり平均人口3.7人を用いて計算。

⒂　もうひとつの可能性として，2002～2008年時点と比べ，2015年には「企業幹部（経営者）層」と「指導層」の比率が相当程度変化していることも考えられる。

⒃　本章でいう党・国家指導層の規模を推定するもうひとつのアプローチとして，内務省が時折公表する幹部・公務員の定数を手がかりとする方法が考えられる。2012年末時点での県級以上の幹部・公務員の定数の総数（ただし，国防・公安部門の人員を除く）は38万8480人であり，社級の幹部・公務員の定数の総数は25万7675人であった（Bảo Cầm - Hoàng Thủy 2013）。このうち「指導層」の割合を，これもキンのデータ（Đỗ Thiên Kính 2012, 63）から1割強と推定し，また「指導層」には幹部・公務員でない者（民選機関の議員など）も3割弱含まれるとすると，党・国家指導層の規模（家族を含まない）は約9万5000人となり，「労働・就業サーベイ」からの推計とは大きな乖離がある。この乖離の原因としては，内務省のデータには（民選機関の議員などが含まれていないことに加え）国防・公安部門の人員が除かれていることなどが考えられるが，その検証は今後の課題である。

⒄　ある元公務員の観察によれば，このような「役得」の多い職種は一部であり，多くの公務員は友人同士で資金を出し合って何らかの経済活動を行うなどの比較的良心的な方法で給与の不足を補っているという（Nguyễn Hữu Hiệp 2011）。これは妥当な評価であろうと思われる。もっとも，本章が考察の対象とする「指導層」は，公務員のなかでも比較的幅広い権限を有していると考えられることから，「役得」の機会も一般に多いと予想される。

⒅ 閣僚の在職期間については，月単位を考慮せず，年単位で計算した。たとえば，1992年9月から1995年10月までであれば，3年とした。また，異なる閣僚ポストに異動した場合でも，異動前後が一続きの期間であれば，在職期間はその全体として計算した。

⒆ 本節で取り上げる2016年の第12回党大会および第14期国会議員選挙の詳細については，石塚（2017）参照。

⒇ ここでも議場から追加の推薦が行われ，政治局員選挙においては，追加の推薦を受けた1人を含む19人が当選したとされるが，詳細は明らかではない。

(21) 2006年の第10回党大会では，党長老らから党書記長職に複数の候補を立てて選挙を行うことが提案され，実際に大会参加者による参考投票が行われたが，最終的に現役のノン・ドゥク・マイン書記長に対する対立候補が辞退したため，中央委員会による選挙は実現しなかったという。

(22) 中央推薦の候補の高い当選率の説明については，Malesky and Schuler（2008）参照。

(23) 例外的なケースとして，ドイモイ初期，1988年の国会において，急逝したファム・フン首相に代わる新首相を選ぶ際に，議員からの要望で2人の候補が立てられた例がある。また，閣僚級では，1996年に首相が提案した交通・運輸相候補が，また，1997年には同じく国家銀行総裁候補が，国会により否決された例がある。

(24) 「10年間の努力も一度『構成』に適合するに及ばない」（"mười năm phấn đấu không bằng một lần cơ cấu"）という表現は，人事にあたっての「構成」の重要性を示している。

(25) ただし，本章にいう党・国家指導層のなかでも，国会議員や人民評議会議員については年齢制限はない。しかし，国会議員や人民評議会議員はそもそも一定の威信はあっても実質的な権力・権限をあまりもたず，また多くの議員は1期5年間のみの非専従議員である。

(26) 共産党員になるには，党員2人による推薦を得て，所轄の党支部で履歴審査を受ける必要がある。本人の社会活動歴や思想，品行などに加え，家族の経歴などについても審査を受け，同支部により入党が承認されると，約1年間の見習い期間が与えられる。この期間を無事に終えると正式の党員となる（坪井 2002, 132）。

(27) 2007年8月から2016年4月まで2期にわたる政府では，閣僚全員が党中央委員であった。2016年4月に政府閣僚の交代が行われた際には，中央委員選挙で落選した医療相が再任され得るかどうかが話題に上った。

(28) 2016年4月に委員の交代が行われる以前の第13期国会常務委員会には，18人の構成員のうち4人の非中央委員が含まれていた。

(29) 2013年，工商省の市場管理局が実施した公務員採用試験では，同局幹部の

親族ら一部の受験者に試験問題が漏洩されたとして問題となった。バリア＝ヴンタウ省税務局およびその支局では，局長の妻や夫妻の複数の親族が雇用されていた（Bà Trung 2016）。ヴー・フイ・ホアン元工商相は，2016年，息子を工商省傘下の国有企業の役員に就任させるなどの一連の人事にかかる規定違反の責任を問われ，2011～2016年の同省幹事委員会書記の職を遡及的に罷免するという処分を受けた。

［参考文献］

＜日本語文献＞

石塚二葉 2016.「ベトナムの政治エリート層に関する予備的考察――今日の党・国家官僚のキャリアパス――」（荒神衣美編「2000年代ベトナムにおける新たな社会階層の台頭」調査研究報告書　アジア経済研究所　30-53　http://www.ide.go.jp/Japanese/Publish/Download/Report/2015/2015_C09.html）.

―――― 2017.「第12回ベトナム共産党大会政治報告と党・国家主要人事」石塚二葉編『ベトナムの「第2のドイモイ」――第12回共産党大会の結果と展望――』アジア経済研究所　21-52.

ヴォスレンスキー，M. S. 1988.（佐久間穆訳）『新訂・増補版　ノーメンクラツーラ――ソヴィエトの支配階級――』中央公論社.

貴志功 2000.「公務員制度」白石昌也編『ベトナムの国家機構』明石書店　153-177.

園田茂人 2008.『不平等国家　中国――自己否定した社会主義のゆくえ――』中央公論新社.

タイン・ティン 2002.（中川明子訳）『ベトナム革命の素顔』めこん.

坪井善明 2002.『ヴェトナム現代政治』東京大学出版会.

菱田雅晴・園田茂人 2005.『経済発展と社会変動』名古屋大学出版会.

村野勉 1993.「1992年のベトナム――1992年憲法を公布――」『アジア動向年報1993』アジア経済研究所　192-202.

＜英語文献＞

Dien Luong 2016. "Vietnam's Corruption Problem," *The Diplomat*, February 29（https://thediplomat.com/2016/02/vietnams-corruption-problem/, 2017年2月3日閲覧）.

Gainsborough, Martin 2010. *Vietnam: Rethinking the State*, London and New York: Zed Books.

Goodman, David S. G. 2014. *Class in Contemporary China,* Cambridge: Polity Press.

Hayton, Bill 2010. *Vietnam: Rising Dragon*, New Haven and London: Yale University Press.

Kolko, Gabriel 1997. *Vietnam: Anatomy of a Peace*, London and New York: Routledge.

Malesky, Edmund, and Paul Schuler 2008. "Why Do Single-party Regimes Hold Elections? An Analysis of Candidate-level Data in Vietnam's 2007 National Assembly Contest," Paper presented at the Annual Meeting of the American Political Science Association, Boston (https://www.researchgate.net/profile/Edmund_Malesky/publication/228869053_Why_do_Single-Party_Regimes_Hold_Elections_An_Analysis_of_Candidate_Data_in_Vietnam%27s_2007_National_Assembly_Contest/links/0c960528b303c2af82000000/Why-do-Single-Party-Regimes-Hold-Elections-An-Analysis-of-Candidate-Data-in-Vietnams-2007-National-Assembly-Contest.pdf, 2017年 2 月 3 日閲覧).

Nguyen Khac Hung, Bui The Vinh, Gottfried von Knobelsdorf-Brenkenhoff, Steffen Reschwamm, and Axel Neubert 2006. "The Current Salary System in Vietnam's Public Administration: Needs for a Decentralized Approach," GTZ Office Hanoi.

Nguyen Van Canh 1983. *Vietnam under Communism, 1975-1982*, Stanford: Hoover Institution Press.

Porter, Gareth 1993. *Vietnam: The Politics of Bureaucratic Socialism*, New York: Cornell University Press.

Templer, Robert 1998. *Shadows and Wind: A View of Modern Vietnam*, New York: Penguin Books.

Thayer, Carlyle A. 1988. "The Regularization of Politics: Continuity and Change in the Party's Central Committee, 1951-1986," In *Postwar Vietnam: Dilemmas in Socialist Development*, edited by David G. Marr and Christine P. White, Southeast Asia Program (SEAP), New York : Cornell University, 177-193.

Tran Cham 2013. "44 percent of public servants earn from meetings," VietNam Net Bridge, April 11 (http://english.vietnamnet.vn/fms/government/71244/44-percent-of-public-servants-earn-from-meetings.html, 2017年 2 月 3 日閲覧).

Truong Trong Nghia 2000. "The Rule of Law in Vietnam: Theory and Practice," In *The Rule of Law: Perspectives from the Pacific Rim*, edited by Jerome A. Cohen, Washington, DC: Mansfield Center for Pacific Affairs, 123-140.

VLA (Viet Nam Lawyers Association) and UNDP (United Nations Development Programme) 2016. "2015 Justice Index: Towards a Justice System for the People," Hanoi: UNDP.

＜ベトナム語文献＞

Bà Trung 2016. "Chồng quy hoạch vợ, sai gì mà bị phản ứng? " (夫が妻を幹部養成計

画の対象にすることの何が問題か？）TuổiTrẻ（若者）, September 4（http://tuoitre.vn/tin/phap-luat/20160904/chong-quy-hoach-vo-sai-gi-ma-bi-phan-ung/1165744.html, 2017年2月3日閲覧）.

Bảo Cầm - Hoàng Thủy 2013. "Không tăng thêm biên chế cán bộ công chức," （幹部・公務員の定員をこれ以上増やさない）Thanh Niên（青年）, June 25（http://thanhnien.vn/thoi-su/khong-tang-them-bien-che-can-bo-cong-chuc-473111.html, 2017年2月3日閲覧）.

Đỗ Thiên Kính 2012. *Hệ thống phân tầng xã hội ở Việt Nam hiện nay*（現代ベトナムにおける社会階層構造）, Hà Nội: Nhà xuất bản Khoa học xã hội（社会科学出版社）.

Nguyễn Anh Thi 2014. "Công chức hấp dẫn vì oai, hách và lắm 'lậu'?"（公務員は権威があり，尊大に振る舞い，不正に利益を得る機会が多いから魅力的？）, Vietnamnet, August 16（http://vietnamnet.vn/vn/tuanvietnam/cong-chuc-hap-dan-vi-oai-hach-va-lam-lau-192660.html, 2017年2月3日閲覧）.

Nguyễn Hữu Hiệp 2011. "Công chức làm giàu bằng cách nào?"（公務員はどのようにして金になるか？）VnExpress, June 29（http://vnexpress.net/tin-tuc/cong-dong/cong-chuc-lam-giau-bang-cach-nao-2198813.html, 2017年2月3日閲覧）.

TCTK（Tổng Cục Thống kê）（統計総局）2015. *Điều tra Dân số và Nhà ở giữa kỳ thời điểm 1/4/2014: Các kết quả chủ yếu*（2014年4月1日時点における中間人口・住宅調査：主要な結果）, Hà Nội: TCTK.

――― 2016. *Báo cáo Điều tra Lao động việc làm năm 2015*（2015年労働・就業サーベイ報告）, Hà Nội: TCTK.

第2章

ベトナム大企業経営者の属性と出世過程
——ホーチミン証券取引所上場企業の経営者の考察——

藤 田　麻 衣

はじめに

　ベトナムにおける企業経営者は，ドイモイ下で企業の役割と機能が根本的な転換を遂げたことによって新たに形成された層である。一方では，計画経済下で国家の計画と指令の執行主体であった国有企業が，自主的経営を行う主体へと転換を遂げたことで，国有企業にも経営を行う主体としての「経営者」が出現した。他方では，1990年代初頭に民間企業の設立が初めて認められ，2000年代以降は経営環境の改善が進んだことによって，新規民間企業登録件数が急増し，多数の民間企業経営者が生まれた。

　企業経営者は，就労人口に占める割合では数％にすぎないものの，経済的な豊かさにおいて他の階層を凌駕している。近年では，民間企業の経営を通じて膨大な富を蓄積する経営者のプロフィールや言動がメディアで広く報道されるようになったことなどを背景として，企業経営者は人々の評価や尊敬の対象となり[1]，ベトナム社会における経済的・社会的な位置は着実に高まっている。経済発展への貢献の大きさから，党・国家も企業経営者の潜在力を重視する姿勢を強めつつある。

　このように台頭著しい企業経営者層は，どのような人々によって構成されているのだろうか。先行研究は，ドイモイ初期に企業経営者となった者の多

くは，国家セクター出身であるか政治的コネクションをもつ者であったと論
じてきた。しかし，2000年代以降，企業セクターの構造と環境は大きく変化
した。国有企業改革が進展した一方で，民間企業が急増し，大規模国有企業
と匹敵するような大規模民間企業グループが出現した。国有・民間を問わず，
海外を含め競争的市場で積極的に事業を展開し，海外の企業との提携や外国
人投資家の出資受け入れを行う事例も増えている。これらの変化は，高度か
つ専門的な経営人材を要請するという点において，経営者にも変化を迫るも
のだといえる。

　本章の目的は，2000年代以降，企業経営者層にどのような変化が生じてい
るのかを考察することである。分析対象としては，企業セクターをめぐる変
化がとくに顕著であり，経営者に対する変化の要請も大きいと考えられる上
位上場企業を取り上げる。筆者が独自に構築したホーチミン証券取引所の上
位上場企業100社のトップ経営者169人のデータベースを用い，経営者の属性
や出世過程を分析することを通じて，ベトナムの上位上場企業経営者は，ド
イモイ以前，あるいは初期から経営を主導してきた「旧世代」によって占め
られているのか，新たな世代が台頭する動きはあるのか，それらはどのよう
な人々なのか，といった問題を考察する。これらの考察を通じて，リスクを
負いつつ企業を経営することで経済的豊かさや名声を手にする機会がどのよ
うな人々に開かれているのかを明らかにしたい。

第1節　ベトナムの企業経営者をめぐる議論

1．企業経営者の対象と分析視角

　本章における「企業経営者」は，基本的には序章が依拠するベトナム統計
総局（GSO）の職業分類に従い，すべての企業および総公司の指導層を指す[2]。
「指導層」の対象となる職位としては，GSO の定義には，会長（経営管理評

表2-1　ベトナムにおける経営事業体の分類

所有形態		統計上の分類		
国有		国有企業	中央管轄	
			地方管轄	
非国有	集団	合作社		
	私有	個人基礎		
		私営企業		民間企業
		合名会社		
		有限会社		
		株式会社	国家資本あり	
			国家資本なし	
外国投資		100％外国資本企業		
		外国との合弁企業		

（出所）　筆者作成。
（注）　網掛けした部分が本章のおもな分析対象である。

議会主席），副会長（同副主席），総社長[3]，および総副社長が含まれる。本章の主要な分析対象は，ベトナム資本の上位企業のトップ経営者，とくに上位上場企業の会長と総社長である[4]。

　ベトナムの企業経営者層の分析にあたって，重要な軸のひとつとなる企業の所有形態と法的形態について整理しておこう（表2-1）。経営事業体はまず，所有によって「国有」[5]「非国有」「外国投資」に分かれる。これらのうち，前者ふたつがベトナム資本の事業体である。「国有」は，管轄によって「中央」と「地方」に分かれる。「非国有」の対象には，企業形態をとるものととらないものが含まれる。企業形態をとるのは，私営企業，有限会社，株式会社，合名会社であり，本章ではこれらをまとめて「民間企業」と呼ぶ。私営企業とは，私的に所有・経営される企業の総称ではなく，個人事業としての企業[6]を指す。株式会社は国家資本があるものとないものに分かれ，前者は株式会社に転換（株式化）された国有企業のうち，国家資本比率が50％未満となったものを指す。非国家セクターの経営事業体で企業形態をとらない

のは，「集団」所有の合作社と「家族」所有の個人基礎（cơ sở cá thể）である。個人基礎とは個人，グループないし世帯が主となった事業体であり，常勤労働者が10人を超えないことなどがおもな要件である[7]。本章が焦点を当てるベトナム資本の企業は，表2-1の網掛け部分に該当する。

　企業経営者層の分析にあたって，企業の所有形態が重要な切り口となるのは，企業の制度上および実態上の位置づけが所有形態によって異なるからである。国有企業は，国による保護や支援が与えられる一方で，国による組織や経営への介入の対象ともなってきた（石田 2004, 48-49）。本章の分析対象である経営者についても，任命や罷免，賞罰に加え，学歴や経験年数などの選任基準，報酬や賞与，手当にかかわる規定の制定などの権限を国が握ってきた。これに対し，民間企業は，国による介入の対象とはならない一方，国有企業と比べ資源へのアクセスなどで不利な状況におかれてきた（Taussig, Nguyen Chi Hieu, and Nguyen Thuy Linh 2015）。

　ただし，国有企業改革の進展にともない，国による硬直的な規制の対象から外れ，あいまいな位置づけとなる企業も増えつつある。2003年国有企業法以降，上述のような国による組織や経営への介入にかかわる規定の対象は定款資本の100％を国家が所有する企業に限られ，改革や再編によって上記に該当しなくなった企業については，規定はなくなった。とはいえ，国家が部分的に所有する株式会社や有限会社と国との関係は完全に断ち切られたとはいえず，国の関与が継続するケースもみられるようである。

　さらに，所有形態は重要だが，経営の実態を説明する決定的な要素とはいえない。企業の実態面をみると，ドイモイ下のベトナムでは，国有企業があたかも民間企業であるかのように経営されたり，民間企業が政治的コネクションを利用して成長したりする現象がみられた（Probert and Young 1995, 514; Gainsborough 2003, 370-371）。したがって，本章は，所有形態を軸に据えつつも，国有企業と民間企業それぞれの多様性に配慮しながら分析を進めていくこととする。

2．企業経営者の出自をめぐる議論

ベトナムの企業経営者を分析した先行研究はほとんどないが，経営者の出自について示唆を与えてくれる先行研究として次の2種類がある。ひとつは，ドイモイ下の政治経済的変化をとらえるための一事例として企業ないし経営者を取り上げたもの，もうひとつは，企業のパフォーマンスを説明する要因としての経営者に注目したものである。

ドイモイ下の政治経済学的変化の分析の一環として企業や経営者に焦点を当てた研究は，ベトナム固有の政治・経済的文脈への深い理解に支えられたものが多いが，限られた事例に基づく考察が中心である。それらにほぼ共通するのは，国有・民間を問わず，ドイモイ下でのビジネスに成功している者の多くは，国家セクターの出身者，あるいは政治的コネクションをもつ者によって占められているとの議論である。

1990年代には，国家機関や国有企業の幹部や職員が，国家資産を私物化することにより民間企業経営に乗り出すという現象がみられた[8]。当局の暗黙の了解のもと，国家機関や国有企業の関係者による国有企業の資産の外部への移転，国有企業の資産や労働者の私的生産への流用，国有企業が獲得した利益を用いた民間事業の立ち上げなどが行われていた（Probert and Young 1995; Kolko 1997; Fforde 2007）。

2000年代以降は，国有・民間を問わず，企業の成長にとっての政治的コネクションの重要性を論じた研究がみられる。Gainsborough（2003）は，ホーチミン市の政治指導者と主要な国有・民間企業との関係の分析に基づき，官僚的・政治的コネクションがこれらのビジネスの成功に不可欠であったことを論じた。また，2000年代には大規模民間企業グループの台頭がみられたが，Hayton（2010）や Pincus（2015）は，これらも党や国家機関，軍などとの関係を通じて成長してきたと指摘した。

企業のパフォーマンスを説明する要因としての企業経営者の属性に注目し

た研究は，産業や地域を限定しつつ，一定規模のサンプルを対象として定量的・定質的な分析を行ったものが多い。1999年時点で製造業に従事する大規模民間企業95社のデータを用いてパフォーマンスの決定因を分析した Webster and Taussig（1999），2008年に上記95社のうち79社を追跡調査し，2000年代以降のパフォーマンスの変化とその決定因を分析した Taussig（2009），ホーチミン市の不動産開発業者14社の質的データを用いてパフォーマンスを規定する要因を分析した Kim（2008）などが該当する。これらは，とくに2000年代以降の当該地域の当該セクターにおけるビジネスの成功において，政治的コネクションよりも経営スキルや能力が重要であったとの結論を導いている。

　以上の先行研究のレビューからは，次の２点が指摘できる。第一に，ふたつの先行研究群から，ビジネスの成功を決定づける要素について異なる示唆が導かれるのは，それらが異なった問題意識に基づき異なった対象を取り上げていることに加え，事例の選定方法や「成功」のとらえ方も異なっていることに起因していると考えらえる。分析対象についていえば，政治経済学的研究が，重点産業を中心とした上位企業の限られた事例に焦点を当てているのに対し，企業のパフォーマンスを説明する要素としての経営者に注目した研究は，より競争的な産業における多様な企業を分析している。

　第二に，政治的コネクション，経営スキルや能力といった概念を実証的に分析することの難しさである。政治的コネクションには，調査の難しさや情報の信頼性の問題がつきまとうこともあり，実証的な分析は Gainsborough（2003）や Webster and Taussig（1999）などごくわずかである[9]。経営スキルもまた，実証的にとらえることが難しい概念であり，Kim（2008）の「認知能力」の分析がほぼ唯一の実証的な考察である。

　このように，先行研究では企業経営者の出自についての断片的な考察しかなされていない状況にかんがみると，まず求められるのは，企業経営者層の全体的特徴の把握だといえよう。実証的にとらえることが難しい政治的コネクションや経営スキルなどよりも，基本的な属性や出自などの把握を優先す

べきだと考えられる。

第2節　公刊統計にみる企業経営者層の特徴と企業セクターの変化

1．1990年代の状況

　前節では，ドイモイ後に台頭した企業経営者の多くは国家セクター出身者や政治的コネクションをもつ者であった，という先行研究の議論を紹介した。まずは，1990年代の統計データを用いて，この議論の妥当性を含め当時の企業経営者の全体像を把握したい。

　まず，事業所および経営者の数を確認しよう。1995年事業所センサス（TCTK 1996a, 15）によれば，1995年時点で企業は2万3708社あり，うち国有企業は5873社，非国家セクターの企業は1万7143社であった。後者の内訳は，個人経営企業である私営企業が1万916社と最多で，会社形態をとる有限会社や株式会社はそれぞれ4242社，118社と少なかった。このほか，企業登録を行っていない個人基礎が187万9402存在した[10]。個人基礎には後に企業へ転換されるものが多く含まれており，企業の予備軍ともいうべき存在である。企業経営者の数については，1995年時点のデータはないが，1997年の労働力サーベイによれば，企業主（chủ doanh nghiệp）は5万607人であった[11]。

　次いで，経営者の学歴や出自をみていきたい。1995年事業所センサスは，企業の社長（giám đốc）2万3708人についての基礎的なデータを提供している。私営企業の社長1万916人の学歴は，短大以上卒8.3％，専門中学卒6.9％，職業学校卒6.6％，その他78.2％である（TCTK 1996a, 456-457）。1997〜1998年のベトナム生活水準調査（Viet Nam Living Standards Survey: VLSS）によれば，15歳以上人口に占める短大以上卒，専門中学卒，初級技術工員の比率はそれぞれ2.41％，4.44％，3.11％（GSO 2000, 60）であるから，私営企業社長の学

58

表2-2　1994年非国家企業サーベイ：企業幹部・指導者の前職

(％)

企業形態	引退幹部・軍人	非国家セクター所属	現職公務員	その他	合計
有限会社	59.7	25.0	0.5	14.8	100.0
株式会社	60.4	26.3	3.5	9.8	100.0
私営企業	25.8	62.3	0.2	11.7	100.0
合作社	34.2	50.8	0.3	14.7	100.0

(出所)　TCTK（1996b）。

歴は当時の平均的水準よりもやや高い程度だということになる。これに対し，国有企業，有限会社，株式会社の社長数はそれぞれ5873人，4242人，118人と数は少ないが，短大以上卒比率はそれぞれ81％，51％，77％であり（TCTK 1996a, 456-457），当時の平均的な水準に比べると突出して高い。

　経営者の出自については，1994年の非国家企業サーベイが，非国家セクターに属する企業の幹部・指導者の前職についてのデータを掲載している（表2-2）。これによると，有限会社と株式会社では引退幹部・軍人と現職公務員が6割ほどを占めるのに対し，私営企業ではこれら国家セクター出身者の比率は低く，非国家セクター所属が6割を超える。自営で非農業活動を営んでいた者が多く含まれるとみられる。

　以上のデータからは，1990年代の企業経営者の実態は次のように整理できる。一方では，国有企業，および大規模で近代的形態をとる有限会社や株式会社の経営者が少数存在した。このうち有限会社や株式会社の経営者は，先行研究で注目を集めてきた「国家セクター出身の企業経営者」に該当するとみられ，その学歴の高さと国家セクター出身者の多さは，データからも裏づけられた。1990年代当時，高学歴および国家セクターでの雇用機会が限られた層に閉じられていたという事実[12]からは，このグループの閉鎖性が示唆される。他方，先行研究ではほとんど言及がなかったが，個人経営企業としての私営企業の経営者，および企業経営者予備軍としての個人基礎主が多数存在していたことが確認された。このグループについては，高等教育や職業訓練を受けず，非国家セクター出身者が中心であることから，先のグループに

比べ閉鎖性は低かったと考えられる。

2. 2000年代の変化

2000年代以降，企業セクターはさまざまな変化を遂げた。最も顕著なのは
企業数の増加である。企業数は2000年以降急増し，2014年には40万を超えた
（表2-3）。その最大の理由は，非国家セクターで多数の企業が設立されたこ
とである。とくに会社形態をとる有限会社と株式会社の増加が著しく，1995
年に非国家セクターの企業の半数以上を占めていた私営企業の増加は緩やか
であった。

企業数の増加にともない，企業経営者の数も急増した。2015年の労働・就
業サーベイによれば，同年の企業経営者の数は157万人で就労人口の2.9％に
相当し（TCTK 2016），1997年時点の5万人から大幅に増加した。

しかし，企業経営者の属性については，公刊統計から1990年代と比べた変
化を明確に把握できるのは学歴のみである。2007年の事業所センサスによれ
ば，全企業指導者のうち修士・博士が2.7％，大卒が42.8％，短大卒が3.9％
である（GSO 2008）。これらを合計すると短大卒以上は49.4％となり，1995
年事業所センサスの37％から増加した。他方，高等教育も職業訓練も受けて
いない者の比率は，1995年の49％から35％まで低下した（GSO 2008）。

このように，2000年代以降の企業経営者の属性は，断片的にしか把握でき
ない。しかしながら，この時期には経営者にも影響を与えると考えられる多
くの変化が生じた。まず，国有企業については，1990年代前半の大規模な再
編以降，改革は遅々として進まず，1990年代末までは大半の企業が100％国
有のままであったが，2000年代に入り株式化が進んだ。この結果，100％国
家所有の対象は，公益事業，鉱業，一部のサービス業などの大企業に集約さ
れる一方で，その他の企業では株式の外部投資家への売却が進んだ。表2-3
からは，国家資本のある株式会社，すなわち株式化された国有企業で国家資
本比率が50％を下回り，「民間」となった企業も2014年には1500社を超えた

表2-3 企業形態別の企業数の推移

(単位：社)

所有	企業形態	1995年	2000年	2014年
国有	国有企業（中央管轄）	1,940	2,067	1,703
	国有企業（地方管轄）	3,933	3,692	1,345
	計	5,873	5,759	3,048
非国有	合作社	1,867	3,237	－
	私営企業	10,916	20,548	49,222
	合名会社	－	4	507
	有限会社	4,242	10,458	254,952
	株式会社（国家資本あり）	118*	305	1,536
	株式会社（国家資本なし）		452	82,015
	計	17,143	35,004	388,232
外国投資	100％外資企業・合弁企業	692	1,525	11,046
合計		23,708	42,288	402,326

（出所）　TCTK（1996a），GSO（2010; 2016）。
（注）　＊1995年の株式会社数は総数（国家資本の有無の区別なし）。

ことがわかる。また，改革の進展によって，国による国有企業や元国有企業への介入の度合いは低下する傾向にある。

　民間企業については，従来は中小・零細企業がほとんどであったが，近年の重要な変化としては，大企業の出現が挙げられる。2000年時点で，従業員数が5000人以上の非国家セクターの企業は2社，1000～4999人の企業は97社にすぎなかったが，2014年にはそれぞれ30社，431社に増加した（GSO 2004; 2016）。2014年時点で従業員5000人以上の国有企業が33社，1000～4999人の国有企業が247社であるから（GSO 2016），ベトナム最大の国有企業と匹敵する規模の民間企業がほぼ同数出現したことになる。他方，脆弱な中小・零細民間企業も依然として多数存在している。政府がインフレの加速を受けて引き締め策を講じ，経済が深刻な不況に陥った2012年1月1日時点で，一時的に生産停止ないし解散手続き中の企業は5万5114社だったが，このうち非国家セクターの企業が5万3514社であり，非国家セクターの全企業数43万2559社の12.3％にも上った（TCTK 2012）。

さらに，国有企業および民間企業に共通して，高度かつ専門的な経営人材の必要性を高める次のような変化も生じている。ひとつは，市場の拡大と競争の激化である。2000年代のベトナムの高度経済成長によって国内市場が急速に拡大するとともに，アメリカとの通商協定の締結や世界貿易機関（WTO）への加盟などで海外市場へのアクセスが大幅に改善し，輸出が拡大した。他方，対外開放の進展は輸入や外国投資の流入の拡大をももたらし，国内市場における競争は激化している。

　もうひとつは，WTO加盟前の証券投資ブームを背景とした，証券市場へ上場する企業の増加である。この時期には，100％国家所有の大規模国有企業グループについても，子会社や孫会社の多くが株式化を行い，証券市場への上場を果たした。国内外の企業からの出資を受け入れる例が増え，株主による経営やガバナンスの監視が強まっている。一部の高収益企業では，外国投資家所有比率が規定の上限[13]に張り付いているケースも少なくない。

第3節　問題設定とデータソース

1．問題設定と分析対象

　前節までの議論からは，1990年代半ばのベトナムの企業経営者は少数の会社経営者と多数の個人企業・事業経営者から構成されていたこと，さらに，2000年代以降の企業セクターをめぐる環境とその構造の変化は，経営者にも変化を迫ることが推測されるものの，公刊統計などから企業経営者層の変化をとらえるのは困難であることが明らかになった。企業セクター内外の変化にもかかわらず，高いパフォーマンスを示す上位企業では企業経営者のいわば「旧世代」が依然として存続しているのか，新たな世代が台頭する動きはあるのか，それらはどのような人々によって構成されているのか，といった課題は，未検証のままとなっている。

これらの課題の考察を試みるうえで，本章は上位上場企業の経営者に焦点を当てる。その理由は，次の3点である。第一に，証券市場への上場には企業規模や業績などの条件が課される[14]ことから，大規模でパフォーマンスも高い企業の経営者の特徴を考察するうえで，上位上場企業は適切な対象である。第二に，上位上場企業は，輸出や対外投資，海外の企業との提携など積極的な成長戦略をとる傾向が強いことに加え，外国人投資家や国内外の投資ファンドを含む外部株主による出資も進んでいる。とくに外国人投資家は，投資に見合う収益性や国際標準のコーポレート・ガバナンスを求めて，経営者のパフォーマンスを監視する傾向が強い。したがって上位上場企業は，国際的に通用する専門的経営能力をもつ経営者の登用が進みやすいと想定される。第三に，情報開示義務があることから，企業および経営者について体系的なデータが入手しやすい。

　ホーチミン証券取引所の上場企業を対象とすることにともない，サンプルに偏りが生じる可能性，とくにベトナム最大規模の企業が含まれる100%国家所有の大規模国有企業が自動的に除外される点は懸念されるかもしれない。しかし後述のように，上位上場企業には国家経済集団や総公司の子会社や孫会社が多数含まれ，これら子会社・孫会社の経営者には，国家経済集団や総公司内でのキャリアを積み，昇進を経て現職についているものも多い。したがって，上位上場企業の経営者を分析することは，間接的ながら100%国家所有の大規模国有企業の経営者の属性や出世過程の一端を垣間見ることにもつながると期待される。

2．データソース

　本章の分析が依拠するのは，ホーチミン証券取引所のトップ経営者の属性や経歴についての情報を含む，筆者作成のデータベースである。分析対象は，全上場企業のなかから売上高でみた企業規模と利益額でみた非金融業上位100社とした。売上高でみた企業規模と利益額は，経営者としての成功や名

声，経済的報酬の指標として適切であると考えられることから，これらが大きいほど経営者としての総合的な成功の度合いも高いとみなすこととした。上位100社に限定したのは，ベトナムでは上位企業への集中度が高いこと（Cheshier and Penrose 2007, 3）を考慮すると，本章の目的を達成するうえでは，真に高パフォーマンスの大企業に分析対象を絞る必要があるためである[15]。ホーチミン証券取引所上位企業についても，上位100社が全305社の2011～2015年の純売上高の平均額の85.6％，税引き前利益の87.4％を占める。非金融業に限定したのは，非金融業と金融では売上高や利益の指標が異なり，相互に比較ができないためである[16]。トップ経営者の対象となる職位としては，会長と総社長のふたつを含めた。

　本データベースは，次の手順で作成された。第一に，2016年12月時点のホーチミン証券取引所のウェブサイトに基づき，全上場企業305社のリストを作成した。さらに，これら305社の2011～2015年の基礎的財務情報を，証券市場に関する総合的情報を提供するウェブサイトである VNDirect（https://www.vndirect.com.vn/）から収集した。第二に，これら305社について，2011～2015年までの純売上高の平均額，および同税引き前利益の平均額のそれぞれで1位から305位まで順位をつけ，ふたつの順位を足した数字が小さいほど上位とみなして，非金融業上位100社を抽出した。これら100社の純売上高平均の最高額は67兆1238億ドン（ペトロベトナム・ガス総公司）で最低額は1兆3253億ドン，税引き前利益平均の最高額は12兆9617億ドン（ペトロベトナム・ガス総公司）で最低額は1071億ドンであった。第三に，これら100社について，証券市場に関する総合的情報を提供するウェブサイト[17]，各企業のウェブサイトや年次報告書，財務報告書などから所有構成および会長と総社長の属性や経歴についての情報を収集し，データベースとした。

　以下，第4節と第5節では，本データベースを用いた分析を行う。

第4節　上位上場企業経営者の分析(1)
——属性，家族による所有と経営の支配——

1．分析対象企業100社の構成

　100社の所有形態と業種の内訳を表2-4に示した。100社のうち67社は株式化された国有企業であり，残る33社は純粋民間企業であった。株式化済み国

表2-4　100社の所有形態と業種

（単位：社）

業種	国有企業	元国有企業	純粋民間企業	合計
食品・飲料	0	6	9	15
繊維・縫製	0	2	2	4
木製品	0	1	1	2
紙製品	0	1	0	1
化学	6	2	0	8
石油・ガス	4	1	0	5
製薬	0	4	0	4
ゴム・プラスチック	5	2	0	7
非金属	1	0	0	1
金属	1	0	4	5
電気・電子	1	1	1	3
機械	0	1	0	1
輸送機械	0	1	0	1
その他製造業	0	0	1	1
電力	4	0	1	5
建設	1	2	2	5
商業	3	4	5	12
輸送・倉庫	5	4	0	9
情報・通信	0	2	0	2
不動産	0	1	7	8
その他サービス	0	1	0	1
合計	31	36	33	100

（出所）　筆者作成のデータベース。

第２章　ベトナム大企業経営者の属性と出世過程　65

表2-5　企業形態と本社所在地

(単位：社)

本社所在地		国有企業	元国有企業	純粋民間企業	合計
北部	紅河デルタ	5	8	8	21
	うちハノイ市	2	7	5	14
中部	北中部沿海	2	2	0	4
	中部高原	0	0	2	2
南部	東南部	22	22	19	63
	うちホーチミン市	14	20	11	45
	メコンデルタ	2	4	4	10
合計		31	36	33	100

（出所）　筆者作成のデータベース。
（注）　本社が北部山地に立地する企業は不在。

有企業67社について2016年時点での国家所有比率をみると，50％超であるも
のが31社，50％以下であるものが36社であった。以下，株式化済み国有企業
のうち国家所有比率が50％超であるものを「国有企業」，50％以下であるも
のを「元国有企業」[18]，創業当初から一貫して民間企業であったものを「純
粋民間企業」と呼ぶこととする。業種の分布は所有形態によって大きく異な
っている。国有企業（元国有企業は含まず）では化学，ゴム・プラスチック，
輸送・倉庫，石油・ガス，電力などが多いのに対し，純粋民間企業では食
品・飲料，不動産，商業，金属が多い。

　表2-5は，所有形態ごとに本社の所在地を示したものである。100社のうち，
本社が北部（紅河デルタ，北部山地）にある企業は21社，中部（北中部沿海，
中部高原）は６社にすぎず，本社が南部（東南部，メコンデルタ）にある企業
が73社と圧倒的多数を占める。とくにホーチミン市に立地する企業は45社と，
全体の半数近くを占める。

　なお，国有企業および元国有企業は100社のうち67社に上るが，表2-6が示
すように，このなかには国家経済集団や総公司の子会社・孫会社が多数含ま
れる。

66

表2-6　国家経済集団・総公司傘下の企業数

（単位：社）

親会社名	国有企業	元国有企業	合計
国家経済集団・中央レベル総公司			
ベトナム・石油ガス集団（ペトロベトナム）	8	4	12
ベトナム電力集団（EVN）	3	0	3
ベトナム化学集団（ビナケム）	7	1	8
ベトナムゴム集団（VRC）	3	1	4
ベトナム繊維縫製集団（ビナテックス）	0	1	1
ベトナム石油集団（ペトロリメックス）	3	0	3
ベトナムセメント総公司	1	0	1
ベトナム医薬総公司	0	1	1
ベトナム鉄鋼総公司（VN スチール）	1	0	1
ベトナムタバコ総公司（ビナタバ）	0	1	1
ベトナム植物油工業総公司（ボカリメックス）	0	1	1
地方レベル総公司			
サイゴン商業総公司（サトラ）	0	2	2
工業投資・発展総公司（ベカメックス IDC）	2	0	2
合計	28	12	40

（出所）　筆者作成のデータベース。

2．経営者の性別，年齢，出身地

　分析対象となる100社の経営者のサンプル数は169人である（表2-7）。会長については，外国人１人を対象外としたほか，２社の会長を兼任する者が４人存在したため，サンプル数は95人となった。総社長については，会長が兼任している企業が23社あり，100社に含まれる他の企業の会長を兼任している１人，外国人２人を除外すると，サンプル数は74人となった。

　169人の性別をみると，男性144人，女性25人と男性が85％を占める。女性比率は業種による偏りが極めて大きい。女性比率が高い業種として食品・飲料（15人中７人），商業（12人中５人），製薬（４人中４人），不動産（８人中３人）がある一方で，繊維・縫製，ゴム・プラスチック，化学，木製品，輸

表2-7　経営者のサンプル数

（単位：人）

職位	国有企業	元国有企業	純粋民間企業	合計
会長	29	36	30	95
総社長	28	28	18	74
合計	57	64	48	169

（出所）　筆者作成のデータベース。

表2-8　経営者の年齢の分布（2016年12月現在）

サンプル数 および年齢	国有企業		元国有企業		純粋民間企業		合計	
	会長	総社長	会長	総社長	会長	総社長	会長	総社長
サンプル数	24	27	35	27	29	18	88	72
平均（歳）	54.3	51.1	57.6	52.4	51.3	45.9	54.6	50.3
最大（歳）	60	62	79	73	61	68	79	73
最小（歳）	44	39	44	39	39	29	39	29
変動係数	0.087	0.104	0.140	0.164	0.128	0.193	0.134	0.160

（出所）　筆者作成のデータベース。

送・倉庫，その他サービスでは女性経営者が各1人に限られ，その他の業種では女性経営者は皆無である。

　経営者の年齢（2016年12月末現在）の分布は，表2-8のとおりである。会長は39～79歳（1937～1977年生まれ），総社長は29～73歳（1943～1987年生まれ）の範囲に分布しており，全体として会長の方が総社長よりも年齢が高い。両職位ともに共通にみられる傾向は，次のとおりである。第一に，純粋民間企業の経営者が最も若い。第二に，国有企業の経営者は年齢のばらつきが小さく，極端に高齢や若年の経営者は含まれない。とくに会長については，生年が判明している24人（全体は29人）中7人が58歳（1958年生まれ）であり，16人の生年が1956～1962年のあいだに集中している。第三に，元国有企業の会長と総社長，純粋民間企業の総社長については，年齢の分布にかなりのばらつきがある。以下で詳述するが，これらのカテゴリーには旧世代と新世代の経営者が混在している。

　経営者の出身地については，生地が判明している場合は生地（nơi sinh）を，

68

表2-9　経営者の出身地

（単位：人）

出身地	国有企業		元国有企業		純粋民間企業		合計	
	会長	総社長	会長	総社長	会長	総社長	会長	総社長
生地 (nơi sinh) が判明								
紅河デルタ	7	5	6	7	7	5	20	17
北部山地	0	0	1	0	1	0	2	0
北中部沿海	2	2	6	4	6	4	14	10
中部高原	0	0	1	0	0	0	1	0
東南部	1	3	2	1	4	2	7	6
メコンデルタ	2	0	2	2	1	2	5	4
海外	0	0	1	1	2	0	3	1
父の生地 (nguyên quán) のみ判明								
紅河デルタ	2	4	6	2	2	1	10	7
北中部沿海	1	3	3	1	4	0	8	4
東南部	2	2	0	1	1	0	3	3
メコンデルタ	1	1	3	1	1	0	5	2
いずれも不明	11	8	5	8	1	4	17	20
合計	29	28	36	28	30	18	95	74

（出所）　筆者作成のデータベース。
（注）　海外は，中国（2人），カンボジア（1人），フランス（1人）。

生地は判明しないが父の生地（nguyên quán）が判明している場合は父の生地を示したものが表2-9である。企業の本社が圧倒的に東南部，とくにホーチミン市に集中しているにもかかわらず，東南部出身の経営者は極めて少ない。企業形態や職位を問わず，紅河デルタ出身者が最多で，次いで中部出身者が多いという傾向が共通にみられる。

　本社が東南部に集中する2016年時点の上位上場企業のトップ経営者に北部および中部出身者が多いという結果は，1999年の製造業の大規模民間企業95社の分析に基づき，南部企業の経営者に北部生まれの者が多く含まれることを指摘したWebster and Taussig（1999）の考察とも重なる。Webster and Taussig（1999）は，北部生まれの経営者が教育へのアクセスや政治的コネクションにおいて南部生まれの経営者よりも恵まれていたにもかかわらず，経営パフォーマンスでは劣っていたことも論じたが，経営パフォーマンスとそ

の決定因の分析は本章の分析の射程外である。上位上場企業の経営者の属性が企業の経営パフォーマンスにどのような影響を与えているかは，今後の課題としたい。

3．経営者の学歴

　経営者の学歴は，表2-10のとおりである。169人のうち高卒以下は6人のみであり，大学院卒（修士，博士）も会長で95人中26人，総社長で74人中28人に及ぶなど，前節で取り上げた2007年の事業所センサスにみる経営者全体の学歴分布と比べてもかなり高水準であることがわかる。2003年国有企業法以降，経営者の選任基準として学歴要件が規定されている国有企業ではとくに高学歴傾向が強い。高卒以下の6人のうち4人は純粋民間企業の経営者であり，ホアンアイン・ザーライ株式会社のドアン・グエン・ドゥック会長，鉄鋼のホアセン集団のレー・フック・ヴー会長など著名な経営者も含まれる。大学や大学院を卒業後に初職についた者ばかりではなく，初職についたのちに大学や大学院の社会人コースに入学し，学位を取得した者も少なくない。

　大学や大学院での専攻分野は，いずれの企業形態においても経済・経営，自然科学（技術含む）の順に多く，両分野の学位を取得している者も少なくない。経済・経営の学位を取得した者の比率は，国有企業では会長55％，総社長60％，元国有企業ではそれぞれ41％，39％，純粋民間企業ではそれぞれ53％，50％と高水準である。自然科学の学位をもつ者の比率は，国有企業では会長34％，総社長50％と高いが，純粋民間企業ではそれぞれ23％，17％と低水準である。後述のように，国有企業では，生産・技術畑のキャリアを通じて昇進し，経営者に就任するパターンが多いことと関連しているとみられる。

　海外の大学・大学院を卒業した経営者もおり，計画経済時代におけるソ連や東欧などの東側諸国への留学，ドイモイ後の欧米諸国への留学というふたつのパターンがみられる。元国有企業の経営者では6人に留学経験があり，

表2-10　経営者の学歴

（単位：人）

学歴	国有企業		元国有企業		純粋民間企業		合計	
	会長	総社長	会長	総社長	会長	総社長	会長	総社長
高卒以下	0	0	0	1	4	1	4	2
学士	15	13	24	13	16	7	55	33
修士	7	11	7	8	5	3	19	22
博士	2	2	3	2	2	2	7	6
不明	5	2	2	4	3	5	10	11
合計	29	28	36	28	30	18	95	74

（出所）　筆者作成のデータベース。

うち東側諸国のみが 4 人，欧米諸国のみが 1 人，双方への留学経験がある者
が 1 人であった。純粋民間企業の経営者では 5 人が留学を経験しており，東
側諸国が 2 人，欧米諸国が 3 人であった。国有企業経営者には，留学経験者
は含まれなかった。

4．経営者一族による所有と経営の支配

　上位上場企業，とりわけ純粋民間企業のトップ経営者には，家族を自社の
経営ポストに就任させ，自身および家族で自社株式を保有することによって，
家族で経営と所有を支配し，資産を蓄積する動きがみられる。
　表2-11は，経営者の家族の経営ポストへの就任状況を示したものである。
国家が過半を所有する国有企業ですら，経営者57人のうち25人が自らの家族
を 1 人以上自社の経営ポストに就任させている。元国有企業や純粋民間企業
では，家族を自社の経営ポストに就任させている経営者がそれぞれ64人中36
人，48人中28人に上った。前者では最高 8 人，後者では最高12人の家族構成
員を経営ポストに就任させている経営者がそれぞれ 2 人ずつ存在した。
　自社株式保有については，表2-12に経営者本人の状況を示した。国有企業
では，経営者57人のうち28人が自社株式を保有しておらず，保有している29
人についてみても，26人の保有比率が 1 ％未満である。2016年12月時点の株

第 2 章　ベトナム大企業経営者の属性と出世過程　71

表2-11　経営者家族の経営ポスト就任状況

（単位：経営者の人数）

経営ポストに就任している家族の人数	国有企業	元国有企業	純粋民間企業	合計
なし	32	28	20	80
1人	19	14	4	37
2人	2	7	5	14
3人	1	6	5	12
4人	1	2	3	6
5人	2	0	3	5
6～10人	0	7	6	13
11人以上	0	0	2	2
合計	57	64	48	169

（出所）　筆者作成のデータベース。

表2-12　経営者の株式保有状況（2016年12月現在）

（単位：人）

保有比率	国有企業	元国有企業	純粋民間企業	合計
保有せず	28	14	10	52
1％未満	26	27	10	63
1％以上5％未満	2	14	10	26
5％以上10％未満	1	3	6	10
10％以上20％未満	0	3	7	10
20％以上	0	3	5	8
合計	57	64	48	169

（出所）　筆者作成のデータベース。

式保有残高は，1人を除き100億ドン未満であった。

　元国有企業では自社株式を保有する経営者が64人中50人に上り，保有比率も国有企業に比べて高い。保有比率が20％を超える者が3人おり，最高は国防省傘下のハド集団のグエン・チョン・トン会長（35.05％）である。2016年12月時点の株式保有残高は，1兆ドン超と突出して高い者が2人おり，FPTのチュオン・ザー・ビン会長（1兆3763億ドン）とトゥオンアン植物油株式会社のチャン・レ・グエン会長（1兆629億ドン）である。

　純粋民間企業では，経営者48人のうち38人が自社株式を保有しており，保

有比率は元国有企業と比べても高い。自社株式保有比率が20％を超える者は
5人おり，最高はヴィンホアン株式会社のチュオン・ティ・レ・カイン会長
（49.38％），次いでホアンアイン・ザーライ株式会社のドゥック会長（44.03％）
である。株式保有残高が1兆ドン超に及ぶ者も7人おり，最高はヴィング
ループのファム・ニャット・ヴオン会長（30兆3377億ドン），次いでホアファ
ット集団のチャン・ディン・ロン会長（7兆7049億ドン）である。

　家族構成員も含めた株式保有状況については，筆者のデータベースには情
報はないが，インターネットニュースサイトのVNExpressが各年末時点で
の株式保有残高上位30家族を公表している。ここから読み取れるのは，上位
経営者一族が保有する株式残高の膨大さもさることながら，上位数家族への
圧倒的な集中度である。最新版によれば，2015年末時点での上位30家族，計
130人の株式保有残高は74兆6642億ドンだが，第1位のヴィングループのヴ
オン会長一族がそのうちの43％（31兆9651億ドン），第2位のホアファット集
団のロン会長一族が9％（6兆9540億ドン），第3位のホアンアイン・ザーラ
イ株式会社のドゥック会長一族が5％（3兆6961億ドン）を占めた[19]。これら
はいずれも，本章の冒頭で言及した，民間企業経営を通じて膨大な富を蓄積
することで注目を集めてきた経営者の代表格である。株式は金融資産の一部
にすぎず，他の資産の保有状況についてはデータが不在のため知ることはで
きないが，ごく一握りの上位民間企業経営者一族が株式に限っても膨大な金
融資産を保有していることは確認できた。

第5節　上位上場企業経営者の分析(2)
――出自と出世過程――

　前節の分析からは，上位上場企業のトップ経営者には2016年末時点で29歳
から79歳までさまざまな世代が含まれることが判明した。本節では，経営者

の履歴に基づき経営者の出自や出世過程を分析する。分析にあたっては，経営者への就任ルートと就任時期というふたつの側面に注目する。

　経営者への就任ルートは，①配属，②創業，③内部昇進，④転職，の４種類に分類した。①は省庁または国家経済集団や総公司からの配属により，当該省庁の管轄下または当該企業グループのメンバー企業の経営者に就任したケース，②は創業と同時に入社し，かつ経営ポストに就任したケース，③はおおむね20代半ばまでに当該企業に入社し，かつ，経営者に就任するまでのキャリアの大半を当該企業で築いたケース，④は経営者に就任するまでのキャリアの大半を当該企業以外で築いたケースをそれぞれ含めた。①は国有企業と元国有企業のみ，②は元国有企業と純粋民間企業のみにみられた。

　経営者への就任時期は，1981年から2015年までばらつきがあるが，2005年前後をひとつの節目ととらえる。WTO加盟準備の一環として企業法制度整備や国有企業の株式化，証券市場の発展，対外開放などが進み，企業経営者に対する要請が最も大きく変化した時期だからである。

　これらふたつの軸から企業形態ごとに経営者の出世過程を整理したものが表2-13である。以下では，企業形態ごとに出世過程の詳細を分類していく。

1．国有企業

　このカテゴリーには，石油や電力など重要産業における国家経済集団や総公司のメンバー企業が多数含まれる（31社中28社）。したがって，国有企業の経営者の分析からは，大規模国有企業グループのトップ経営者の特徴を考察することができる。

　多くの国有企業に共通するのは，近年に経営陣の交代を経験していることである。会長は，経営ポストへの就任時期が判明した15人のうち10人，総社長は20人のうち14人が2005年以降の就任であった。

　2004年までに経営ポストについた経営者には内部昇進組が多く，会長５人のうち３人，総社長６人のうち４人が該当した。これら７人の入社時の年齢

表2-13　経営者の出世経路

（単位：人）

企業形態	出世経路	職位および就任時期							
		会長				総社長			
		2004年以前	2005年以降	不明	合計	2004年以前	2005年以降	不明	合計
国有企業	配属（省庁）	0	0	0	0	0	1	0	1
	配属（国有企業）	1	9	1	11	0	7	2	9
	内部昇進	3	1	2	6	4	5	0	9
	転職	1	0	0	1	2	1	0	3
	不明	0	0	11	11	0	0	6	6
	合計	5	10	14	29	6	14	8	28
元国有企業	配属（省庁）	2	2	0	4	0	1	0	1
	配属（国有企業）	0	4	0	4	0	2	0	2
	創業	3	0	0	3	1	0	0	1
	内部昇進	9	2	1	12	4	4	1	9
	転職	8	2	0	10	3	6	0	9
	不明	0	0	3	3	0	0	6	6
	合計	22	10	4	36	8	13	7	28
純粋民間企業	創業	12	0	0	12	5	0	0	5
	内部昇進	0	1	0	1	0	1	0	1
	転職	4	5	1	10	1	6	3	10
	不明	0	0	7	7	0	0	2	2
	合計	16	6	8	30	6	7	5	18

（出所）　筆者作成のデータベース。
（注）　「配属」は純粋民間企業にはなく，「創業」は国有企業にはない。

は，17歳が1人[20]含まれたほかは22～26歳であり，入社から経営ポスト就任までに要した年数は，5年が1人，6～10年が2人，11～15年が1人，16～20年が3人であった。

　2004年までに経営ポストに就任したが内部昇進組に該当しない4人のうち，3人は入社前のキャリアが判明したが，いずれも国家セクターからの転職組であった。地方国有企業2社で13年間勤務したのち，同じ省の地方国有企業に35歳で入社するとともに経営ポストについたケース，ベトナム石油・ガス集団（ペトロベトナム）およびそのメンバー企業で17年間勤務したのちに40

歳で入社し，同時に経営ポストについたケース，小学校教師および省級教育局で15年間勤務したのち，32歳で入社し，7年間の勤務を経て経営ポストについたケースである。

　2005年以降に経営ポストについた経営者には，配属による就任が多く，会長10人のうち9人，総社長14人のうち8人が該当する。2004年までに就任した経営者では配属組がわずか1人であったことと比べると，急激な増加だということになる。ただし，このデータをもって，配属による経営ポスト就任のルートが2005年以降に成立したと結論づけるのは早計である。2005年以降に配属によって経営ポストに就任した経営者の前任者もまた，配属組であった可能性があるからである。もっとも，2005年以降，大規模かつ多角化された国有企業グループである国家経済集団が相次いで設立され，これら国家経済集団による子会社・孫会社設立の動きが加速したことをふまえれば，2005年以降の配属による経営ポスト就任件数の増加は自然な動きととらえられる。実際に，配属組に分類された国有企業経営者は，ペトロベトナムやベトナム化学集団など国家経済集団の子会社・孫会社の経営者が大半であった。

　配属組以外の経営者は，内部昇進組（会長1人，総社長5人）と転職組（会長0人，総社長1人）に分かれる。内部昇進組の入社から経営ポスト就任までに要した年数は，1人が15年であるほかは全員が20年以上であり，2005年以前と比べ長期化の傾向が認められる。

　2005年以降に就任した経営者のうち，当該企業や国有企業グループ以外での勤務経験があることが判明したのは8人（会長2人，総社長6人）であった。上記で転職組と分類された者の数を上回るのは，配属や内部昇進による就任と分類された経営者であっても，キャリアの初期において他社・機関で短期の勤務をしているケースがみられたためである。8人の内訳は，国有企業勤務が4人，国有企業と中央省庁での勤務が1人，地方政府と国有企業での勤務が1人，外資企業での勤務が1人であり，1人を除く全員が国家セクター出身であった。最後のケースは，非国家セクター出身者として注目されるが，石油セクターの外資企業2社での3年間の勤務ののち，ペトロベトナムのメ

ンバー企業で12年間勤務し，ペトロベトナムの他のメンバー企業の総社長と
なったケースであり，国家セクターでのキャリアを主体とする経営者ととら
えられる。

　なお，経営ポストへの就任時期を問わず，技術・生産畑のキャリアが広く
みられることも，国有企業の経営者の特徴である。専門分野が判明した35人
のうち，技術・生産は19人に上り，次いで財務が6人，営業が3人，総務と
労務・組合がともに2人などであった。技術・生産畑の経営者のうち4人は，
キャリアのなかで総務（2人）や党（3人）の経験も積みながら，経営ポス
トについていた。

　以上より，国有企業の経営者のキャリアパスの特徴は次の4点に集約され
る。①2005年以降に経営者の交代を経験した企業が多い。②転職による入社
のルートはほぼ国家セクターに限定される。③2004年までに経営ポストに就
任した者には内部昇進組，2005年以降に就任した者は省庁や国有企業グルー
プによる配属が多い。④専門分野は技術・生産が多い。

　2．元国有企業

　このカテゴリーには，国家経済集団や総公司，省庁などの傘下企業や地方
管轄の大規模な元国有企業，REE電機株式会社やゲマデプト株式会社のよ
うに早期に株式化された企業，ベトナム乳業株式会社（ビナミルク）やハウ
ザン製薬株式会社のように高収益で外国人所有比率が高い企業など，多種多
様な企業が含まれる。

　これらの企業には，上述の国有企業に比べて会長の世代交代が遅れる傾向
がみられる。経営ポストへの就任時期が判明した会長32人のうち，2004年ま
でに就任した者は22人に上った。1980年代が6人，1990年代も9人に及ぶ。
これらの人々は，ドイモイ開始以前ないし初期から20〜30年近くにわたって
経営を主導してきた旧世代だといえる。ただし，総社長については，近年，
交代を経験している企業が多い。経営ポストへの就任時期が判明した21人の

うち，13人が2005年以降であった。

　2004年までに経営ポストについた経営者には，内部昇進組と転職組が多いが，創業経営者も数人含まれる。また，上述の国有企業と同様，国家セクター出身者が多い。入社前に他社・機関での経歴をもつ19人（会長15人，総社長４人）のうち，非国家セクターのみのキャリアをもつ者は皆無であった。ただし，国家セクターの具体的内容は，中央省庁２人，国家研究機関２人，大学講師２人，従軍２人，ホーチミン共産青年団１人，地方政府１人，地方政府と国有企業３人，国有企業５人，薬局と国有企業１人と多種多様である。

　このなかには，ドイモイ初期に国家機関勤務の立場を利用して企業を創業したとみられる人々も複数含まれる。たとえば，CMC 技術集団株式会社のグエン・チュン・チン会長は，ハノイ工科大学で電子技術を学び，1988年から国家技術研究所で研究員として勤務していたが，1990年に同研究所傘下のADCOM センターの設立にかかわり，1993年に ADCOM センターを基礎として HT&NT 有限会社が設立された際に副社長に就任した[21]（同社は，1995年に CMC コンピュータ・技術有限会社と改名）。

　2005年以降に経営ポストに就任した経営者の経歴は，会長と総社長で異なっている。会長については，配属による就任が主流である。国有企業グループによる配属が４人，省庁による配属が２人である。後者はいずれも国有企業における国家資本の所有主代表たる国家資本投資経営総公司（SCIC）の代表としての就任であり，出身省庁は財政省が１人，国家銀行が１人であった。株式化済み国有企業の経営ポストに，SCIC 代表として省庁関係者が就任するルートが存在していることがわかる。転職組に分類された２人のうち１人も，財政省出身で SCIC 会長を務め，いったん退職したのちに SCIC が国家資本の所有主となっている企業の会長に就任したケースであり，実質的には国家機関出身者ととらえられる。

　なお，元国有企業経営者についても，2004年以前の国有企業グループからの配属による経営ポスト就任のケースは皆無であるが，この事実をもって当該就任ルートが2005年以降に成立したと結論づけることはできない。これは，

上述の国有企業のケースと同様である。ただし，SCICは2005年に設立されたことから，省庁の配属によるSCIC代表の経営ポスト就任は2005年以降に成立した新たな経営ポスト就任経路と位置づけられる。

　会長の多くが国家セクター出身者であるとのは対照的に，総社長の経歴は多様である。省庁および国有企業グループによる配属が計3人，内部昇進組が4人だが，興味深いのは転職組6人のなかに国家セクターでの勤務経験をほとんどもたない者が4人含まれることである。これら4人には，年齢の低さ（1967〜1977年生まれ），学歴の高さ（修士3人，うち1人は海外，残る1人は不明），民間企業や外資企業での勤務を通じ明確な専門性を獲得したうえで，近年，ベトナム企業への入社とともに総社長に就任しているという共通点がある。1人は，1973年生まれで経済学の修士号をもち，1994年から2008年までのあいだに自動車分野を中心とした在越欧米・アジア系企業の営業部門に勤務し，自動車を中心とした流通企業の総社長に就任した。

　元国有企業の会長・総社長のうち，専門分野が明らかになったのは41人（会長22人，総社長19人）であった。その内訳は技術・生産が最多で16人，次いで営業7人，財務6人，計画3人，総務・労務2人などであった。技術・生産を専門とする16人のうち，3人は党，1人は総務のポストも経験していた。

　以上より元国有企業の経営者のキャリアパスは，次のようにまとめられる。①会長は世代交代が進んでおらず，旧世代が多く含まれる。②会長の入社ルートは，時期を問わずほぼ国家セクターに限られる。③総社長では世代交代が進みつつあり，近年では，国家セクターでの勤務経験がほとんどなく，高学歴で専門的な技能をもつ人材が30代から40代の若さで就任する事例がみられる。④技術・生産を専門とする経営者が多い。

　3．純粋民間企業

　純粋民間企業には，1980年代に個人基礎として創業し，ドイモイ開始後に

企業へと転換したものから，1999年企業法施行後に設立されたものまで多様な企業が含まれる。

　まず，経営ポストへの就任時期に注目すると，会長は世代交代が遅れる傾向が強いのに対し，総社長については，近年，交代を経験している企業が多い。会長については，22人の経歴が判明したが，このうち2004年までに就任した者が16人に及んだ。これに対し，総社長については，経営ポストへの就任時期が判明した13人のうち，2004年までに就任した者は 6 人にすぎなかった。

　2004年までに経営ポストについた経営者には，創業経営者が圧倒的に多い（会長12人，総社長 5 人）。これらの経営者の入社年は，1980年代が 2 人，1990年代が 8 人，2000年代（2000年〜2004年）が 7 人であり，起業当時の年齢は，20代が 3 人，30代が14人であった。

　これら創業経営者には，起業に先立ち他社・機関での勤務経験をもつ者が多いが，前職は国家セクターと個人基礎主が多い。まず，会長12人のうち国家セクターのみの勤務経験をもつ者は 6 人で，内訳は国有企業 2 人，地方政府と国有企業 2 人，国営農場 1 人，国家研究機関 1 人であった。残る 6 人の内訳は，個人基礎主 2 人，国有企業と民間企業と外資企業 1 人，海外（ウクライナ）での企業経営 1 人，大学卒業直後の起業 1 人であり，1 人は不明であった。総社長 6 人のうち，国家セクターのみでのキャリアをもつ者は，国有企業 2 人，地方政府と国有企業 1 人を合わせた計 3 人で，残る 3 人は国家セクターでの勤務経験はなかった（大学卒業直後の起業 1 人，個人基礎主 1 人，国有企業および外資企業勤務 1 人）。なお，個人基礎主から企業設立に至った 3 人は，1980年代から1990年代初頭までに起業していた。

　2005年以降に経営ポストについた経営者は，会長に少なく総社長に多いが，両者に共通して最も多いのは転職組，すなわち，他社からの転職で入社し，入社と同時あるいは比較的短期間のうちに経営ポストについたパターンである。2005年以降に経営ポストに就任した会長 6 人のうち 5 人，2005年以降に経営ポストに就任したか経営ポストへの就任時期が不明である総社長計12人

のうち9人がこれに該当した。入社・経営ポスト就任時の年齢は20代から50代まで幅がある。翻って，国有企業や元国有企業に多くみられた内部昇進のケースは，職位や経営ポストへの就任時期を問わず，ほとんどみられない。純粋民間企業においては，長期的に勤務し，内部昇進を経て経営ポストまで上りつめるのではなく，創業経営者となるか，転職による入社と同時に経営ポストにつくパターンが一般的だといえる。

これら転職組の入社前のキャリアについてみてみよう。会長5人の内訳は，国有企業2人，民間企業2人，民間企業と外資企業1人，総社長9人の内訳は，国有企業1人，国有企業と民間企業1人，外資企業3人，外資企業・機関と民間企業3人，民間企業1人であった。会長，総社長ともに，非国家セクターのみのキャリアをもつ者が多く含まれることは注目される。とくに会長のうち民間企業に勤務していた1人，総社長のうち外資企業勤務の3人と外資企業・機関と民間企業勤務の3人を合わせた計7人については，年齢の低さ（1960年代生まれ2人，1970年代生まれ5人），学歴水準の高さ（修士4人，博士3人），キャリア上の専門分野とかかわる分野の学位取得（経営管理，経済，金融，法律など），専門分野における勤務経験（会計，法律，マーケティング，金融など）という共通点がある。

専門分野については，純粋民間企業経営者の全般的な特徴として，技術・生産畑の経営者の少なさが指摘できる。そもそも創業経営者は当初から企業経営全般を担うことになるため，専門分野をもたないか，もっていても経歴からは明らかにならないことが多いと考えられる。専門分野が明らかになったのは会長で11人のみで，生産・技術6人，営業2人，財務2人，法務1人，社長では8人で，生産・技術2人，営業2人，財務3人，法務1人であった。

以上より，純粋民間企業の経営者のキャリアパスの特徴は，次のようにまとめられる。①会長職は世代交代が進んでいない。起業と同時に経営者となった創業経営者が多く，前職は国家セクターないし個人基礎主が多い。②総社長は世代交代が進んでおり，転職による入社と同時に経営者に就任したケースが多い。③転職組には非国家セクターのみのキャリアをもつ者が多い。

年齢が低く，高学歴で高度な専門性をもつ人材の就任が目立つ。

　4．考察

　本節の分析からは，上位上場企業のトップ経営者には経営者旧世代の残存と新世代の参入の両方が示された。

　まず，元国有企業と純粋民間企業の会長職には，ドイモイ開始以前ないし初期から20〜30年にわたり経営を主導してきた旧世代が依然として多数とどまっている。第2節では，1990年代の企業経営者が，ごく一握りの会社経営者と多数の個人企業・事業主から構成されていたことを指摘した。後者のグループは，平均的学歴で非農業自営業出身者を中心とする雑多な人々が含まれていたが，その一部は2000年代に上位上場民間企業のトップ経営者への上昇を実現したことになる。家族による経営ポスト就任と株式保有を通じ，一族での所有と経営の支配を行う経営者（第4節参照）も少なくない。

　しかし，旧世代への権限と富の集中が世代交代の制約となるという新たな問題も生じている。国有企業では，所有主である国家が経営者を任命するため，経営者の交代が比較的スムーズに行われるのに対し，所有が少数の個人に集中する民間企業では，トップ経営者が高齢となっても富の源泉である経営ポストを手放そうとしないという背景があると指摘されている（Van Oanh 2016）。

　国有企業の会長および総社長職，元国有企業と純粋民間企業の総社長職については，近年，交代が行われていたケースが多かった。新たにこれらの職位についたのはどのような人物であるかが問題となるが，国有企業に関しては，国有企業グループ内あるいは省庁からの配属による同グループないし省庁出身者の就任が多かったのに対し，元国有企業と民間企業の総社長職では，国家セクター勤務経験のない高度かつ専門的な技能を有する若い人材が転職を通じて就任するケースがみられた。元国有企業と民間企業における動きは，新たな環境下で要請される専門的スキルをもつ人材の登用だと考えられる。

ただし，彼らには，家族ぐるみでの自社株式保有や家族の経営ポストへの就任はほとんどみられず，一族で経営と所有を実質的に支配する会長とは異なる。

おわりに

　1990年代後半のベトナムの企業経営者は5万人にすぎず，とくに大規模な会社経営者は，高学歴の国家セクター出身者を中心とする少数の人々に限られていた。2000年代以降，企業経営者は150万人まで増加し，企業セクター改革や対外開放の進展，証券市場の発展など経営者に変化を迫ると考えられる多くの動きが生じたが，これまで企業経営者の実態は把握されてこなかった。本章は，ベトナムを代表する大規模・高収益企業が多数含まれる上位上場企業の経営者に焦点を当て，基本的な属性と出世過程を考察した。

　独自に構築したデータベースの分析からは，連続性と変化の両面が浮かび上がった。旧世代の存続が顕著なのは，元国有企業と純粋民間企業の会長職である。ただし，旧世代といっても，1990年代後半に特権的位置づけにあった高学歴の国家セクター出身者のみならず，個人基礎主出身者など雑多な背景から上昇を実現した人々も含まれる。その他のカテゴリーでは，新世代の台頭がみられた。国有企業では，新たに就任した会長や総社長も国家セクター出身者に限られていたが，元国有企業や純粋民間企業の総社長職などにおいて，国家セクター勤務経験はなく，高度な学歴と技能を有する新たな経営者層が生まれつつある点は注目される。

　本章の分析からは，企業経営者層の参入機会の開放性に関し，ふたつの相反する傾向が読み取れる。一方では，国家セクターの勤務経験はないが，高度な技能をもつ人材が若くして大企業のトップ経営者に就任する機会が開けたことは，企業経営者層への参入機会の開放性を高める変化として注目される。ただし，高学歴の獲得や，高度なキャリアの構築を可能にする職場への

就職の機会が広く開かれているかどうかという点については，検討の必要があるといえよう。

その一方で，大規模・高収益企業の経営者となる機会を限られた一握りの層に集中させる閉鎖的な構造が2000年代以降も維持され，また，新たに加わりつつある。ひとつには，国有企業内での内部昇進を経ての経営ポスト就任，国有企業グループの配属による子会社や孫会社の経営ポストへの就任という従来からの経路が定着していることに加え，省庁関係者が国家資本の代表として株式化された国有企業の経営ポストに就任する経路が新たに確立したことである。これは，国有企業の株式化が進みつつあるなかでも，国家セクターから企業経営者層へ参入する経路が制度として維持されようとしていることを意味する。

もうひとつは，純粋民間企業や元国有企業の会長が，自らの家族を自社の経営ポストに就任させ，家族ぐるみで自社株式を保有することによって一族による所有と経営の支配を確立しつつあることである。これもまた，限られた人々とその親族への経営ポストと富の集中をもたらすと予想される。ただし，ベトナムの多くの企業では，ドイモイ初期から企業成長を主導してきた経営者の旧世代がいまだ会長職についており，この傾向が中長期的に継続するかどうかについては，旧世代の引退にあたって誰がポストを継承するのかという問題を中心に，今後の展開を見極める必要があろう。

〔注〕

(1) 2014年に2000人を対象として実施された調査によれば，「成功した企業家（entrepreneur）は社会においてしばしば高い位置を占め，尊敬される」との記述に同意する成人回答者は75.9％に及んだ（VCCI 2015, 15）。

(2) 具体的には，GSO の職業コード18および19から連合機関や大学など企業以外の機関の指導層を除外した部分を指す。

(3) 小規模な企業では，単に社長と称されることも多い。

(4) 先行研究では，取締役会（経営管理評議会）メンバーも含め，経営者の対象を広く定義するものもみられる。

(5) 2003年国有企業法では，国家が定款資本金のすべて，あるいは支配的所有

を行う企業と定義されていたが，2014年企業法では，国家が定款資本金の100％を所有する企業へと定義が変更された。なお，統計上は，中央および地方政府支配下の国家資本100％の企業，中央および地方政府管理下の有限会社，および国家が定款資本金の50％超を所有する株式会社が含まれる（GSO 2016, 257）。

⑹　古くは1990年私営企業法，直近では2014年企業法において，一個人が主となり，企業の各活動に対し個人の全資産により責任を負うと規定されてきた。

⑺　企業登録についての2010年政府議定43号（43/2010/ND-CP）第49条参照。

⑻　ロシアや東欧諸国における内部者民営化（insider privatization）と類似した現象である。詳細は藤田（2016）のレビューを参照。

⑼　Gainsborough（2003）は，新聞や聞き取り調査で収集したデータの分析を通じて官僚的・政治的コネクションとビジネスの成功との関係を分析した。Webster and Taussig（1999）は，党員資格など複数の変数を用いて政治的コネクションを指標化した。

⑽　労働者数は324万1129人（TCTK 1996a, 15）であるから，1基礎当たりの平均労働者数は1.7人である。

⑾　MOLISA（1998）。この数字の妥当性については，藤田（2016, 65-66）を参照。

⑿　学歴については，上述の1997～1998年 VLSS のとおり。1997年の国家セクター就労人口は303万人で，総就労人口の8.7％である（MOLISA 1998）。

⒀　従来，公開会社における外国投資家所有比率は49％が上限とされてきたが，2015年政府議定60号（60/2015/ND-CP）では，国際条約や国内法における規定がある場合などを除き，上限は撤廃された。

⒁　2012年政府議定58号（58/2012/ND-CP）によれば，ホーチミン証券取引所への上場には，上場登録時点で1200億ドン以上の定款資本金，株式会社として最低2年間の活動実績，直近年の株主資本利益率（ROE）5.0％以上，返済期限を1年以上超過した債務がないこと，上場登録時点で累積赤字を計上していないこと，直近2年度連続の黒字計上，議決権付き株式の20％以上を大口株主ではない株主300人以上が保有していることなどの条件が課される。

⒂　ホーチミン証券取引所上場企業でも，下位企業には規模も収益性も低い企業が含まれる。たとえば2011～2015年の税引き前利益平均額がマイナスである企業は28社もある。

⒃　金融業の経営者についても分析を試みたが，際立った特徴は考察されなかった。

⒄　おもに使用したのは VNDirect と CafeF（http://cafef.vn/）のふたつである。前者は企業の基礎情報と財務情報の取得，後者は経営者についての情報の取得をおもな使途とした。

⒅　2016年末時点で国家所有比率が0％である企業も含む。

⒆　Người giàu trên sàn chứng khoán Việt Nam 2015（2015年ベトナム証券取引所の長者たち）（http://vnexpress.net/su-kien/top-rich-2015/top30，2017年10月4日アクセス）より筆者が集計。

⒇　時期は不明だが経済学学士の学位を取得しており，入社から19年後に副社長に就任した。

㉑　経緯は不明だが，2016年12月現在，ベトナム農業・農村開発銀行（Agribank）の約10％の出資がある。

［参考文献］

＜日本語文献＞

石田暁恵 2004.「ベトナム工業化の課題——担い手の発展——」石田暁恵・五島文雄編『国際経済参入期のベトナム』アジア経済研究所　31-75.

藤田麻衣 2016.「ベトナムの企業経営者層についての予備的考察——1990年代から2000年代にかけての変化を中心に——」（荒神衣美編「2000年代ベトナムにおける新たな社会階層の台頭」調査研究報告書 アジア経済研究所　54-77 http://www.ide.go.jp/Japanese/Publish/Download/Report/2015/2015_C09.html，2017年10月4日アクセス）.

＜英語文献＞

Cheshier, Scott, and Jago Penrose 2007. "Top 200: Industrial Strategies of Viet Nam's Largest Firms", Ha Noi: United Nations Development Programme Viet Nam.

Fforde, Adam 2007. *Vietnamese State Industry and the Political Economy of Commercial Renaissance*, Oxford: Chandos Publishing.

Gainsborough, Martin 2003. *Changing Political Economy of Vietnam: The Case of Ho Chi Minh City*, New York: Routledge Curzon.

GSO (General Statistics Office) 2000. *Viet Nam Living Standards Survey 1997-1998*, Ha Noi: Statistical Publishing House.（英越併記）

——— 2004. *The Real Situation of Enterprises Through the Results of Surveys Conducted in 2001, 2002, 2003*, Ha Noi: Statistical Publishing House.（英越併記）

——— 2008. *Results of the 2007 Establishment Census, Volume 2 - Business Establishments*, Ha Noi: Statistical Publishing House.（英越併記）

——— 2010. *The Enterprises in Viet Nam 9 Years at the Beginning of Century 21*, Ha Noi: Statistical Publishing House.（英越併記）

—— 2016. *Statistical Yearbook of Vietnam 2015*, Ha Noi: Statistical Publishing House. （英越併記）

Hayton, Bill 2010. *Vietnam: Rising Dragon*, New Haven and London: Yale University Press.

Kim, Annette Miae 2008. *Learning to Be Capitalists: Entrepreneurs in Vietnam's Transition Economy*, Oxford: Oxford University Press.

Kolko, Gabriel 1997. *Vietnam: Anatomy of a Peace*, London and New York: Routledge.

MOLISA (Ministry of Labour - Invalids and Social Affairs) 1998. *Status of Labour-Employment in Vietnam (from Survey on Labour-Employment 1997)*, Centre for Information-Statistics on Labour and Social Affairs, Ha Noi: Statistical Publishing House.

Pincus, Jonathan 2015. "Why Doesn't Vietnam Grow Faster? State Fragmentation and the Limits of Vent for Surplus Growth," *Journal of Southeast Asian Economies*, 32(1) April: 26-51.

Probert, Jocelyn, and S. David Young 1995. "The Vietnamese Road to Capitalism: Decentralisation, *de facto* Privatization and the Limits to Piecemeal Reform," *Communist Economies & Economic Transformation*, 7(4): 499-525.

Taussig, Markus 2009. "Business Strategy During Radical Economic Transition: Viet Nam's First Generation of Larger Private Manufacturers and a Decade of Intensifying Opportunities and Competition," A policy discussion paper, Hanoi: United Nations Development Programme Viet Nam.

Taussig, Markus, Nguyen Chi Hieu, and Nguyen Thuy Linh 2015. *From Control to Market: Time for Real SOE Reform in Vietnam?* , Singapore: Centre for Governance, Institutions and Organisations, NUS Business School and Chartered Institute of Management Accountants (http://www.cimaglobal.com/Documents/Our%20locations%20docs/Malaysia/Centre%20of%20Excellence/NUS%20-%20Vietnam%20Control%20to%20Market%20-%20compressed.pdf, 2017年 8 月15日アクセス）.

VCCI (Vietnam Chamber of Commerce and Industry) 2015. "Global Entrepreneurship Monitor Vietnam Report 2014," Ha Noi: Vietnam News Agency Publishing House.

Van Oanh 2016. "Leadership Transfer Not So Easy," *Saigon Times Weekly*, October 15: 16-17.

Webster, Leila, and Markus Taussig 1999. "Vietnam's Undersized Engine: A Survey of 95 Larger Private Manufacturers," Private Sector Discussions Number 8, Hanoi: Mekong Project Development Facility (MPDF).

＜ベトナム語文献＞

TCTK（Tổng cục thống kê）（統計総局）1996a. *Kết quả tổng điều tra các cơ sở kinh tế, hành chính, sự nghiệp năm 1995 Tập 1*（1995年経済・行政・事業基礎センサス結果第 1 巻）, Hà Nội: NXB thống kê（統計出版社）.

—— 1996b. *Kinh tế ngoài quốc doanh thời mở cửa 1991-1995*（対外開放期の非国家経済1991-1995年）, Hà Nội: NXB thống kê.

—— 2012. "Báo cáo kết quả rà soát số lượng doanh nghiệp năm 2012"（2012年の企業数調査結果報告）（http://gso.gov.vn/default.aspx?tabid=382&idmid=2&ItemID=12481, 2017年10月 4 日アクセス）.

—— 2016. *Báo cáo Điều tra Lao động việc làm năm 2015*（2015年労働・就業サーベイ報告）Hà Nội（http://www.gso.gov.vn/default.aspx?tabid=512&idmid=5&ItemID=16025, 2017年10月 4 日アクセス）.

第3章

ベトナム大卒労働者のキャリア・パターン
——高度技能労働者の集団的考察——

伊 藤 未 帆

はじめに

　今日，多くの移行経済国において，高学歴若年層の失業問題が深刻化している（Winogradow 2013; Firsava 2013; Bai 2006）。中国では，地方出身の大卒者たちが，大学卒業後に希望する就職先をみつけることができず，かといって地元に帰ることもできないまま都市の片隅に滞留する様子が報じられ，日本のマスメディアでもセンセーショナルに取り上げられた（廉 2010; NHK 2010）。ベトナムでも，2011年度の新規大卒者のうちの63％が失業状態にあることが，教育行政のトップである教育訓練省によって公表されたことを受け，大学の果たすべき役割とは何かを問う議論がたびたび新聞紙上を賑わせている（Hòai Nam 2014; Báo Giáo dục Việt Nam 2012）。

　これらの国々では，かつての社会主義経済路線を脱却し，旧来の国家セクターを改革するとともに，民間企業や外資企業の新規参入を認めながら，市場主義原理に基づく経済体制へと移行しつつある。経済成長という面でみればそれほど低いパフォーマンスを示しているわけではないにもかかわらず，若者たち，とりわけ大学をはじめとした高等教育機関を卒業した高学歴労働者たちが，希望する職業につくことができずに労働市場に溢れているという，一見して奇妙なねじれ現象が生じているのである。

90

　その一方で，教育に対する人々の期待はとどまるところを知らない。ドイ
モイ期のベトナムに新たに出現した中間層について論じたレーらは，ベトナ
ム経済が不況に陥り，自分たちの消費行動を節制しなければならないときで
も，教育と医療への投資に関しては金額を減らすどころかむしろ増加させる
傾向にあると指摘した（Le, Do, and Nguyen 2009）。

　「学歴信仰」とでもいえるこうした風潮は，大卒者の大量失業という深刻
な現状が明るみになってもなお，広く社会に受け入れられ，人々に強く信じ
られている。その背景には，高学歴を獲得しさえすれば，将来の地位達成が
約束されたかのようにみなす考え方があると思われるが（Doan Tinh 2011;
Sakellariou and Patrinos 2000）[1]，実際のところ，移行経済国における高学歴取
得者たちが，どのようなかたちでの地位達成を成し遂げているのかという問
題については，これまで十分に明らかにされてこなかった。

　そこで本章では，計画経済期にベトナムで行われていた職業分配制度を概
観したうえで，ドイモイ政策にともなう制度の廃止と，同時に実施された高
等教育の大衆化路線によって，ベトナム社会にどのような変化がもたらされ
たのかという点について明らかにする。そのうえで，2016年1月から2月に
かけてハノイ市内で実施した大卒者を対象とするサンプル調査の結果に基づ
き，今日の大卒労働者層の集団的特徴と彼らのキャリア・パターンを分析す
る。

第1節　移行経済国の高学歴労働者層についての先行研究

　かつてソ連では，「新卒者の国家的・指令的配分」と呼ばれる就職指定制
度によって，国家が新規学卒者の情報と企業・工場の人材ニーズの双方を把
握したうえで，上意下達によって労働者と就職先とを結びつける制度が存在
していた（堀江 2003）。学校を卒業した学生たちは，自らの意思で就職先を
選択するのではなく，成績に応じて，学校や教職員との紐帯関係を有する地

元企業に配属された。卒業前にあらかじめ「就学中 OJT」経験を積んでおく
ことで，なるべく円滑に学校から職業への移行を実現させようとする工夫が
なされていたものの（堀江 2012），それでもやはり，当事者の主体的なかか
わりを欠いたマッチングシステムはさまざまな制度的矛盾を抱えていた（大
津 1988; Malle 1986）。1950年以降の中国でも，「統一分配制度」と名づけられ
た，ソ連と同様の公的な就職先斡旋システムが実施されていた。李（2011）
は，学卒者たちが，事前に配属先の企業についての十分な情報をもたないま
ま一方的に配属を受け入れなければならなかった様子が，当時「本人の意思
を無視した強制結婚」という表現で揶揄されていたことを記している。

　ソ連をはじめとする東欧諸国，および中国，そして後で述べるようにベト
ナムでも同様に行われていたこの国家主導型のマッチングシステムが，市場
経済化にともなって廃止されると，大卒者は原則として自由に職業を選択し，
自らのキャリアを自在に形成できるようになった。しかし，実際のところ，
移行経済国の大卒者労働市場にはさまざまな障壁が立ちはだかっている。ロ
シアでは，旧ソ連時代に形成された大学と企業との結びつきによって生み出
された社会ネットワークが，今日もなお新卒者の就職経路のなかで重要な役
割を果たし続けているために自由な労働市場の発展が遅れ，現地社会でのつ
ながりをもたない新規参入企業がより良い人材を効率的に確保することを困
難にしている（堀江 2012）。また，中国では，労働者の自由な移動を制限す
る戸籍制度によって，出身地による地理的条件が大卒者の就職活動に不公平
をもたらしたり（李 2011; Fan 2002），政府による大卒者の就職支援キャン
ペーンにおいて，「国家の最も必要であるところに就職せよ」といった計画
経済時代のような政策スローガンが打ち出されるなど，自由化されたはずの
労働市場に対する国家の関与が依然として強い（李 2011, 121-122）。

　ベトナムでも同様に，計画経済期を通じて，大学生をはじめとした学卒者
を対象とする職業分配（ベトナム語の直訳では「労働分配」[phân phối lao
động]）制度が施行されていた（伊藤 2014b）。学卒者が配属される先はその
ほとんどが国家セクター（行政機関および国有企業）であり，これらの配属先

に正規職員としてのポスト（ベトナム語では「編成」[biên chế]）を確保して初めて，「仕事についた」とみなす考え方が広く社会に普及していった（Nguyen 2002）。いったん国家セクターに就職してしまえば，その後に解雇されるという事態は実質的にほとんど発生しなかったことから，職業分配制度を通じて，学卒者たちは自らの選択の自由を失う代わりに，職業的な競争関係にさらされることのない一生の安定性を約束された。市場経済化以後のベトナムにおける大卒労働者と雇用先との紐帯関係に着目したグエンは，こうした社会的心理が，ドイモイ政策導入直後の労働市場においても一定の影響力を及ぼし続けたと論じている（Nguyen 2002）。

　国家セクターへの就職を安定性と結び付けてとらえる考え方が，近年でもなおベトナム社会において維持され続けていること，それゆえに若者たちのあいだでは非国家セクターよりも国家セクターへの就職を選ぶ傾向が強いことについては，14歳から25歳までのベトナムの若者たちの就職傾向の分析を行ったキングらの研究においても示されている。この研究では，ドイモイ政策導入以後のベトナムの若者たちの就職先が，徐々に非国家セクターへと移行していく傾向を示唆しつつも，国家セクターにポジションを得た人々と比較してみると，仕事に対する満足度の面で非国家セクターが劣ることを示し，雇用と教育をめぐる人々と国家との関係が，職業分配制度が施行されていた時代の世代との連続性をみせていること，その結果，高学歴労働市場において国家が依然として重要な役割を果たしていることが指摘された（King, Nguyen, and Minh 2008）。

　このように，移行経済期にある国々の大卒者労働市場について論じた先行研究では，計画経済期に形成された公的な人材配置制度を念頭に，市場経済化以後の自由化された労働市場と国家との関係性を問うている点で，共通した問題関心をもつ。ところが，これらの研究では，大卒者労働市場を一元的にとらえる傾向にあり，市場経済化にともなって民間・外資企業などの非国家セクターが拡大するにつれて労働市場それ自体が多元化しつつあること，それにより大卒労働者のキャリア・パターンが規定されていくという側面が

あることについては十分に注目されてこなかった。

　中国における大卒者労働市場について論じた李によれば，改革開放以降，中国の労働市場に，戸籍制度を基盤とした都市／農村間，地域間，さらには国有企業を中心とした政府主導の体制内労働市場と，非国有企業を中心とした体制外労働市場という複数の分断が生じているという。そのうえで，これらの労働市場間の移動にはコストがともなうため，各労働市場のあいだには極めて硬直した構造が出来上がり，その結果，新規大卒労働者が，できるかぎり初職において，流動性の高い，大都市の体制内労働市場に参入しようとする傾向にあることを指摘した（李 2011, 82）[2]。今日のベトナムでも，国有企業改革によって国家セクターが大きく変容し，同時に，民間企業や外資企業をはじめとする非国家セクターという新たな雇用機会が拡大しつつあるなかで，大卒者の労働市場それ自体が多元化している可能性が考えられる。労働市場におけるこうした変化は，ベトナムの大卒労働者の集団的特徴とキャリアパスをどのように規定しているのであろうか。

　以下ではまず，労働市場が多元化される以前，すなわち計画経済期における大卒者のキャリア・パターンについて，大学から職業への移行過程に着目して明らかにする。

第2節　計画経済期における職業分配制度

1. 計画経済期における学歴エリート層の形成

　植民地支配から独立し，新たな国家としてベトナム民主共和国の樹立が宣言されてから約2カ月後の1945年11月15日，ハノイ市内に新たな大学と短大が設立された。医学系，科学系，美術系，農業系，公共事業系，獣医学系といった，多岐にわたる分野のこれらの新設教育機関は，理念上，それまでの教育制度を抜本的に改革し，まったく新しい高等教育機関となることをめざ

94

表3-1　計画経済期における学校階梯別の生徒／学生数と比重

年度	総数（単位：1,000人）	内訳（単位：1,000人）			人口1万人当たりの割合（単位：%）	
		初等・中等教育	専門中学	短大・大学	初等・中等教育	専門中学・短大・大学
1949/50	793.7	789.1	3.5	1.1	3.50	0.02
1955/56	2,002.0	1,976.5	6.9	3.6	7.88	0.04
1959/60	5,114.2	3,798.7	23	17.1	12.94	0.14
1964/65	6,444.1	5,333.1	51	54	15.74	0.31
1969/70	9,709.3	8,624.3	92	91.7	21.63	0.45
1975/76	11,126.4	10,502.5	95.5	92.1	22.05	0.39
1979/80	13,722.8	11,627.7	148	149.7	22.16	0.57
1981/82	12,350.2	11,680.0	116.2	149.3	21.26	0.48
1982/83	11,875.7	11,337.1	112.7	139.3	20.20	0.45
1983/84	12,022.8	11,498.0	115.6	133.6	20.04	0.43

（出所）　Tổng cục thống kê（1985, 171）より筆者作成。

していた（Đỗ and Nguyễn 2001, 97）。支配者層のために従事する人材を育てるのではなく，広く国民全体に教育の機会を与え，「社会全体に役立つ人材を育成する」という目標を掲げていたからである（Đỗ and Nguyễn 2001, 99）。

　実際のところ，広く国民全体に高等教育の機会を与えるという理念はなかなか実現困難な課題であった。表3-1は，フランス植民地支配からの独立直後の1949年度から，1975年の南北統一を経て，ドイモイ政策が導入される前夜に当たる1983年度までの計画経済期における，初等・中等教育課程と高等教育課程（専門中学，大学・短大）の生徒／学生数，および人口1万人当たりに占めるそれぞれの割合を示したものである。

　これによると，1949年度には1万人当たり3.50％程度だった初等・中等教育課程の生徒数の割合が，1959年度には12.94％に達し，さらにその10年後の1969年度には21.63％へと，速いスピードで伸長していったのに対し，高等教育課程の進学者数は伸び悩み，1949年度の1万人当たり0.02％から，1959年度時点でも0.14％，南北統一後の1979年度では0.57％，ドイモイ政策導入前夜にあたる1983年度でも0.43％と，この時点でまだ1％に満たなかっ

たことがわかる[3]。

2. 上位層キャリアパスとしての外国留学

1965年，教育国家省が改組され，新たに「大学・専門中学省」が誕生した（Đỗ and Nguyễn 2001, 110）。この新たな教育行政機関は，その名が示すとおり，基本的にはベトナム国内の高等教育機関の教育カリキュラムや学生定員などを一元的に管理する役割を担ったが，加えて，いくつかの重要な任務を与えられていた。第一に，社会主義友好国であるソ連や東欧諸国に留学生を派遣し，大学以上の専門技能を備えた幹部候補生を育成することである。1965年党書記局通知162号には，「国内での幹部育成と同時に，われわれは何千人かを選抜して，科学技術を学ばせるために外国留学させ，大学レベル，およびそれ以上の水準をもった幹部を育成する必要がある」として，「外国」，すなわち社会主義友好諸国への留学生を数多く輩出することの重要性が明記されている[4]。

以前から行われていた社会主義友好諸国への留学生派遣は，この通知以後さらに飛躍的に拡大していくこととなった。通知が出された1965年の翌年度にあたる1966年度の留学生数は，実習生，研修生と合わせて合計3834人に達し，前年度のおよそ10倍に上っていることが明らかとなる。年によってややばらつきはあるものの，毎年3000人規模の留学生が輩出され，国内の大学進学者の4〜10％程度が外国留学を経験していたことになる（Tổng cục thống kê 1970, 460, 463）。

社会主義友好諸国への留学というチャンスを獲得した彼らは，学費に加え，生活にかかわる全般的な費用を国家から支給される国費留学生であった。それゆえ必然的に，国内でも最も優秀な学生たちが選抜された。留学生の定員数を毎年約1000人（大学院生は400人）とするとした1973年政府決議199号によれば，国内の入学試験によって選ばれた留学候補生たちは，その後1年をかけて，外国語，政治学習に加えて文化的知識の教育を受けたうえで，留学

先で学ぶ学問分野，留学国の振り分けが行われた。必要に応じて，さらに政治に関する追加審査が行われるなど，留学生を選抜する基準はたいへん厳しいものであった[5]。

厳しい選抜を勝ち抜いて社会主義友好諸国への留学を果たした人々は，勉学の期間を終えるとすぐベトナムに帰国し，ベトナム国内で高学歴労働者となった。しかし，毎年数千人規模で帰国する留学経験者に加え，ベトナム国内の大学を卒業した大卒者すべてに，それぞれの専門知識に合った職業を割り当てることはたやすいことではない。そこで，こうした高学歴労働者たちの大学から職業への移行を手助けする役割を果たしたのが，国家計画委員会を要とする「職業分配制度」であった。

3．職業分配制度と社会移動

職業分配制度とは，中央統制経済下の社会主義諸国で実施されていた，国家主導型の労働市場の仕組みである。その目的は，大学生を含むすべての高等教育機関の学生を国家が一元的に管理し，学校を卒業すると，基本的に全員に対して，国家セクターでの就職先を割り当てることであった。先に述べた大学・専門中学省のもうひとつの重要な任務とは，国家計画委員会と緊密に連携しつつ，この職業分配制度の円滑な実施を監督することであった[6]。

職業分配制度について定めた1975年政府議定134号とその細則には，高等教育機関の卒業生は，学校卒業後2カ月以内に配属先の通達を受け，速やかにそれに従うこと，もし通達に従わない場合には「卒業証書を授与しないか，すでに授与されている場合は卒業資格を取り消す」という厳しい規則が設けられている[7]。これ以後，1989年に同制度が廃止されるまで，留学生を含むすべての高等教育機関在籍者と卒業生は，国家計画委員会のもとで一元的に管理された（伊藤 2013）。

職業分配制度の実施は，おのずと計画経済期の高等教育の仕組みを特徴づけることとなった。第一に，能力主義に基づいた社会構造の形成である。職

表3-2 労働者・農民層出身の大学生，専門中学学生数

年度	学生数（人）		総数に占める割合（％）	
	大学	専門中学	大学	専門中学
1955/56	131	1,063	−	−
1956/57	767	3,415	25.4	45.5
1957/58	1,151	4,638	28.7	54.6
1958/59	1,496	4,251	29.1	58.2
1959/60	3,115	10,593	40.7	71.1

（出所）　ベトナム中央統計局（1969, 104）より筆者作成。
（注）　日本語訳については，一部筆者が修正を加えた。

業分配制度の実施によって，すべての大学生たちは学費が免除されたほか，奨学金という名の「給与」を与えられる国家の幹部候補生として扱われた。そのためには，なによりもまず難関の大学入学試験に合格するという，狭き門をくぐらなければならなかったが，これは同時に，どのような階層の出身者に対しても，能力主義に基づいた公平な進学機会が与えられ，社会的地位の達成が可能となることを，（少なくとも理念的には）意味していた。表3-2は，1950年代に，労働者・農民層から大学または専門中学に進学した人の数と割合の推移を示したものである。これによれば，大学や専門中学に進学した人のうち，労働者・農民層の出身者の割合は，1956年度時点ではそれぞれ25.4％，45.5％であったのが，1959年度になると40.7％，71.1％へと大きく拡大していることがわかる。

　ただしその一方で，国家は，社会主義友好国への留学生をはじめとした高等教育機関の卒業生全員に対して何らかの国家セクターのポストを割り当てなければならなかったため，高等教育機関への進学者数に一定の制限をかけ続けた。この同じ時期，初等教育や前期中等教育はベトナム社会のなかに急速に普及していったが，それとは反対に，高等教育機関へ進学できる人の数は意図的に抑制され，高い閉鎖性が付与され続けた。

　結果的に，計画経済期の大卒者層は，特定地域の出身者に偏るかたちで形成されることとなった。1989年に行われた国勢調査結果に基づき，25〜59歳

までの人口に占める短大・大学卒業者の割合を，居住地別に分類してみると，都市部居住者7.7％に対し，農村部居住者はわずか1.2％であり，およそ6倍の差がついていることが明らかとなる（全国平均2.8％）。さらにハノイ市に限ってみれば9.3％に達しており，地方出身者とのあいだの差がさらに際立つ結果となっている（Ban chỉ đạo tổng điều tra dân số trung ương 1991, 356-364）。したがって，能力主義という，理念のうえでは開放的な選抜方法が導入されたとはいえ，実際には，国家によって進学者の定員が厳しく制限されていたことによって，高等教育機関への進学をめぐる「開放性」は，進学により有利な条件をもった都市部と，そうではない農村部のあいだで異なった意味をもっていたと考えられる。

4．高等教育のドイモイと大衆化路線

1986年12月に決定されたドイモイ政策の導入は，ベトナム社会における高等教育機関の役割を大きく変容させた。職業分配制度が廃止され，労働市場に市場主義原理が導入されるとともに，高等教育機関に対する国からの補助金が大幅に削減された。そこで教育訓練省は，各教育機関が独自に学費を設定し徴収することに加え，入学者の定員数も自分たちで定めてよいという新たな方針を打ち出した。これにより各大学は，毎年受け入れる学生の定員数を自ら定め，学費を徴収することで学校の運営を担っていくことになった。さらに，私立大学の設立認可，各省庁が管轄する教育機関の改組と短大・大学への格上げ，および地方大学の設立が相次ぎ，高等教育機関の数と学生数は飛躍的に拡大していった。

ドイモイ初期に行われた高等教育をめぐるこうした方針転換は，それまで厳しく制限されてきた大学と大学生の数を一気に増加させたという意味で，高等教育の大衆化路線に向けた抜本的改革であり，「大学教育のドイモイ」と位置づけられた（Bộ Giáo dục và Đào tạo 1993）。図3-1は，1976年から2014年にかけての大学・短大の学生数の推移を示したものである。これをみると，

第3章　ベトナム大卒労働者のキャリア・パターン　99

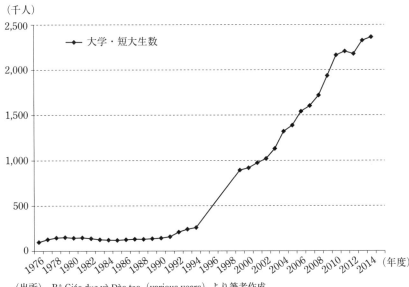

図3-1　大学・短大学生数の推移（1976～2014年度）

（出所）Bộ Giáo dục và Đào tạo（various years）より筆者作成。
（注）データの一部は，伊藤（2013; 2014b）を参照した。

1990年代半ば以降，高等教育機関の学生数が急速に拡大していった様子が読み取れる。

　高等教育への進学希望者が今後さらに増えていくことを予測した教育行政は，奨学金受給資格と学生寮への入寮基準にそれぞれ一定の制約を設けることで，その流れを緩やかにしようと試みた（Vụ Học sinh-Sinh viên 1993）。この方針は，入学者の定員が自由化されたことで，各大学に殺到するであろう受験者たちの量的コントロールを意図したものであった。それまで学生全員に対して無条件で与えられていた奨学金制度の対象者を絞るとともに，寄宿舎の利用にも制限をかけることで，進学をめぐる新たなハードルを課したわけだが，裏を返せば，こうした経済的な制約を課してもなお高等教育への進学を希望する人々が，大幅に増加しつつあったことを意味している。

　近年のデータからも，高等教育機関への進学者が居住地区分を超えて全国

表3-3　生年コーホート別にみた大卒学歴保持者割合の居住地区分（2012年）

（単位：％）

生年	（標準入学年度）	都市	農村
1930〜1939年	（1948〜1957年）	75.0	25.0
1940〜1949年	（1958〜1967年）	72.2	27.8
1950〜1959年	（1968〜1977年）	79.0	21.0
1960〜1969年	（1978〜1987年）	80.6	19.4
1970〜1979年	（1988〜1997年）	70.7	29.3
1980〜1989年	（1998〜2007年）	54.9	45.1

（出所）　GSO（2012）より筆者作成。
（注）　各コーホートについて18歳を標準大学入学年度とし
　　　　て示した。

に拡大しつつあることが示される。表3-3は，2012年のベトナム家計生活水
準調査（VHLSS）の結果に基づいて，生年コーホート別に，短大・大卒以上
の学歴保持者（以下，「大卒学歴保持者」）の割合を居住地区分（都市／農村）
ごとに分類したものである。これをみると，大卒学歴保持者に占める都市部
と農村部の割合は，1960年代生まれの世代まではおよそ８対２の割合で圧倒
的に都市部の方が多かったのに対し，1970年代生まれ以降はこの比率が徐々
に変化し，1980年代生まれの世代では都市部と農村部の差がかなり縮まって
きている。標準的な大学入学年を18歳と考えると，高等教育の大衆化路線が
導入された1990年代初頭以降に大学進学を果たした人々のあいだで，こうし
た変化が急速に起きていることが明らかとなる。

　また，居住する地域ごとにみても，1990年代に大学に進学した1970年代生
まれ以降，地域間での進学者の割合が変化しつつある。最も若い1980年世代
の大卒学歴保持者を地域別の比率でみると，ハノイ市14.0％，ホーチミン市
7.7％に対して，北中部沿海24.8％，ハノイ市を除く紅河デルタでは19.1％，
北部山地14.2％，メコンデルタ11.6％，ホーチミン市を除く東南部6.0％，中
部高原2.5％となっている（表3-4）。1970年代生まれとの比較でみると，最も
大卒学歴保持者の割合が伸びたのはハノイ市を除く紅河デルタの＋5.1％，
つぎに北部山地の＋3.5％であった。

第3章　ベトナム大卒労働者のキャリア・パターン　101

表3-4　生年コーホート別にみた大卒学歴保持者割合の地域間比較（2012年）

（単位：％）

生年	ハノイ市	ホーチミン市	紅河デルタ[1]	北部山地	北中部沿海	中部高原	東南部[2]	メコンデルタ
1930〜1939年	42.9	0	14.3	10.7	25.0	3.6	0	3.6
1940〜1949年	28.9	4.1	27.8	9.3	16.5	2.1	6.2	5.2
1950〜1959年	17.2	11.6	17.6	9.4	25.3	6.0	4.3	8.6
1960〜1969年	10.5	9.5	11.2	11.2	25.3	7.6	7.2	17.4
1970〜1979年	14.5	9.8	14.0	10.7	23.1	8.8	6.4	12.6
1980〜1989年	14.0	7.7	19.1	14.2	24.8	2.5	6.0	11.6

（出所）　GSO（2012）より筆者作成。
（注）　1）　ハノイ市を除く。
　　　　2）　ホーチミン市を除く。

　この時期に紅河デルタや北部山地にまで進学熱が広がっていった様子は，筆者の聞き取り調査でも明らかとなっている。ラオカイ省バオイエン県出身でハノイ国家大学に進学した大学生Ｎ（1987年生まれ）は，幼い頃に両親に勧められて進学を決意した。彼女は７人兄弟の６番目であったが，1974年生まれの１番上の姉を筆頭に，上の５人の兄姉は学校に通ったことがなく，ベトナム語の読み書きもできない。家族で農業を営んでいたが，転居をきっかけにほかの少数民族や多数派民族のキン族と接点をもつようになったことを通じて，まわりの子どもたちが，学校に通い，その後，農業以外の職をみつけていく姿を目の当たりにした両親が，Ｎと，その下の妹を学校に通わせることを決意したという[8]。

　また，ヴィンフック省タムダオ県出身のＳ（1989年生まれ）は，６人兄弟の末娘として生まれた。地元で農業を営む両親のもと，1979年生まれの長兄を筆頭に，兄２人，姉３人（うち１人は幼くして他界）の兄弟がいるが，大学に進学したのはＳ１人であった。進学のきっかけは，やはり，自分の子どもには農業ではなく別の職業につかせたいと願う両親の強い勧めであった[9]。

　Ｎは北部山地，Ｓは紅河デルタの出身で，居住地区分でいえば「農村部」と分類される地域に居住していた人々であった。高等教育の大衆化路線は，それまで高等教育とはほとんど無縁であった低学歴層のあいだにも，自分た

ちの子どもでも頑張れば進学できるという希望を共有させた。固く閉ざされてきた高学歴労働者層への参入機会が開放されたことで，誰もが大学をめざして行動するようになり，その結果，一気に進学熱が加速化した（伊藤2014a）。そのことは同時に，高学歴労働者層のなかの実質的な多様性，すなわちさまざまな異なる要素をもった人々の集団を生み出すことへとつながっていった。

　そこで次節では，2016年に実施した，大卒者を対象とするサンプル調査で得られた結果をもとに，今日の高学歴労働者層の集団的特徴と彼らのキャリア・パターンを明らかにしていきたい。

第3節　高学歴労働者の集団的特徴とキャリア・パターン

1. 高学歴労働者実態調査の概要

　筆者は，2016年1〜2月にかけて，ハノイ市内において，20歳代から50歳代の高学歴労働者（以下，「大卒者」）を対象としたサンプル調査を行った[10]。サンプルは国公立大学，私立大学を含む複数の大学の卒業生リストをもとに，各大学から15〜20人ずつ無作為に抽出した[11]。調査方法は質問票を使用した他記式面接調査である。以下では回答が得られた160人のうち，現在ハノイ市内で就業している159人のデータをもとに分析を進める（有効回答率99.4％)[12]。

　回答者の卒業大学を，大学の主管機関別にみると，人数の多い順に，教育訓練省が管轄する公立大学，教育訓練省以外の官庁が管轄する公立大学，ハノイ国家大学の卒業生が，それぞれ58人（36.5％)，53人（33.3％)，40人（25.2％）を占めていた[13]。加えて，民間組織が運営する私立大学の卒業生も8人含まれている。直近16年間の公立大学と私立大学の数の推移が示すように（図3-2，棒グラフ)，今日のベトナムでは，依然として大学総数に占める私立

第3章 ベトナム大卒労働者のキャリア・パターン 103

図3-2 学校設置主体別（公立／私立）ごとにみた大学数と学生数の推移

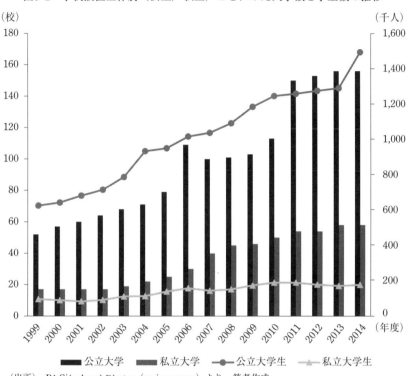

（出所） Bộ Giáo dục và Đào tạo（various years）より，筆者作成。

大学の比重が少ない。たとえば2014年度には，公立大学数156校に対し，私立大学の数は58校であった。また，学生数も，公立大学生149万3354人に対し，私立大学生の数は17万6669人であり，約8.5対1の割合となっている（図3-2，折れ線グラフ）。加えて今回の調査では，私立大学の卒業生リストを入手することが困難であったという調査上の制約があり，結果的に，一般的な公私比率以上に公立大学出身者がサンプルに多く含まれることになった。したがって，以下の調査結果の分析においても，公立大学出身者の特徴がより強く出やすいという傾向が認められることをあらかじめ述べておきたい。

2. 就業機関

　大卒者の現職内訳を，機関種別ごとに示したものが表3-5である。行政機関で働いていると回答した人の割合が最も高く，全体の25.2%を占める。また，公共施設（公立病院，学校等），国有企業（Doanh nghiệp nhà nước）で働いている人の数と合わせると，全体の6割近く（58.5%）に達することが示された。大学・研究所については主管機関の詳細な情報が明らかではないが，現在のベトナム，とくに今回調査を行ったハノイ市内においては，私立大学や民間研究所は絶対的に数が少ないことから，おそらくここでの大学・研究所も公立のものであるとの推定が可能になる。そう考えてみると，今回の調査対象者のうち，7割以上（71.7%）が，何らかのかたちで国家セクターに従事する労働者であることが明らかとなる。以降，今回の調査結果を分析する際には，行政機関，公共施設，国有企業，大学・研究所を指して「国家セクター」，国有企業を除く行政機関，公共施設，大学・研究所を指して「官公部門」とまとめた呼び方を使用する。

　そこで，出身大学と現職の企業種別の関係をみてみると，ハノイ国家大学，

表3-5　機関種別ごとにみた大卒者の現職

（単位：人）

行政機関	40 （25.2）
公共施設（公立病院，学校等）	26 （16.4）
国有企業	27 （17.0）
民間企業	30 （18.9）
大学・研究所	21 （13.2）
外国企業	7 （4.4）
家族経営	2 （1.3）
その他	6 （3.8）
合計	159 （100）

（出所）　質問票調査に基づき筆者作成。
（注）　カッコ内にはパーセンテージを示した。

第3章　ベトナム大卒労働者のキャリア・パターン　105

教育訓練省以外の省庁が管轄する各大学，教育訓練省が管轄する各大学の出身者のいずれも，官公部門への従事率が最も高いことが明らかとなった。これに対し，私立大学の卒業生については，最も多いのが民間企業で，官公部門は37.5％（3人），国有企業はゼロであった（表3-6）[14]。

　このことから，ひとつの推測が可能となる。すなわち，労働市場が自由化された今日でもなお，ベトナムの大卒者たちは出身大学と就職先に何らかのリンケージをもっているのではないか，というものである。そこで，大卒者の出身大学を，職業分配制度が廃止された1989年を基準に分類し，それより前から存在していた大学を「伝統大学」，それ以後に設立された大学を「新設大学」としたうえで，それぞれの大学の出身者と現職機関との関係をみたものが表3-7である。これによると，伝統大学出身者で，現在国家セクターに従事している人の割合は75.4％であり，新設大学出身者を30ポイント近く上回っていることが明らかとなり，上述した推測にひとつの裏づけが示される。

表3-6　出身大学の主管機関と現職機関

（単位：人）

	官公部門	国有企業	民間企業	家族経営	合計
教育訓練省	24 (43.6)	13 (23.6)	18 (32.7)	0 (0)	55 (100)
ハノイ国家大学	32 (84.2)	2 (5.3)	4 (10.5)	0 (0)	38 (100)
教育訓練省以外の省庁	28 (53.8)	12 (23.1)	10 (19.2)	2 (3.8)	52 (100)
私立大学	3 (37.5)	0 (0)	5 (62.5)	0 (0)	8 (100)

（出所）　質問票調査に基づき筆者作成。
（注）　カッコ内にはパーセンテージを示した。

表3-7　出身大学（伝統／新設）と現職機関

（単位：人）

	国家セクター	非国家セクター	合計
伝統大学出身者	104 (75.4)	34 (24.6)	138 (100)
新設大学出身者	10 (47.6)	11 (52.4)	21 (100)

（出所）　質問票調査に基づき筆者作成。
（注）　カッコ内にはパーセンテージを示した。

3．収入状況

つぎに，大卒者集団の特徴を収入面から明らかにしてみる。まず，今回の調査対象者159人から聞き取った平均月収（賃金，手当を含む毎月当たりの全収入の平均金額，以下「月収」とする）の最大値と最小値，および中央値を，現在の所属機関別に分類したものが表3-8である。これをみると，最も高い月収を得ていたのは国有企業に勤務する人の２億5000万ドン（日本円で約127万6200円）[15]，反対に最も低かったのは民間企業勤務の170万ドン（約8700円）であった。ただし，これらはやや極端な例と考えられることから，機関別の月収の中央値を算出し，金額の高い順に並べたところ，国家セクターのなかでは国有企業が突出して高いものの，それ以外の官公部門（行政機関，公共施設，大学・研究所），および家族経営を除く非国家セクター（民間企業，外資企業）にはいずれもそれほど大きな差異があるわけではないことが示された。

統計総局が出した2014年の労働・就業サーベイ報告書によれば，大卒以上に相当する「高度専門技術職」（Chuyên môn kỹ thuật bậc cao）の平均月収は663万ドン（約３万3000円）であった（TCTK 2015, 36）。企業種別でみてみると，国有企業で690万ドン，民間企業で537万ドン，家族・個人経営で381万ドン，

表3-8　現職機関別にみた大卒者の平均月収

（単位：万ドン）

	国家セクター				非国家セクター			その他
	官公部門			国有企業	民間企業	外資企業	家族経営	
	行政機関	公共施設	大学・研究所					
最大値	10,000	2,000	1,300	25,000	10,000	3,700	4,000	5,000
最小値	400	230	241	800	170	800	3,000	800
中央値	600	1,000	660	2,400	1,000	1,000	3,500	1,350
度数（人）	40	25	21	27	30	7	2	6

（出所）　質問票調査に基づき筆者作成。

外資企業で562万ドンであり，今回の調査結果の方が相対的に高い水準となっている。したがって，今回のサンプル調査の対象者たちは，全体として，今日のベトナムにおける高度専門技術職のなかでも高収入層に位置づけられる人々であることが示される。

　なお，今回の調査では，大学卒業後の年数は，民間企業を除いて，現在の月収とはほとんど関係していないことが示された[16]。官公部門については，2010年以降に卒業した最も若い年齢層を除くすべての年齢層で，510万～1000万ドンの中月収層が最も大きな割合を占める。その一方で，国有企業については，2000年代の卒業生のうち，1510万ドン以上の高収入を得ている人の割合が8割近くを占め，その前の1990年代卒業生の世代と比べても圧倒的に多い。これに対し，家族経営を除く非国家セクターでは，1990年代世代で，1510万ドン以上の高収入者が最も多いが，それ以外の世代では510万～1000万ドンの中収入層の割合が高い。

　では，職業ごとにみてみると，平均月収はどのように分布しているのであろうか。現職機関ごとに平均月収を分類したものが表3-9である。先ほどの表3-8では，国有企業に従事する人の収入が突出して高く，それ以外の官公部門，家族経営を除く非国家セクターにはそれほど大きな差異がないことを確認したが，収入の分布をみると別の側面が明らかとなった。国有企業に従事する人のうち1510万ドン以上の高収入を得ている人が最も多くを占めてい

表3-9　現職機関と平均月収の分布

(単位：人)

	110万～ 500万ドン	510万～ 1,000万ドン	1,010万～ 1,500万ドン	1,510万ドン 以上	合計
官公部門	22 （25.6）	46 （53.5）	7 （8.1）	11 （12.8）	86 （100）
国有企業	0 （0）	5 （18.5）	2 （7.4）	20 （74.1）	27 （100）
非国家セクター （家族経営除く）	5 （13.5）	16 （43.2）	5 （13.5）	11 （29.7）	37 （100）
家族経営	0 （0）	0 （0）	0 （0）	2 （100）	2 （100）

　（出所）　質問票調査に基づき筆者作成。
　（注）　カッコ内にはパーセンテージを示した。

表3-10　出身大学（伝統／新設）と平均月収

（単位：人）

	110万～500万ドン	510万～1,000万ドン	1,010万～1,500万ドン	1,510万ドン以上	合計
伝統大学出身者	26　(18.8)	58　(42.0)	11　(8.0)	43　(31.2)	138　(100)
新設大学出身者	1　(5.0)	10　(50.0)	6　(30.0)	3　(15.0)	20　(100)

（出所）　質問票調査に基づき筆者作成。
（注）　カッコ内にはパーセンテージを示した。

ることは前述したとおりであるが，その一方で，中央値でみるとほぼ同程度であった官公部門と非国家セクター（家族経営除く）に関しては，収入層にずれがみられた。官公部門では510万～1000万ドンの中収入層が最も多く，つぎに110万～500万ドンの低収入層へと続く。これに対して非国家セクター（家族経営除く）では，510万～1000万ドンの中収入層が最多であるものの，1510万ドン以上の高収入層も3割近くを占めており，これらふたつの収入カテゴリーの合計で全体の7割以上に達する。官公部門の従事者が低～中収入層に多くみられるのに対し，民間・外資企業の従事者はむしろ中～高収入層に偏向する傾向にあることが示される。

　近年における国有企業の業績好調の影響を受けて，国有企業に従事する労働者の給料がほかの業種よりも高いことは，新聞報道等でもたびたび報じられてきたが（VietnamPlus 2017; Thanh Niên online 2016），今回の調査結果からは，高学歴労働者層に絞ったうえでもこうした傾向が認められることが示された。同時に，民間・外資企業の従事者についても，相対的に高い給料を得ていることが明らかとなった。高学歴労働者たちが国有企業と民間・外資企業のこうした収入の高さに魅力を感じていることは，彼らの転職行動とも関係している。この点については次節で述べたい。

　では，出身大学と現在の収入にはどのような関係がみられるだろうか。前項で使用した大学設立年ごとの区分（1989年以前／以後）を用いて，現在の平均月収を分類したものが表3-10である。これによると，伝統大学の出身者のうち，1510万ドン以上の高収入を得ている人の割合は31.2％で，新設大学

第3章　ベトナム大卒労働者のキャリア・パターン　109

表3-11　出身大学（伝統／新設）と平均月収（2000年代世代）

（単位：人）

	110万〜 500万ドン	510万〜 1,000万ドン	1,010万〜 1,500万ドン	1,510万ドン 以上	合計
伝統大学出身者	13 （16.5）	33 （41.8）	4 （5.1）	29 （36.7）	79 （100）
新設大学出身者	1 （6.3）	7 （43.8）	6 （37.5）	2 （12.5）	16 （100）

（出所）　質問票調査に基づき筆者作成。
（注）　カッコ内にはパーセンテージを示した。

出身者を2倍以上，上回っていることが明らかとなった。

　こうした傾向は，世代を統制するとより顕著に表れる。表3-11は，新設大学出身者が最も多く含まれていた，2000年代に大学を卒業した世代（以下，「2000年代世代」とする）のみを抽出して，出身大学と平均月収の関係をみたものである。1510万ドン以上の高収入層の割合は，伝統大学出身者と新設大学出身者の差がほぼ3倍になっている。先ほど，今回のサンプル調査の対象者たちが，今日のベトナムにおける高度専門技術職のなかでも高収入層に位置づけられることを確認したが，そのなかでもとりわけ伝統大学出身者のなかに高収入層が集まっていることが明らかとなった。

第4節　キャリアパスとしての転職行動

　一定の職場に長くとどまる日本型労働慣行とは大きく異なり（谷内 2008; 小池 1994; 岩田 1977），今日のベトナムの労働者たちのあいだでは，短期間に転職を繰り返すジョブホッピング（ベトナム語では "Nhảy việc"）と呼ばれる労働慣行が広くみられるようになっている（Trung tâm dịch vụ việc làm thanh niên Hà Nội 日付不明）。

　今回の調査でも，大学を卒業し初職に入職してから今日までに転職を経験したことのある人の割合が67.1％を占めることが明らかとなった。そこで，大学卒業年コーホート別に転職回数を分析したところ，若い世代のなかに，

表3-12　大学卒業年コーホート別にみた転職回数

(単位：人)

	1回	2回	3回	4回以上	転職経験なし	合計
1980～1989年	2 (33.3)	1 (16.7)	0 (0)	0 (0)	3 (50.0)	6 (100)
1990～1999年	15 (34.9)	8 (18.6)	5 (11.6)	1 (2.3)	14 (32.6)	43 (100)
2000～2009年	21 (21.9)	22 (22.9)	13 (13.5)	10 (10.4)	30 (31.3)	96 (100)
2010年以降	3 (23.1)	3 (23.1)	2 (15.4)	0 (0)	5 (38.5)	13 (100)

(出所)　質問票調査に基づき筆者作成。
(注)　カッコ内にはパーセンテージを示した。

より頻繁に転職を経験している人が多いことが示された。転職経験が3回および4回以上と回答した人を世代別にみると，世代を経るごとに転職経験者の割合が上昇し，大卒後6年以内に相当する，最も若い2010年以降世代では15.4％含まれていた。これら若年層世代が，短いスパンで新たな職場を求めて移動を繰り返している様子が示されよう（表3-12）。

　では，大卒者たちは，転職を繰り返すことによってどのようなキャリアを形成しているのであろうか。そこで，転職経験者を対象に，大卒後最初についた初職と，現職との関係を調べた結果が表3-13である。ここから読み取れるのは，1990年代世代までの転職者が，国家セクター内の移動，ないしは非国家セクターから国家セクターへの移動を行う傾向にあるのに対し，2000年代世代以降になるともうひとつの流れ，すなわち「非国家セクター内での移動」が加わっていくことである[17]。たとえば1990年代世代では，国家セクターから国家セクターへの移動を経験した人は51.7％，非国家セクターから国家セクターへの移動が27.6％となる。これらふたつのカテゴリーを「国家セクターをめざした転職」とするなら，このコーホートのうち8割弱が国家セクターをめざした転職を行ったことになる。これに対し，2000年代世代では，国家セクターをめざした転職者が減少する一方で，非国家セクター内での移動者が3割を占めるようになっている。こうした「非国家セクターをめざした移動」は，2010年代以降世代になるとさらに顕著にみられるようになり，62.5％を占めるまでに拡大している。

第3章　ベトナム大卒労働者のキャリア・パターン　111

表3-13　大学卒業年コーホート別にみた転職経路（転職者のみ）

（単位：人）

	国家セクター →国家セクター	非国家セクター →国家セクター	国家セクター →非国家セクター	非国家セクター →非国家セクター	合計
1980～1989年	1 （33.3）	0 （0）	2 （66.7）	0 （0）	3 （100）
1990～1999年	15 （51.7）	8 （27.6）	4 （13.8）	2 （6.9）	29 （100）
2000～2009年	18 （27.3）	26 （39.4）	2 （3.0）	20 （30.3）	66 （100）
2010年以降	2 （25.0）	1 （12.5）	0 （0）	5 （62.5）	8 （100）

（出所）　質問票調査に基づき筆者作成。
（注）　カッコ内にはパーセンテージを示した。

表3-14　出身大学の主管機関別にみたキャリアパス（転職者／非転職者含む）

（単位：人）

	国家セクター →国家セクター	非国家セクター →国家セクター	国家セクター →非国家セクター	非国家セクター →非国家セクター	合計
伝統大学出身者	69 （50.0）	35 （25.4）	7 （5.1）	27 （19.6）	138 （100）
新設大学出身者	4 （19.0）	6 （28.6）	1 （4.8）	10 （47.6）	21 （100）

（出所）　質問票調査に基づき筆者作成。
（注）　カッコ内にはパーセンテージを示した。

　先ほど表3-7で，出身大学の主管機関と現職の企業種別を分析した際，今日のベトナムにおける大卒労働市場では，出身大学と就職先に何らかのリンケージが存在するのではないかという点の指摘を行った。この可能性を念頭におきながら，転職者を含めた大卒者全員のキャリアパスを，出身大学の区分ごとに分類してみると，やはりここにも出身大学とのあいだの一定の結びつきが確認された（表3-14）。職業分配制度が実施されていた1989年より前に設立されていた伝統大学出身者では，初職から一貫して国家セクターのなかでキャリアを形成してきた人の割合が半数を占める一方で，新設大学では２割弱であった。反対に，初職からずっと非国家セクター内を移動してきた人の割合は，新設大学出身者が半数に近く，最も大きな割合を占める一方で，伝統大学出身者では２割程度にとどまっている。

　これらのことから，ドイモイ期に入り，労働市場が自由化されてもなお，かつて国家セクターへ大卒人材を輩出してきた伝統大学と国家セクターのあ

112

表3-15　現在の就業機関種別に

	仕事条件		仕事内容		昇進の可能性	
	ある	なし	ある	なし	ある	なし
官公部門	9 (16.7)	45 (83.3)	27 (49.1)	28 (50.9)	8 (14.8)	46 (85.2)
国有企業	8 (53.3)	7 (46.7)	7 (46.7)	8 (53.3)	3 (20.0)	12 (80.0)
非国家セクター （家族経営除く）	14 (46.7)	16 (53.3)	15 (50.0)	15 (50.0)	6 (20.0)	24 (80.0)

（出所）　質問票調査に基づき筆者作成。
（注）　カッコ内にはパーセンテージを示した。

いだには依然として一定の結びつきが存在している可能性が示された。同時に，今日の大卒労働市場内において，国家セクターと非国家セクターのあいだに障壁が存在し，伝統大学の出身者であれば国家セクターをめざした移動は比較的容易に行える一方で，新設大学出身者が国家セクターに参入することは難しく，結果的に非国家セクターのなかでキャリアを形成していかざるを得ないことが示唆される。

　では高学歴労働者たちはこのようなキャリアパスのなかで，給与水準という変数をどのように評価しているのであろうか。表3-15は，現在の企業種別ごとに，転職経験者が現在の就業先を選んだ理由を分類したものである。これをみると，「仕事条件」が転職理由として「ある」と答えた人の割合は，官公部門ではわずか16.7％だったのに対して，非国家セクターでは46.7％，国有企業では53.3％となっていた。「仕事条件」というベトナム語は給料の高さを間接的に示していると考えられることから，キャリアパスの過程で，給与水準の高さを求める人が最も多いのは，実勢を反映してやはり国有企業への転職者であるといえる。

　2000年代初頭に若者層を対象に労働市場の調査を行ったキングらの先行研究では，人々が国家セクターへの就職を選択する傾向にあること，その理由は仕事の安定性の高さにあることが指摘されてきた（King, Nguyen, and Minh 2008）。今回の筆者の調査でも，大卒後すぐについた初職に関する別の質問項目では，選択理由に「仕事の安定性」を挙げた人の割合は官公部門で最も

みた転職理由（転職者のみ）

（単位：人）

ネットワークの獲得		福利厚生		家庭の事情	
ある	なし	ある	なし	ある	なし
9 (16.7)	45 (83.3)	4 (7.4)	50 (92.6)	7 (13.0)	47 (87.0)
5 (33.3)	10 (66.7)	2 (13.3)	13 (86.7)	0 (0)	15 (100)
6 (20.0)	24 (80.0)	7 (23.3)	23 (76.7)	7 (23.3)	23 (76.7)

高く（59.6％），次いで国有企業（45.8％）である一方で，非国家セクターに関してはその割合が半分以下（23.3％）という結果が得られた。したがって，先行研究でいわれてきたような国家セクターの安定性に対する積極的な評価が，今日もなお継続していると考えることは一定の妥当性をもつといえそうである。しかし，こうした従来からの傾向と合わせて，表3-15で国家セクターのひとつである国有企業の給料の高さを転職時の選択理由に挙げた人の割合が5割を超えていたことを考えてみれば，職業選択をめぐる価値規範の相対化，すなわち，安定性を唯一の基準に仕事を選ぶ時代から，多様な価値観によって自分たちのライフスタイルに合った職業が主体的に選択される時代へと変化してきていることを示していると考えられる。

　ところで，出身大学と就職先の結びつきは，大卒者層への参入をめぐる開放性の問題とどのように関係しているのであろうか。まず，大卒者の出身地域を世代コーホート（大学卒業年）ごとに分類してみると，職業分配制度が実施されていた1980年代世代では，ハノイ市出身者とハノイ市以外の地方出身者が同数であったのに対し，高等教育政策が大衆化路線へと転換した1990年代世代になると，ハノイ市出身者が7割以上を占めるようになる（表3-16）。ところが2000年代世代以降になると，この割合はふたたび同程度となっている。

　すでに述べたように，ドイモイ期における高等教育の大衆化路線は，それまで国内のトップエリート層だけに限定されてきた高等教育機関への門戸を

表3-16　世代コーホート別にみた出身地

(単位：人)

	ハノイ出身者	地方出身者	合計
1980〜1989年	3 (50.0)	3 (50.0)	6 (100)
1990〜1999年	32 (74.4)	11 (25.6)	43 (100)
2000〜2009年	49 (51.0)	47 (49.0)	96 (100)
2010年以降	7 (53.8)	6 (46.2)	13 (100)

(出所)　質問票調査に基づき筆者作成。
(注)　カッコ内にはパーセンテージを示した。

大きく開き，社会全体に大学参入への機会を拡大させた。とりわけ，それま
で大学進学とは極めて関係の薄かった農村部の低学歴層のあいだにも，学歴
と将来の自己実現を結びつけてとらえる認識が急速に拡大し，その結果，ベ
トナム全土において，一斉に大学をめざす動きが活発化していった。ハノイ
市以外の出身者の割合が1990年代世代でいったん落ち込み，2000年代世代以
降ふたたび上昇していくという変化をみせた背景には，高等教育機関の大衆
化政策によって，人々が大学進学に対して抱いた大きな期待が，政策開始か
ら約10年というタイムラグを経て，しだいに実際の進学者数となって表れ始
めた結果としてとらえられよう。

　2000年代世代以降，新たに大卒者層に参入できるようになった地方出身者
は，大卒後にどのようなキャリアパスをたどっているのであろうか。大卒者
の出身地と，転職／非転職者を含むキャリアパスの関係を，世代コーホート
（大学卒業年）別にみたものが表3-17である。まず1990年代世代では，地方出
身者に占める国家セクター内の移動を経験した人（転職経験なしも含む）の
割合が最も多く，ハノイ市出身者と比べると20ポイント以上の差で，地方出
身者の国家セクター従事者の割合が高い。さらに，非国家セクターから国家
セクターへと移動した人も合わせれば，その割合は100％となり，ハノイ市
出身者を大きく上回っていることが示された。一方で，ハノイ市出身者は国
家セクターから非国家セクター内の移動を経験（転職経験なしも含む）した
人が，それぞれ12.5％，15.6％含まれていた。地方出身者に比べて多様なキ

第 3 章　ベトナム大卒労働者のキャリア・パターン　115

表3-17　大卒者の出身地域別にみたキャリアパス（転職者／非転職者含む）

(単位：人)

		国家セクター→国家セクター	非国家セクター→国家セクター	国家セクター→非国家セクター	非国家セクター→非国家セクター	合計
1980〜1989年	ハノイ出身者	1 (33.3)	0 (0)	2 (66.7)	0 (0)	3 (100)
	地方出身者	1 (33.3)	2 (66.7)	0 (0)	0 (0)	3 (100)
1990〜1999年	ハノイ出身者	16 (50.0)	7 (21.9)	4 (12.5)	5 (15.6)	32 (100)
	地方出身者	8 (72.7)	3 (27.3)	0 (0)	0 (0)	11 (100)
2000〜2009年	ハノイ出身者	22 (44.9)	13 (26.5)	1 (2.0)	13 (26.5)	49 (100)
	地方出身者	22 (46.8)	15 (31.9)	1 (2.1)	9 (19.1)	47 (100)
2010年以降	ハノイ出身者	3 (42.9)	0 (0)	0 (0)	4 (57.1)	7 (100)
	地方出身者	0 (0)	1 (16.7)	0 (0)	5 (83.3)	6 (100)

(出所)　質問票調査に基づき筆者作成。
(注)　カッコ内にはパーセンテージを示した。

ャリアパスを実現させることが可能になっているとみるべきだろう。続く2000年代世代になると，地方出身者における国家セクター内，および非国家セクターから国家セクターへの移動経験者の割合が78.7％へと減少する一方で，新たに非国家セクターをめざした移動を経験する人々が現れるようになる。前世代と比べて非国家セクターをめざした移動が多くなっていることは，ハノイ市出身者より1世代遅れて，地方出身者のなかにも多様なキャリアパスが波及してきた結果だといえる。

　ただし，2010年以降の世代になると，地方出身者の8割以上が非国家セクター内での移動を経験していることから，出身地域とキャリアパスの関係がふたたび浮かび上がってくる。サンプル数に限界がありこれ以上の断定は難しいが，この最も若い世代における地方出身者のほとんどが，非国家セクター内に限定されたキャリアパスをたどっていることを考えるならば，卒業後のキャリアパスにおいて，出身地域を媒介とした労働市場の偏り，すなわち，学歴以外の何らかの要件によってハノイ市出身者が有利となる状況が生み出され，その結果，地方出身者が非国家セクターにはじき出されてしまっている様子を推測することも可能となる。

筆者が行ったハノイ国家大学卒業生に対するインタビュー調査でも，ハノイにおける国家セクターへの参入に対する高い障壁に戸惑う，地方出身の大卒労働者の姿が浮かび上がってくる[18]。インタビューに応じてくれた女性は，フンイエン省の農家出身で，ハノイ国家大学を卒業して私立高校の教員を務めていた。就職活動はとても厳しく，大学4年生の旧正月明けから卒業する2012年6月まで，多いときで1カ月当たり35通の履歴書を送ったこともあったが，結局希望する就職口をみつけることができなかった。そこで「やむを得ず」今は私立高校で教えながら，いつか故郷のフンイエン省の公立学校で教員募集が行われる日を待っているところであった。「私の父は農民なので，十分な貯金もないし，コネももっていないからすべて自分でやるしかない。就職機会の公平性を求める気持ちと，自分の子どもには少しでもよりよい就職口をみつけてやりたいと思う親の思惑が，今のベトナム社会に矛盾を生じさせている」と語った彼女の口ぶりには，せっかく努力して伝統大学に入学したのに，大卒者労働市場のなかで，学歴以外の壁に阻まれて卒業後の展望がなかなか開けないことへの苛立ちと焦りがにじみ出ていた。

　彼（彼女）ら地方出身の大卒労働者のなかには，首都ハノイでの就職を早々にあきらめ，地元に帰って国家／非国家セクターへの就職先を探そうとする人も多い。今回のサンプル調査は，現在ハノイ市内で就業している大卒労働者を対象としたため，大卒後すぐ，あるいは数年間を経てハノイを離れ，地元，ないしは別の地域で就職しているようなケースについては扱うことができなかった。ハノイ市における国家セクターの労働市場に参入できなかった地方出身，あるいはハノイ出身の大卒者たちが，その後どこで，どのようなキャリアパスをたどっていくのかという点については，大卒労働者層のダイナミクスを明らかにするうえでも今後解明していく必要がある。

おわりに

　本章では，ベトナムの高学歴労働者層，とりわけ大卒労働者層に着目し，彼らの集団的特徴とキャリア・パターンについて明らかにした。移行経済国における大卒者労働市場について扱った先行研究をふまえたうえで，計画経済期に行われてきた職業分配制度が，ドイモイ政策の導入と高等教育の大衆化政策を経て，現在の大卒者のキャリア・パターンにどのような影響を及ぼしているのかについての分析を試みた。

　2016年に実施した大卒者を対象とするサンプル調査の結果から，かつて職業分配制度が行われていた時期から存在してきた，ハノイ国家大学をはじめとする伝統大学の卒業生と，ドイモイ政策開始後の新設大学の卒業生を比較したところ，伝統大学出身者は官公部門や国有企業などの国家セクターに従事する傾向が強いのに対し，新設大学出身者は民間企業や外資企業などの非国家セクターに従事する割合が高いことが明らかとなった。この傾向は初職から現職に至るキャリアパスにおいても確認され，伝統大学出身者のなかに，国家セクター内，ないしは非国家セクターから国家セクターへの移動（「国家セクターをめざした移動」）を経験してきた人の割合が高い一方で，新設大学出身者は非国家セクター内で移動する人が多い。本章では，今日の大卒者労働市場において，国家セクターと非国家セクターのあいだに何らかの障壁が存在する可能性があることを指摘したうえで，職業分配制度の時代から存続する伝統大学の出身者であれば，初職時点で国家セクターに参入するか，あるいは転職を重ねるなかで国家セクターをめざした移動が可能なのに対し，新設大学の出身者は初職入職の時点で国家セクターに参入することが難しく，その結果，ずっと非国家セクターの内部にとどまり続けて自らのキャリアを形成していくことを指摘した。

　大卒者労働市場において国家／非国家セクター間の自由な移動が妨げられているという状況は，中国における体制内／体制外労働市場の分断ともある

程度共通する部分があると考えられる。ベトナムにおける大卒者労働市場について論じたこれまでの先行研究では，大卒労働者のなかにも非国家セクターへシフトする動きがみられるようになってきていることが指摘されてきたが（King, Nguyen, and Minh 2008），大卒労働市場内で国家／非国家セクターのあいだに障壁が存在すると考えてみれば，非国家セクターへのシフトとは，国家セクターに入ることができなかった人々が非国家セクターに流れざるを得なかった結果であるという可能性も指摘できる。

　ただし，伝統大学出身者であれば必ず国家セクター労働市場へ参入できるというわけではない。本章では，高等教育の大衆化路線によって新たに大学進学の機会を手にした地方出身者が，非国家セクターにはじき出されていくという状況が生じていることを指摘した。その原因のひとつが，第4節の最後で示唆したような非市場原理的なマッチングメカニズム，すなわち縁故や紹介といったコネクションの存在である。本章では十分に検討することができなかったが，今日の大卒者労働市場においてもこのグレーなマッチングメカニズムが影響を与えており，これを利用することができるかどうかという条件が大卒者たちの地位達成に一定の作用を及ぼしている可能性を見過ごすことはできない。

　ドイモイ政策による教育の市場経済化によって，ベトナム国内の隅々にまで学歴社会の波が広がり，人々は一斉に学歴取得をめざすようになった。大学進学の機会を得たことで約束されたはずだった将来の地位達成への期待が，高学歴労働市場を取り巻く社会的閉塞状況のなかで失望とあきらめに変わり，今後，社会の不公平に対する不満へと転化していく可能性も十分に考えられる。

　なお本章では，首都ハノイを中心とする大卒労働者に焦点を当てて論じたため，地方の国公立／私立大学の卒業生についての考察を行うことができなかった。とくに，ハノイと並んで大学が集中するもうひとつの学術拠点であるホーチミン市を中心とした南部ベトナムの大卒労働者たちは，労働市場に対する反応も北部地域とは大きく異なると考えられる。今後，両都市圏を比

較検討することで，ベトナムの大卒労働者層の位相をより立体的に描き出していきたい。

〔注〕————————————————————————————

(1) 大卒者の失業問題が深刻化した今日でもなお，彼らの進学熱は収束するどころか加熱し続けている。その結果，高校の成績が下がったことを親に咎められたことを苦に自殺してしまったケースなど，痛ましい事件もしばしば発生している（Báo Đời sống và Pháp luật 2014）。

(2) 中国の労働市場については，丸川（2002）を参照。

(3) 中等教育課程とは，前期中等教育（ベトナム語では基礎中学校）と後期中等教育（同，普通中学校）を指す。

(4) 外国留学について定めた党中央書記局通知162号（162/1965/TT-TU，1965年5月29日付け）による。

(5) 社会主義諸国への留学生派遣事業について定めた政府決議199号（199/1973/NQ-CP，1973年12月31日付け）による。

(6) 大学・専門中学省の任務と機構についての政府議定242号（242/1965/NĐ-CP，1965年12月13日付け）による。

(7) 大学および大学院卒業生の職業分配について定めた政府議定134号（134/1975/ NĐ-CP，1975年6月30日付け）による。

(8) 2012年3月15日，筆者によるインタビュー（於：ハノイ国家大学メーチー学生寮）。

(9) 2012年3月15日，筆者によるインタビュー（於：ハノイ国家大学メーチー学生寮）。

(10) 本調査の実施にあたっては，ベトナム国家大学ハノイ校ベトナム学研究・開発科学院のご協力を得ることができた。同院研究員のブイ・ヴァン・トアン氏を中心とする調査チーム，および同院院長のファム・ホン・トゥン教授に感謝したい。

(11) 調査対象の選別に際しては，ベトナム全国の大学を公立，私立に分類したうえで，ハノイ市内に所在する大学を中心に，公立大学159校中44校，私立大学60校中4校の卒業生リストを入手し，学校規模に応じたサンプル数を割り当て，そのなかから無作為に抽出した。ただし，大学がすべての卒業生の進路および連絡先を把握しているわけではないというベトナムの事情から，入手できた卒業生リストも部分的なものにならざるを得なかった。したがってサンプリングの時点で完全な公平性が確保されたことを保証することはできないが，こうしたデータ上の限界を十分にふまえたうえでもなお，今回の調査結果を通じて，ベトナムの大卒者労働市場をめぐる一定の傾向を明らかに

することができると考えている。

⑿　なお，回答者の性別内訳は男性53.5％（85人），女性46.5％（74人），出身地域別でみると，ハノイ市内出身者57.2％（91人），ハノイ市以外の北部地域出身者34.6％（55人），中部地域出身者7.5％（12人），南部地域出身者0.6％（1人）であった。ただし，各項目の分析については，無回答者を除いて集計を行ったため，合計が159人となっていないものも含まれている。

⒀　ハノイ国家大学には，1994年に改組される以前のハノイ総合大学卒業生も含まれる。

⒁　就業先区分が明らかとなった153人を対象に集計を行った。

⒂　2016年3月5日現在の円ドン換算レート1円＝195.90ベトナムドンで算出した。以下，本節の日本円換算レートはすべて同じ。

⒃　大学卒業後の年数と平均月収の関係についての相関係数をとってみたところ，民間企業のみ，大学卒業後の年数と月収のあいだに関係があることが明らかとなったが（相関係数0.544**，有意確率0.001），そのほかの機関については とくに関係がないことが示唆されている。

⒄　1980年代世代についてはサンプル数が3人と少ないため分析から除外した。

⒅　2013年3月15日，ハノイ国家大学学生寮にて実施。2012年6月にハノイ国家大学人文社会科学大学文学部を卒業した。

［参考文献］

＜日本語文献＞

伊藤未帆 2013.「ベトナムにおける高等教育の発展プロセスと労働市場の変容」『ベトナムにおける工学系学生の職業への移行と産学連携に関する調査研究』資料シリーズ⑿⒄ 10月　7-39.

────2014a.『少数民族教育と学校選択──ベトナム─「民族」資源化のポリティクス──』京都大学学術出版会.

────2014b.「なぜ若者たちは『大卒』に憧れるのか？」『子ども社会研究』（20）7月　93-117.

岩田龍子 1977.『日本的経営の編成原理』文眞堂.

NHK 2010.『蟻族の詩──上海　求職旅館の若者たち──』BS世界のドキュメンタリー　2010年10月3日放送（http://www6.nhk.or.jp/wdoc/backnumber/detail/?pid=100808，2016年3月1日アクセス）.

大津定美 1988.『現代ソ連の労働市場』日本評論社.

小池和男 1994.『日本の雇用システム』東洋経済新報社.

ベトナム中央統計局編 1969.（村野勉訳）『ベトナム民主共和国経済・文化建設の5カ年：1955〜59年の統計』アジア経済研究所（Cục thống kê TW *5 năm xây dựng kinh tế và văn hoá* [*Số liệu thống kê 1955-1959*], 1960）.

堀江典生 2003.「ロシアにおける新規学卒者労働市場の変容」『経済学雑誌』104 (2) 84-96.

──── 2012.「ロシアにおける新規大卒者採用人事──経路依存と新たな展開──」『KIER Discussion Paper Series』Kyoto Institute of Economic Research（1202）4月 1-25.

丸川知雄 2002.『労働市場の地殻変動』名古屋大学出版会.

谷内篤博 2008.『日本的雇用システムの特質と変容』泉文堂.

李敏 2011.『中国高等教育の拡大と大卒者就職難問題──背景の社会学的検討──』広島大学出版会.

廉思編 2010.（関根謙監訳）『蟻族──高学歴ワーキングプアたちの群れ──』勉誠出版.

＜英語文献＞

Bai, Limin 2006. "Graduate Unemployment: Dilemmas and Challenges in China's Move to Mass Higher Education," *The China Quarterly* (185) March: 128-144.

Doan Tinh 2011. "Labour Market Returns to Higher Education in Vietnam," *MPRA Paper* (28426) 26 January (http://mpra.ub.uni-muenchen.de/28426/，2016年2月1日アクセス).

Fan, Cindy C. 2002. "The Elite, the Natives, and the Outsiders: Migration and Labor Market Segmentation in Urban China," *Annals of the Association of American Geographers* 92 (1) March: 103-124.

Firsava, Darya 2013. "Blue-Collar Workers Earn More Than University Graduates." Belarus Digest 31 January (http://belarusdigest.com/print/12939，2017年2月1日アクセス).

GSO (General Statistics Office) 2012. *Result of the Viet Nam Household Living Standards Survey 2012*, Statistical Publishing House (https://www.gso.gov.vn/default_en.aspx?tabid=483&idmid=4&ItemID=13888，2017年10月25日アクセス)（英越併記).

King, Victor T., Phuong An Nguyen, and Nguyen Huu Minh 2008. "Professional Middle Class Youth in Post-Reform Vietnam: Identity, Continuity and Change," *Modern Asian Studies* 42 (4) July: 783-813.

Le, T.M., D.T. Do, and D.H. Nguyen 2009. "Attitudes and Spending Behaviors from a Middle Class Point of View During the Current Economic Recession in Vietnam," *Proceedings of SPISE 2009 "Food Consumer Insights in ASIA: Current Is-*

sues & Future." 61-69.

Malle, Silvana 1986. "Heterogeneity of the Soviet Labour Market as a Limit to a More Efficient Utilisation of Manpower," In *Labor and Employment in the USSR*, edited by David Lane, London: Harvester Press, 122-142.

Nguyen, Phuong An 2002. "Looking beyond Bien Che: The Considerations of Young VietnamesGraduates when Seeking Employment in the *Doi Moi* Era." *Sojourn* 17 (2) October: 221-248.

Sakellariou, Chris N., and Harry A. Patrinos 2000. "Labour Market Performance of Tertiary Education Graduates in Vietnam," *Asian Economic Journal* 14 (2) June: 147-165.

Winogradow, Jegor 2013. "Young, educated and unemployed in Russia." DW 28 February (http://www.dw.com/en/young-educated-and-unemployed-in-russia/a-16635170, 2017年2月1日アクセス).

＜ベトナム語文献＞

Ban chỉ đạo tổng điều tra dân số trung ương（中央人口調査指導委員会）1991. Tổng điều tra dân số Việt Nam 1989: Kết quả điều tra toàn diện tập II（1989年ベトナム人口調査：全調査データ第2集），Hà Nội:（出版社不明）.

Báo Đời sống và Pháp luật（生活と法律報）2014. "Bị mắng vì kết quả học tập, nữ sinh lớp 11 nhảy cầu tự tử（11年生の女学生橋から飛び降り自殺，成績を叱られて）" March, 12（http://www.doisongphapluat.com/giao-duc/bi-mang-vi-ket-qua-hoc-tap-nu-sinh-lop-11-nhay-cau-tu-tu-a25158.html#.U2c92fl_vvg, 2016年3月1日アクセス).

Báo Giáo dục Việt Nam（ベトナム教育報）2012. "63 % sinh viên thất nghiệp, chất lượng giáo dục có vấn đề?（63％の大学生が失業，教育の質に問題が？）" September, 20（http://giaoduc.net.vn/Giao-duc-24h/63--sinh-vien-that-nghiep-chat-luong-giao-duc-co-van-de-post88908.gd, 2017年10月25日アクセス).

Bộ Giáo dục và Đào tạo（教育訓練省）（various years）. *Thống kê Giáo dục và Đào tạo* Hà Nội（教育訓練統計）:（出版社不明）.

―― 1993. *Quán triệt nghị quyết hội nghị lần thứ tư ban chấp hành trung ương đảng khóa VII, Tiếp tục Đổi mới sự nghiệp giáo dục đại học (Báo cáo của Bộ trưởng Bộ Giáo dục và đào tạo các báo cáo chuyên đề của các Vụ, Viện... tại Hội nghị Hiệu trưởng Đại học và Cao đẳng toàn quốc năm 1993)*（第7期党中央委員会第4回会議議決概説――大学教育事業のドイモイ［刷新］を継続する――［1993年全国大学・短大学長会議における教育訓練大臣報告および諸部局のテーマ別報告書]），Hà Nội:（出版社不明）.

Đỗ Minh Cường và Nguyễn Thị Doan 2001. *Phát triển nguồn nhân lực giáo dục đại học*

Việt Nam（ベトナムの大学教育人材の開発）, Hà Nội: nxb. Chính trị Quốc gia（国家政治出版社）.

Hòai Nam 2014. "Cử nhân thất nghiệp, học sinh vẫn ào ào vào đại học（失業する大卒者，しかし依然として生徒たちは続々と大学に入学）" Dân trí online（民知報オンライン）, April, 9（http://dantri.com.vn/giao-duc-khuyen-hoc/cu-nhan-that-nghiep-hoc-sinh-van-ao-ao-vao-dai-hoc-1397483246.htm, 2016年3月1日アクセス）.

Thanh Niên online（青年オンライン）2016. "Lương doanh nghiệp nhà nước cao nhất（国営企業の給料が最も高い）" December, 6（http://thanhnien.vn/kinh-doanh/luong-doanh-nghiep-nha-nuoc-cao-nhat-771499.html, 2017年1月23日アクセス）.

TCTK（Tổng cục thống kê）（統計総局）1970. *15 năm xây dựng nền kinh tế xã hội chủ nghĩa (Niên giám thống kê nước Việt Nam Dân chủ Cộng hòa)*（社会主義経済建設の15年間［ベトナム民主共和国統計年鑑］）Hà Nội:（出版社不明）.

―――― 1985. *Số liệu thống kê 1930-1984*（1930～1984年統計資料）Hà Nội: nxb. Thống kê（統計出版社）.

―――― 2015. *Báo cáo điều tra lao động việc làm năm 2014*（2014年労働・就業サーベイ報告）（https://www.gso.gov.vn/default.aspx?tabid=512&idmid=5&ItemID=15113, 2017年10月25日アクセス）.

Trung tâm dịch vụ việc làm thanh niên Hà Nội（ハノイ若者就業サービスセンター）（日付不明）"Nhảy việc: nên hay không nên?（ジョブホッピング：するべきかせざるべきか？）"（http://vieclamthanhnien.vn/thongtintuvanhotro/thongtinhotrochitiet/tabid/115/Id/66/Nhay-viec-nen-hay-khong-nen.aspx, 2017年1月23日アクセス）.

VietnamPlus（ベトナムプラス）2017. "Doanh nghiệp nhà nước "dẫn đầu" về mức lương và thu nhập năm 2016（2016年の給与水準と収入に関して国営企業が「先頭」に」）" January, 9（http://www.vietnamplus.vn/doanh-nghiep-nha-nuoc-dan-dau-ve-muc-luong-va-thu-nhap-nam-2016/424662.vnp, 2017年1月28日アクセス）.

Vụ Học sinh-Sinh viên（学生局）1993. "Tiếp tục đổi mới công tác tuyển sinh vào các trường đại học, cao đẳng,（大学・短大への入試事業のドイモイ［刷新］を継続する）" In *Quán triệt nghị quyết hội nghị lần thứ tư ban chấp hành trung ương đảng khóa VII, Tiếp tục Đổi mới sự nghiệp giáo dục đại học*（第7期党中央委員会第4回会議議決の概説：大学教育事業のドイモイ［刷新］を継続する）*(Báo cáo của Bộ trưởng Bộ Giáo dục và đào tạo các báo cáo chuyên đề của các Vụ, Viện... tại Hội nghị Hiệu trưởng Đại học và Cao đẳng toàn quốc năm 1993)*（1993年全国大学・短大学長会議における教育訓練大臣報告および諸部局のテー

マ別報告書），edited by Bộ Giáo dục và đào tạo（教育訓練省），Hà Nội:（出版社不明），48–51.

第4章

ベトナム北部農村の職業階層移動
──階層移動における自営業層の位置づけを中心に──

坂 田 正 三

はじめに

　1986年のドイモイ開始から，ベトナムは短期間のうちに大幅な貧困削減を達成した。1993年に58％あった貧困比率は，2012年には11％にまで減少した。ベトナムの場合，貧困はおもに農村の問題であり，ドイモイ開始直後から，農村部において農業生産性が向上し，さらに非農業部門の所得獲得機会が増加したことが，貧困削減の主要な要因であった（Dollar, Glewwe, and Litvack 1998; Glewwe, Agrawal, and Dollar 2004）。とくに1990年代，経済活動の自由化を受けて自営業者が増加し，農村住民の平均的な経済レベルを押し上げるとともに，そのなかから経済的な成功を収める者も登場し始めた。

　本章は，本格的な高度経済成長が始まった2000年代以降の，農村における自営業層の位置づけについて，社会階層分化の観点から論じる。ド・ティエン・キン（Đỗ Thiên Kính 2012）は，ベトナム家計生活水準調査（VHLSS）の2002～2008年のデータの分析により，経済発展にともない階層移動が盛んになる日本などの例とは異なり，ベトナムでは社会階層における「上層」・「中層」・「下層」という序列が固定化する「閉鎖的」な社会になりつつあるとしている（「上層」・「中層」・「下層」の具体的な職業については序章を参照のこと）。しかし，後に示すとおり，彼が「下層」と位置づける職業に従事している者

たちにとって,「中層」の仕事を得る機会が必ずしも閉ざされているわけではない。そのなかでも,自ら家内企業を興すことが,「下層」から上昇移動するひとつの有効な手段となっている。

　本章は,ベトナムのおもに農村部における職業移動の実態を分析し,それが社会階層移動や所得向上をともなうものであるかを考察する。そして,そのなかでも自営業という職業選択がもたらす階層移動や所得向上の効果について明らかにする。本章は,前半部分で,VHLSS の2012年調査のデータを用いて,国全体および農村部の職業移動の状況についてみていく。後半部分では,筆者によるベトナム北部タイグエン省およびバクザン省における2014年のフィールド調査の結果から,地理的に非農業部門の就業機会へのアクセスが容易な農村部における職業の選択と移動の特徴,とくに自営業への移動に関する傾向を示す。

第1節　経済自由化,経済発展と自営業層

1.近代化・経済発展と自家雇用・自営業層

　マルクス主義的な歴史観では,自家雇用（self-employment）は,資本主義の登場により資本家と労働者が分化する以前の封建時代の社会関係に根ざした経済主体であり,資本主義の発展とともに縮小していく存在とされた。資本主義の発展は資本主義以前の経済関係をすべて破壊し,大規模な資本家に資本が集約されていくからである（Steinmetz and Wright 1989, 981）。ゴールドソープらによるヨーロッパの社会階層研究は,この歴史観に根ざし,自家雇用者を「旧中間層」として,専門性をもつあるいは管理職のホワイトカラー層である「新中間層」とは異なり,経済発展にともない縮小していく存在ととらえた（Goldthorpe, Llewellyn, and Payne 1980）。

　一方,スタインメッツとライトによれば,アメリカでは1970年代に自家雇

用者がふたたび増加し始めるという現象が起きている（Steinmetz and Wright 1989）。アメリカで自家雇用が1970年代半ばから（彼らの調査対象である）1980年代半ばまで増加した要因は，経済成長による経済活動機会，とくにサービス部門の経済活動機会の増加である。マルクスの定義では，自家雇用者とは単純な財の生産を行う小農，職人，商店主であったが，スタインメッツとライトの分析で用いているデータ（アメリカ労働省が月次で公表する Current Population Survey）では，自家雇用者の業種は，建設や運輸，法律，金融など多岐にわたる。さらに，労働組合の影響や課税を避ける経営者の戦略，人口動態（ベビーブーム世代の労働市場への参入），女性の社会進出などが自家雇用者増加の要因であったとしている。

　さらに，東アジアの階層研究では，経済発展の過程においても旧中間層である「自営業層」の減少速度が遅い，あるいは新中間層の増加と並行して増加していることが指摘されている。服部と船津はこの現象を，後発工業国としての経済発展の経緯の特殊性（急速な産業化のなかで自営業層の職業にも成長の余地があった）や在来の社会構造（都市・農村の紐帯により都市部においても農村的価値が残存する）に起因する，東アジア的な特徴ととらえる（服部・船津 2002）。

　ただし，先行研究の定義のちがいには一定の注意を払う必要がある。たとえば同じ「自家雇用」という言葉でも，マルクス主義的な議論では，雇用者を1人ももたない個人事業主を指し，一方，上述のアメリカの職業統計の分析においては，賃金雇用者の有無にかかわらず個人事業主を指す。さらに，服部と船津やこれ以降に紹介する移行経済国，中国などの分析では，「自家雇用」だけでなく「自営業層」という用語も使われ，その定義もあいまいである。また，ベトナムに関する先行研究では，家内企業（household enterprise）というカテゴリーが分析対象であり，そこには少人数の雇用労働を抱えるが企業登録を行っていない経済主体が含まれる。これ以降紹介する先行研究の対象は，雇用労働力を抱える事業主を含むものとし，便宜上，「自営業者」という用語を使うこととする。このような定義のちがいが分析結果に

影響されている可能性はあるものの，いずれにせよ経済発展と自家雇用・自営業層の増減は，どの国にもあてはまる単純な相関関係にあるとは言い難いと考えられる。

2．移行経済における自営業層の存在

ミュラーとアルムは，アメリカに限らず他の先進国でも1970年代末以降，自営業層の「再出現」（reemergence）が起きていたことを指摘する（Muller and Arum 2004）。OECD 28カ国のデータの分析によると，1979年から1990年代半ばまでのあいだに，自営業者数は年率2.3％の割合で増加していた。これは，1990年代に計画経済体制の崩壊と市場経済化により自営業者が増加した東欧の旧共産圏のいくつかの国が OECD に加盟したことも影響している[1]。ただし，この時期の旧共産圏での自営業者の増減の実態は国により，そして調査結果により差が大きい。たとえば，1993年に6カ国（ブルガリア，チェコ共和国，ハンガリー，ポーランド，ロシア，スロヴァキア）の成人5000人ずつをサンプルとした調査結果によれば，1988年から1993年までのあいだに自営業者の割合が，たとえばポーランドでは15％から20％へ増加するが，他の国は5％前後にとどまっている（Earle and Sakova 2000, 588）。また，ユニセフの調査によれば，同じ6カ国における1989年から1995年のあいだの自営業から得られる所得の割合の平均は，ブルガリアでは15.6％から30.5％に増加しているのに対し，ルーマニアでは8.8％から4.8％へ，ポーランドでは18.9％から15.2％へ減少している（Smith 2000）。

また，東欧の旧共産圏や中国の移行経済期における自営業者増減の要因に関しても，いくつかの議論が存在する。たとえば，自営業者の増加は，国家経済部門の崩壊による失業の回避のために，とくに若年層が労働市場から退出（exit）したことや，市場の機能不全により，各世帯が自らつくった食品や日用品を販売し始めたことがおもな要因であるとする研究結果がある（Smith 2000）。一方で，経済の自由化による企業家精神の発達の結果である

と結論づける研究結果もある（Earle and Sakova 2000）。

1978年から1990年代にかけての移行経済期の中国では，自営業者の増加は，政治的資本の相対的な価値の低下がもたらしたものという指摘がなされている。党員資格や幹部とのつながりはないが就学歴の高い層やその子弟たちが新たな機会を求めた結果であるとする研究（Rona-Tas 1994）や，政治的資本ももたず就学歴も低い層が，社会的な階層の上昇の代わりに経済的な成功を求めた結果である，とする研究結果がある（Nee 1989）。また，農村部と都市部で異なる属性の者が自営業層に参入しているという研究結果もある。Wu（2006）は，農村部では国家幹部や共産党員による（資源へのアクセスを有利にするための）政治的資本の利用が自営業者を増加させ，都市部では教育レベルの向上が自営業者を増加させ，かつ，経済自由化の初期に自営業者となった教育レベルの低い自営業者たちを市場から追いやったとしている。いずれにせよ，中国の自営業者に関する研究は，マクロ・ミクロ両面での経済的なインパクトの分析が多い東欧の旧共産圏の自家雇用に関する研究と比較して，経済成長と社会階層分化の文脈で自家雇用者の出現と増加の意味を見いだそうというものが多い。

3．1990年代のベトナムの自営業層

1986年のドイモイ開始後から1990年代にかけてのベトナムは，市場メカニズムを導入したばかりの移行経済期であり，貧困国であり，さらに農業従事者が80％を超えるという労働力構成をもつ国という特徴があった。そのような状況下で，ベトナムの自営業者の存在は，世界銀行のエコノミストなどによる研究のなかで，貧困削減に貢献する存在として注目されることになる。たとえば，ビジュベルグとホートンは，ベトナム生活水準調査（VLSS）[2]の1992〜1993年調査と1998年調査のパネルデータの分析から，慢性的な貧困層のうちの自営業者の割合が35％であったのに対し，継続的な富裕層のうちの自営業者は55％を占めること，消費レベルが上昇している世帯のなかの自営

業者の割合が増加していることを明らかにした（Vijverberg and Haughton 2004, 99-100）[3]。また，VLSS の1998年調査データの分析から，農村部では，自営業者とそれ以外の住民とのあいだの消費レベルに有意な差があるという研究結果もある（van de Walle and Cratty 2004）。

　社会階層という観点からのベトナムの自営業層の位置づけに関する研究としては，キム・ジヨンによる1990年代の職業の世代間移動の分析がある（Kim 2004）。北部3省（ハーナム，ナムディン，ニンビン）で実施されたベトナム時系列調査（Vietnam Longitudinal Survey: VLS）の1998年調査のデータを用い，キムは，親と子の職業，政治的資本，人的資本の関係の分析をとおし，非農業部門の自営業者の子弟と雇用労働者の子弟が非農業部門の自営業者になる傾向が強いことを示した。また，1990年代は自営業者になるよりも賃金雇用者になることが選好され，人的資本が高い者，親や自分が政治的資本をもつ者（党員資格がある，兵役経験がある）は非農業部門の自営業には向かわない傾向にあるとした。

　しかし，2000年代に入り，賃金雇用の機会が増加する一方で，国民の生活レベルの向上により，製造業やサービス業の小規模なビジネスの機会も増加し，自営業者への移動に対する動機や選好は1990年代とは異なるものになっていると考えられる。

第2節　VHLSS データからわかる職業階層移動の現状

1．VHLSS データについて

　本節では，VHLSS のマイクロデータを用いて，ベトナムにおける職業移動がどの程度階層間の移動をともなうものであるのかをみていく。対象とするのは，VHLSS の2012年調査結果の労働年齢人口（15歳以上65歳未満）のサンプルである[4]。VHLSS データでは，職業に国際労働機関（ILO）の International Standard Classification of Occupations（ISCO）に準拠した2桁の分類コード（01から96までの49コード）が付されている[5]。本節では，その分類に従って職業コードごとに分類してその内容をみていく。

　VHLSS のデータには，調査対象の世帯員の職業移動は記録されておらず，1回の調査結果で，職業移動を把握することはできない。Đỗ Thiên Kính（2012）では，VHLSS の2002年調査から2008年調査のパネルデータを用いて職業移動の状況を分析しているが，長期間追跡したパネルデータはサンプル数が極端に少なくなるという理由で，2002～2004年，2004～2006年，2006～2008年のあいだのそれぞれの職業移動を分析しており，長期間の職業移動をとらえられていない。

　そのため本節では，職業の移動の状況について把握するために，「世帯を離れた家族」に関するデータを用いる（サンプル数 6023）。世帯主の子ども世代が多いため，VHLSS の世帯調査対象のサンプル全体より年齢が若く，就学年数も長くなっている点には注意が必要である[6]。

　VHLSS の2012年調査では，婚姻，就学，就業などの理由で世帯を離れた家族の，1）世帯を離れる前の職業，2）世帯を離れた直後（6カ月以内）の職業，3）（就学により世帯を離れた場合）卒業直後の職業，そして4）現在（調査時点）の職業についての質問項目がある。「世帯を離れた家族」に関するデータは，比較する時点にばらつきはあるものの，比較的長期間の移動の様子がわかるというメリットがある。なお，世帯から離れたといっても，必ずしも遠隔地に居住しているとは限らない。とくに婚姻による独立のケースでは，むしろ同じ社や県に居住する方が多い。

　VHLSS の調査対象世帯の世帯員の職業移動の把握は困難で，世帯から離れた家族の状況しか把握できないという状況で，不十分な情報を補うため，本節の分析では，世帯員の兼業に関する情報も用いることとする。階層移動に「開放的」な社会であれば，時間や期間，季節限定の職業移動である兼業も起こるはずだからである。VHLSS では，労働年齢の全世帯員の主業（「最も時間を費やしている仕事」）と副業（「2番目に時間を費やしている仕事」）に

関する質問項目がある（3番目以降に関する質問はない）。本節ではこの情報を分析に用いる（サンプル数2万5111）。

2．階層をまたぐ職業移動の状況

図4-1は「世帯を離れた家族」のデータから，上層，中層，下層の社会階層ごとの職業移動の様相をみたものである。図の上層，中層，下層の区分は，Đỗ Thiên Kính（2012）の職業区分に従ったものである。「世帯を離れた家族」6023人のうち3826人は現在仕事をしていない（学生も含む）か，あるいは現在の職業が不明である（データでは区別されていない）。本節では，これらのサンプルを除外する。また，軍務をいずれかの社会階層として扱うのは困難なため，現在軍務についている者31人についても分析の対象外としている。

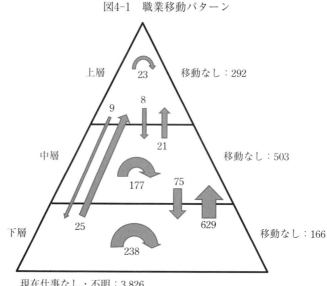

図4-1　職業移動パターン

（出所）　筆者作成。

第4章　ベトナム北部農村の職業階層移動　133

　この図から，全体的にみれば職業を移動していない者の方が多いことがわかる。その点だけをみれば，ベトナムの社会階層が固定的・閉鎖的であるというド・ティエン・キンの結論は，VHLSSの2012年データからも裏づけられることになる。しかし，社会のどの階層も同じように固定的というわけではない。上層，中層，下層と階層が下るほど，職業移動をしていない割合が低くなっている。移動前の人数（上層332人，中層776人，下層1058人）を基準にすると，職業移動していない者の割合は上層87.9％，中層64.8％，下層15.7％である。

　移動の様相をみると，中層では同じ階層内での移動の割合が高く，下層になると低くなる。階層をまたぐ職業移動では，中層，下層から上層へ移動するケースは非常に少なく，中層・下層間の移動は多くなる。本書の主たる問いである階層が閉鎖的か開放的かという問いに照らせば，上層は中層・下層からの移動に対して閉鎖的だが，中層は下層からの移動に対して開放的であるということができる。ただし，下層から上層への移動が中層から上層への移動より多い点は注目に値する（25例）。移動した先の職業としては，中級レベルの専門職（技術職，医療，教職）が多く，これらの資格が必要な中級レベルの専門職は，より開放的であるといえるかもしれない。

　下層から中層への移動の場合，そのほとんどは農業（農林水産業のこと。以下断りのないかぎり同じ）からの移動である（94.7％）。農業の労働生産性が向上し農業労働の需要が減り，とくに若年層のあいだで農業離れが進み，さらに，農地の工業用地や宅地，インフラへの転用が進み，農業を続けることができなくなった元農民たちが，この層を形成している。

　ただし，彼ら下層の移動先の中層の職業は，特定の業種に偏っている。移動先の中層の職業で最も多いのは「食品・木工・縫製など」であり，「販売員」「建設労働者」と続く[7]。この3業種で下層から中層へ移動した層の64.1％を占める。さらに，5位の職種まで含めれば（4位は「機械オペレーター」，5位は「運転手」）4分の3以上（77.6％）を占めることになる。

3. 兼業と職業階層

つぎに，労働年齢の全世帯員の主業・副業の分布をみたものが表4-1である。VHLSS の2012年調査時点から遡って6カ月以内に仕事をしていない7860人は分析対象から除外している。また，こちらの分析でも軍務についている者（46人）を対象としていない。

分析対象は異なるものの，こちらも前項の職業移動の場合と似たようなパターンがみられる。すなわち，全体的にみればその多くは副業をもっていないが，階層が下っていくに従い，副業をもつ割合が高くなる（上層，中層，下層それぞれ19.8％，31.6％，56.4％）。社会階層と所得の多寡は正確には対応していないが，上層の職業から得られる所得が高く副業の必要性が低い一方で，下層の職業から得られる所得は低く，副業で所得を補う必要があること，上層の仕事は拘束時間が長いなどのために副業が困難な場合もあること，といった理由が考えられる。

兼業の分析結果をみても，上層は閉鎖的で中層はより開放的であるということができるだろう。中層・下層の仕事と上層の仕事との兼業を行うケースは非常に少なく，主業が上層で中層，下層の副業をもつ場合（それぞれ45人，228人）と主業が中層，下層で副業が上層の場合（それぞれ15人，44人）を合わせても，仕事をもつ者全体の1.7％（332人）のみである。

表4-1　兼業パターン

主業＼副業	上層	中層	下層	副業なし	合計
上層	49	45	228	1,301	1,623
中層	15	219	1,556	3,874	5,664
下層	44	532	5,017	4,325	9,918

（出所）　筆者作成。
（注）　「現在仕事なし，不明」（7,860サンプル），「軍務」（46サンプル）を除く。

上層の者が下層の仕事を兼業でもつケースが多いことは意外に映るかもしれないが，これも多くの場合，副業は農業である（このケース全体の89.9％）。農村部の指導層を主業としている者などにこのケースが多い。主業が中層・下層の場合の上層の兼業仕事はサンプル数自体が少ないものの，この場合も，副業が行政職というケースが多いことがはっきりとわかる。最も多いのは，ローカルレベルの人民委員会の職員（14人）であり，つぎに多いのが地域の「大衆団体」の職員である（12人）。その後，都市部の「ビジネス・経営」（9人），「法律，文化，社会関係」（9人）と続く。

　中層が下層の副業をもつ場合も，その圧倒的多数（95.7％）は農業を副業としているケースであり，反対に下層が中層の仕事をもつ場合もまた，おもな主業は農業である（91.5％）。つまり，中層，下層をまたぐ兼業農家が多いということになる。また，同じ階層内での兼業がとくに下層に多いが，これは，農業のなかでも複数の活動を行っているケース（たとえば稲作と家畜飼育，稲作と林業など）が多いためである（79.6％）。

　下層との兼業がある中層の職業も，特定の業種に占められている。前項同様，「食品・木工・縫製など」「販売員」「建設労働者」が上位3業種であり，この3業種で全体の約7割（70.7％）を占めている。さらに，こちらでも4位と5位となる「運転手」と「機械オペレーター」を含めると，その割合は8割に達する（81.3％）。

　もっとも，この5業種は，主業のみをみれば，中層16業種全体のサンプル5664人のうちの58.1％（3291人）を占める業種でもある。中層の半数以上を占める職種に下層が兼業のかたちでアクセスしているという事実は，これらの職種が下層に対して開放的であるということをふたたび示している。しかも，中層内での兼業219例のケースでも，そのうちの175例（79.9％）は，主業あるいは副業のいずれかがこの5業種である。

4．自営業と社会階層

　VHLSS の結果から，職業ごとにどの程度自営業者がいるかを知ることは
困難である。VHLSS の2012年調査のデータには，「自己経営を行っている
か」という質問項目があるが，主業と副業のどちらが自己経営に当たるのか
が判別できないケースが多く，さらに，職業の回答と対応していないケース
（行政職と回答している一方で，「自己経営を行っているか」という質問にも「あ
る」と回答しているケースなど）も多数みられる。
　そこで，どの職業に自営業者が多いかを，所得のデータから推測すること
とする。VHLSS には，主業と副業それぞれにその職業から得られる所得を
記す欄がある。しかし，職業によっては，世帯主のみに所得が記載され，家
族労働分は世帯員の欄に記載されていないケースが多い。これは，多くの場
合，家族労働が動員される自営業で，個人単位で所得を計算することが困難
だからであると考えられる（本当に所得が得られていないケースは例外的であ
ろう）。表4-2は，ド・ティエン・キンの分類に従った職業区分ごとに，すべ
ての労働年齢世帯員数，すなわち，所得が記されていないサンプルを含んで
カウントされたサンプル数（a）と所得のある世帯員数（所得が記されていな
いサンプルを除外してカウントしたサンプル数）（b）の比較である。ここでは，
全国のデータと農村のみのデータを併記した。労働年齢世帯員数に占める所
得のある世帯員数の割合（b/a）が小さいほど，家族労働が多いということ
になり，家族労働を動員している自営業の比率が高いと考えられる。
　上層では，自営業の割合は低く，組織に雇用されている，あるいは企業経
営者においても，小規模な家族経営の企業を経営する者は少ないと考えられ
る。一方，最も自営業の割合が大きいのは，もちろん農業である。非農業部
門では，販売・サービスという区分の自営業の比率が高い。中層は相対的に
自営業者が多く，一方で農業以外の下層の職業である単純労働者の自営業の
比率は低い。

表4-2　職業区分ごとの家族労働動員比率

職業コード	全国			農村		
	(a)	(b)	(b/a)	(a)	(b)	(b/a)
	労働年齢世帯員数	所得のある世帯員数	所得のある世帯員の割合 (%)	労働年齢世帯員数	所得のある世帯員数	所得のある世帯員の割合 (%)
11-17　指導層	121	120	99.2	91	90	98.9
18, 19　企業経営者	110	91	82.7	32	25	78.1
21-36　専門・技術職	1,706	1,607	94.2	615	573	93.2
上層	1,937	1,818	93.9	738	688	93.2
41-44　事務職	361	334	92.5	166	157	94.6
51-54　販売・サービス員	2,610	631	24.2	1,335	303	22.7
81-83　手工業者	2,610	1,810	69.3	1,840	1,312	71.3
71-75　工員・職人	1,092	835	76.5	640	496	77.5
中層	6,673	3,610	54.1	3,981	2,268	57.0
61-63, 92　農業	10,125	1,070	10.6	9,216	929	10.1
91, 93-96　単純労働者	1,848	1,311	70.9	1,185	867	73.2
下層	11,973	2,381	19.9	10,401	1,796	17.3
（職業移動・兼業の多い5業種）						
75　　食品・木工・縫製など	1,205	664	55.1	841	477	56.7
52　　販売員	2,054	312	15.2	1,080	146	13.5
71　　建設労働者	806	775	96.2	638	614	96.2
83　　運転手	516	291	56.4	255	134	52.5
81　　機械オペレーター	513	482	94.0	340	318	93.5

（出所）　VHLSS 2012年データより筆者作成。

　前項の分析で下層からの職業移動・兼業が最も多かった5つの職業のなかでは，販売員の自営業の割合が高い一方で，建設労働者や機械オペレーターの自営業の割合は低かった。職業移動先あるいは兼業の仕事として，農村でも数多く存在している小規模な家族経営の商店や飲食店などのサービス業が選好されていることがうかがえる。一方，「食品・木工・縫製など」で自営業の比率が高いのは，農村の「専業村」[8]の製造業者が多く含まれているためであると考えられる。

表4-3　年平均収入の比較（主業のみ。所得なしを除く）

（単位：1,000ドン）

	全国					農村				
	n	平均 (標準偏差)	全体との差	最小値	最大値	n	平均 (標準偏差)	全体との差	最小値	最大値
全体	7,868	43,867 (37,796)		498	897,648	4,775	34,757 (24,412)		498	475,242
中層	3,610	41,603 (23,997.69)	−2,264***	877	307,352	2,268	37,887 (21,318)	3,130***	877	216,372
5業種平均	2,524	40,795 (20,830)	−3,072***	1,200	216,372	1,689	37,846 (19,268)	3,089***	1,200	216,372
食品・木工・縫製など	664	34,784 (18,611)	−9,084***	1,200	155,525	477	33,113 (18,384)	−1,644*	1,200	155,525
販売員	312	36,980 (23,060)	−6,887***	2,850	216,372	146	34,471 (25,189)	−286	3,000	216,372
建設業	775	38,139 (16,371)	−5,728***	3,300	131,689	614	36,932 (16,241)	2,175**	3,300	131,689
運転手	291	59,603 (26,859)	15,736***	9,969	180,399	134	52,740 (25,103)	17,983***	9,969	169,302
機械オペレーター	482	44,461 (17,035)	594	3,700	144,518	318	41,985 (15,911)	7,228***	3,700	102,110

（出所）VHLSS 2012年データより筆者作成。

（注）アスタリスクは平均所得の有意差を表している。
*は5％水準で、**は1％水準で、***は0.1％水準で有意差があることを示している。

5．職業移動と所得の変化

　では，下層に属する者がこの５業種の職業に移動することで，所得は向上
するのであろうか。VHLSS には職業移動にともなう所得の変化に関する
データがないため，この５業種が他の業種と比較してどの程度の賃金水準で
あるかをみるにとどめる。表4-3は，労働年齢人口全体の平均所得と中層の
職業から得られる平均所得，さらに中層の職業のなかの上述の５業種から得
られる平均所得を示したものである。所得は主業のみのものである。所得が
記されていないサンプルは除いている。

　表にみられるとおり，５業種全体の平均は全国では全体の平均を下回って
いるが，農村部では逆に上回っている。これは農業から得られる所得が低い
ため，農村部ではこれらの業種の所得が相対的に高くなるからである。非農
業分野の業種に限れば，これら５業種の経済的な位置は相対的にそれほど高
いものではないといえる。とくに，自営業が多い「食品・木工・縫製など」
と販売員の所得は，１人当たりでみれば相対的に低い。同じく自営業者が多
い運転手だけが高所得を得ているが，これは運送業の運転手が長時間労働を
行うためではないかと考えられる。離農して，あるいは農業の傍ら中層の仕
事につく場合，下層と中層の境目にあるこれら５業種の仕事であるかぎり，
あまり大きな所得の上昇は期待できないといえるだろう。

第３節　北部農村における職業移動と階層化

1．調査村と調査の概要

　本節では，筆者の北部農村におけるフィールド調査の結果から，農村住民
の職業移動の状況について分析する。筆者は2014年８月，タイグエン省フー

ビン県ルオンフー社およびバクザン省ヒエップホア県チャウミン社において，世帯員の労働に関する質問票調査を行った。両社のあるタイグエン省とバクザン省は，行政区分上は「北部山地」に属するが，若干の起伏はあるものの，紅河デルタの西端に位置する平野部といってよいだろう。両社は，国道37号線を挟んで北と南に20キロメートルほど離れた場所に位置する。両社とも，稲作を中心とする農業が主たる産業であるが，国道37号線の20〜30キロメートル先の通勤可能な範囲には，大規模な外資企業（韓国サムスン社とその関連会社）や工業団地，「専業村」での雇用労働の機会もある[9]。

　調査では，どのような属性をもった農村住民がどのような仕事につき，さらにどのように職業を移動しているか，それは階層移動をともなう移動であるか，そして，親の職業が子どもの職業に影響を与えているか，といった問題意識から情報を収集した。社の人民委員会から提供された住民リストをもとに，ランダムに抽出された433世帯（ルオンフー社249世帯，チャウミン社184世帯）が調査対象である。

　調査対象世帯と世帯主の概要は表4-4のとおりである。世帯規模は両社とも，ベトナム農村の平均（3.9人。2009年人口センサス時）より大きく，3世代以上同居の世帯が191戸あり（44.1％），うち17戸は4世代同居である。世帯主の平均就学年数はそれぞれ8.6年と7.8年で，これは中学校卒業程度の就学歴である。12戸を除き，すべて農地を保有している。385戸（88.9％）が稲

表4-4　調査世帯の概要（433戸）

	ルオンフー（249戸）				チャウミン（184戸）			
	平均	標準偏差	最小値	最大値	平均	標準偏差	最小値	最大値
世帯員数（人）	4.5	1.6	1	10	5.0	2.1	1	10
世帯主の年齢（歳）	49.9	11.7	26	82	48.4	12.5	23	83
世帯主の就学年数[1]（年）	8.6	2.8	0	13	7.8	2.7	0	13
保有農地面積（サオ）[2]	4.8	3.4	0	30	6.6	3.9	0	20

（出所）　調査結果より筆者作成。
（注）　1)　就学年数は短大入学以上はすべて「13」としている。就学年数が不明な4サンプルを除いた平均。
　　　　2)　1サオ（sào）＝360m^2

第4章　ベトナム北部農村の職業階層移動　141

作を行っている。農地を保有していない世帯のうち1戸は借地で稲作を行っている一方で，保有農地を賃貸し，自らは稲作を行っていない世帯は31戸ある。

　調査では，世帯主が学校を卒業してからの職業の変遷と，労働年齢の世帯員全員の就業状況について質問した（主業についてのみ質問している）。また，働いている場所，働き始めた年についても質問した。

　前節の分析で依拠していたVHLSSの問題点のひとつは，職業移動を丹念に追うことが困難なことであった。2時点のパネルデータを入手しても，学校卒業時からの（場合によっては複数回にわたる）移動を追うのは困難である。また，仕事をもつ世帯員の就業時の親の職業がわからないため，就業における親の職業の影響をみることも困難であった。農村の質問票調査は，サンプル数が限られ，調査農村の代表性も問われるが，このような問題が解決できる利点がある。

　さらに，VHLSSの職業分類は必ずしも農村の実情には適しておらず，かつ，雇用労働か自営業者かの区別がつきにくい。たとえば，「手工業者」に分類される層が，自ら小規模な家内企業を興して手工業製品を製造しているのか，そのような家内企業で雇用労働についているのかでは，少なくとも農村住民が認識する経済的・社会的なステータスは異なるであろう。

　そのため，本節の分析では，VHLSSの分類を参考としつつも，本章の目的に照らし，独自の8種類の職業分類を用いることとする。まず賃金雇用と自営業を分け，さらに賃金雇用のなかでも企業や行政機関などのフォーマルなセクターでの雇用と小規模の個人経営である「個人基礎」における雇用とを分ける。自営業は農業と非農業を分ける。それらは，1）指導層および企業経営者，2）企業・行政機関に雇用された者（「企業雇用」と記す），3）「個人基礎」あるいは個人世帯に雇用された者（「個人基礎雇用」と記す），4）自営業者，5）単純労働者（「自由労働者」と呼ばれることが多い，清掃や運送などさまざまな単純作業を行う労働者のこと。また，賃金雇用された農業労働者も含む），6）自営農業，7）軍務，8）その他および失業，である[10]。なお，

学生は分析対象から除外している。

　2．世帯主の職業移動について

　先述のように，ルオンフーとチャウミンの住民には，省外の外資企業も含め，非農業部門のさまざまな雇用機会がある。しかし，彼らがそのような雇用機会を得ることができるようになったのは2010年代に入ってからのことであり，両社の住民の多くにとって，農業が最も身近な生業である。また，ベトナムには徴兵制があるため，軍務を経験している者も多い。学校を卒業したのちに，最初の職業として家業の農業で働くか軍務につく者が最も多く，それぞれ179人と130人である。また，学校卒業後，まず農業に従事したのち，（おそらく徴兵され）一定期間軍務についていた者も11人いる。
　世帯主の職業移動の状況を示したものが表4-5である。ここでは，個人による複数回の職業移動も重複してカウントしている。たとえば，農業に従事したのち軍務につき，除隊後個人基礎で雇用されたという場合，農業→軍務，軍務→個人基礎という2回の移動がカウントされる。そのため，職業移動数

表4-5　世帯主の職業移動

移動先 / 移動元	指導層・経営者	企業雇用	個人基礎雇用	自営業者	単純労働者	農業	軍務	その他・失業	移動なし	合計
指導層・経営者	4	3	0	6	0	1	0	0	2	16
企業雇用	4	13	2	4	0	19	6	1	12	61
個人基礎雇用	1	1	8	21	0	16	4	0	4	55
自営業者	1	1	6	19	1	7	1	0	11	47
単純労働者	0	0	1	2	2	2	0	0	1	8
農業	3	7	24	56	4	2	15	4	93	208
軍務	7	10	8	8	1	113	21	0	5	173
その他・失業	0	1	3	1	0	3	0	0	0	8
合計	20	36	52	117	8	163	47	5	128	576

（出所）　筆者作成。
（注）　障害のために働いていない1サンプルを除く。

第4章　ベトナム北部農村の職業階層移動　143

の合計は世帯主のサンプル数を超える（世帯主サンプル数433に対して576）。また，同種の職業のなかでの職業の移動もカウントしている（軍務の駐在地の変更も含む）。

　職業の移動回数の平均は1.0回で，最大で5回移動した者もいる。一方で，職業を一度も移動していない者が128人いる（障害のために一度も就業していない世帯主が1人いる）。学校卒業後にまず農業か軍務についた者309人のうち，195人はこの2種類の仕事以外の仕事についていない（うち，軍務以外の仕事をまったくしていない職業軍人は5人）。このような兵役による一時的な職業移動をカウントしないと，職業を移動していないのは，世帯主の約半数にあたる228人ということになる。とくに農業から移動しない者が多いが，後述するように世代に偏りがある。一方，農業と軍務以外の職業についている者で，職業移動を経験していないのは30人のみで，そのうち最も多いのは企業に雇用された高度・中位専門職である（12人）。

　農業からの移動先として，軍務以外では自営業が最も多く，つぎに個人基礎・個人世帯による雇用と続く。農業に従事していた者（および単純労働者）が指導層になる機会や企業で雇用される機会は限られていることがわかる。企業で働く者は，引退して農業に戻ること以外では，ほかの企業に移動する者，職業移動をしない者が多い。また，自営業への移動はさまざまな職業からのケースがある。なかでも，農業からの移動を除けば，「個人基礎雇用」「自営業者」からの移動が多い。個人基礎での雇用から自営業への移動は，個人基礎で働きつつ知識と資本を蓄え独立したケースであろう。自営業から自営業への移動が多い理由については，本調査では明らかにできなかったが，2通りの可能性があるだろう。ひとつは，家族労働者として親の仕事を手伝った後に独立したケースが多いことが考えられる。もうひとつの理由としては，小規模の資本で経営する専門性の低い業種の場合，参入が容易であるため，自営業者が頻繁に業種を変えていることが挙げられる。

　ただし，高度経済成長期に入り雇用労働の機会が増加した2000年代以降と，それ以前との職業移動の状況は大きく異なる。1999年までの職業移動と2000

表4-6　1999年までの職業移動

移動元 ＼ 移動先	指導層・経営者	企業雇用	個人基礎雇用	自営業者	単純労働者	農業	軍務	その他・失業	移動なし
指導層・経営者	3	1	0	4	0	1	0	0	2
企業雇用	2	4	0	2	0	16	6	0	8
個人基礎雇用	0	0	3	4	0	14	4	0	1
自営業者	1	0	2	2	0	3	0	0	7
単純労働者	0	0	0	0	0	2	0	0	1
農業	2	2	9	10	0	2	15	1	91
軍務	5	8	6	3	1	106	21	0	5
その他・失業	0	0	1	1	0	1	0	0	0

（出所）　筆者作成。
（注）　転業時期が不明な4サンプル，障害のために働いていない1サンプルを除く。

表4-7　2000年以降の職業移動

移動元 ＼ 移動先	指導層・経営者	企業雇用	個人基礎雇用	自営業者	単純労働者	農業	軍務	その他・失業	移動なし
指導層・経営者	1	2	0	2	0	0	0	0	0
企業雇用	2	9	2	2	0	3	0	1	4
個人基礎雇用	1	1	5	17	0	2	0	0	3
自営業者	0	1	4	17	1	3	1	0	4
単純労働者	0	0	1	2	2	0	0	0	0
農業	1	5	15	46	4	0	0	3	1
軍務	1	2	2	5	0	5	0	0	0
その他・失業	0	1	2	0	0	2	0	0	0

（出所）　筆者作成。
（注）　転業時期が不明な4サンプル，障害のために働いていない1サンプルを除く。

年以降の職業移動を示したものが表4-6，表4-7である。まず，1999年までは，農業と軍務以外の就業機会が非常に少なく，職業移動の機会が極めて少なかったことがわかる。一方，2000年以降は，農業や軍務へ移動するものの数は大きく減少する一方で，自営業と個人基礎あるいは個人世帯による雇用が増加する。また，指導層，企業での就労機会へのアクセスはほとんど増加していない。これらのことから，指導層および企業における就業と他の職業との

あいだに，職業移動における分断があること，経済活動の機会が増加した2000年以降は，農業，単純労働者といった下層からの職業階層の上昇の手段として，雇用労働ではなく自家雇用という選択肢の機会の方が多いことが示唆される。

3．非農業分野の職業と属性との関係

つぎに，職業と個人の属性との関係についてみていく。調査では，433対象世帯のなかで，非農業分野の仕事をもっている世帯員の情報を収集した（サンプル総数657，平均年齢32.6歳，就学年数の平均10.1年）。そのなかでも，ここでは，企業，個人基礎，自営業者，単純労働者の4つの職業分類のみを対象として分析を行う（サンプル数 641）。彼らの職業の種類と年齢，性別，就学歴の関係について，ロジット分析を行った結果を示したものが表4-8である（ふたつの社でクラスター化した標準誤差を示している）。年齢は3グループ（30歳未満，30〜49歳，50歳以上），就学歴は4グループ（小学校卒，中学校卒，高校卒，大学・短大入学以上）に分けている。また，ルオンフーとチャウミンのちがいも表した。表のオッズ比が1以上であれば参照（reference）グループよりその傾向が強く，1未満であれば傾向が弱いことを示している。アスタリスクは統計的な有意差を表している。

まず企業における雇用では，女性がつく傾向が強く，さらに大学・短大入学以上の就学歴の者がつく傾向が強かった。年齢的には30歳未満の若年層がつく傾向が強い。製造業の外資企業が低賃金で生産性の高い若年の労働力を求めてベトナムに投資することが，このような傾向に反映されていると考えられる。個人基礎，個人世帯での就業グループは，女性であることと中学校卒業以上の就学歴のふたつが有意に低いという結果となった。また，チャウミンの住民の方に個人基礎で雇用される傾向が高いのは，隣のバクニン省の専業村（とくに木工の伝統工芸専業村）で就業する若者が多いことがひとつの要因である。

146

表4-8　職業と性別，就学歴，年齢，居住地の関係

	企業	個人基礎	自営業者	単純労働者
サンプル数	286	159	181	15
男性比率（%）	41.6	83.6	69.6	66.7
平均就学年数（年）	11.2	9.2	9.1	8.8
平均年齢（歳）	30.2	31.1	36.1	37.2
性別				
男性（reference）				
女性	4.631***	0.235***	0.669*	0.910
就労歴				
小学校卒（reference）				
中学校卒	0.807	0.936***	1.013	0.772
高校卒	2.180	0.542***	0.896	0.385
大学・短大入学	6.819***	0.278***	0.263***	0.146**
年齢				
30歳未満（reference）				
30〜49歳	0.400***	1.012	2.189***	2.073
50歳以上	0.602	0.319***	2.218***	1.090
居住地				
チャウミン（reference）				
ルオンフー	0.968	0.656***	1.230***	1.555***
	Prob>chi2=0.000	Prob>chi2=0.000	Prob>chi2=0.000	Prob>chi2=0.000
	log likelihood=-363	log likelihood=-325	log likelihood=-358	log likelihood=-68
	Pseudo R2=0.1921	Pseudo R2=0.1053	Pseudo R2=0.0737	Pseudo R2=0.0529

（出所）　調査結果より筆者作成。
（注）　数字はオッズ比を表す。アスタリスクはP>|z| の有意水準を表し，
　　　*は5％水準で，**は1％水準で，***は0.1％水準でそれぞれ有意であることを示す。

　自営業者には，比較的年齢の高い男性が多いという傾向がある。これは起業にあたり資本の蓄積が必要であること，個人基礎は世帯主が経営者になることが多いことが要因であろう。また，個人基礎で雇用される者と自営業者のあいだで大学入学以上の就学歴を有する者が少ないのは，大学入学以上の就学歴の者が企業での雇用労働につく傾向があることと呼応する。単純労働に関しては，就学歴が低い者がつく傾向にあるが，サンプル数が少ないこともあり，統計的には大学・短大入学以上が有意に低いという結果しか出なか

った。ルオンフーは，非農業部門の仕事として，雇用労働の機会が少なく，自家雇用が選択されていると考えられる。

　この結果をまとめると，個人基礎での雇用と自営業は，性別と就学歴については似たような傾向があり，企業による雇用とは大きなちがいがあった。この結果からも，低就学歴の若者がまず個人基礎で雇用労働につき，その後独立して自営業を営むという職業移動のひとつの典型的なパターンの存在が示唆される。一方，企業，個人基礎ともに，雇用されるのはおもに若年層（企業の場合はとくに30歳未満）であるという点で似た傾向がある。

4．世帯員の職業と親の職業の関係

　ここでは，非農業分野の職業につくにあたり，親の職業がどの程度影響を与えているかについて考察してみる。農村において，親の農地を引き継いで農業に従事するのではなく非農業の職業につくという階層の上昇移動を実現する場合に，親がもつ物質的，社会的，政治的資本の影響はあるか，あるいは子どもの就学歴や経験などが重要であるのかをみるためである。前者であ

表4-9　親の職業と子の職業の関係

子の職業／親の職業	指導層・経営者	企業雇用	個人基礎雇用	自営業者	単純労働者	農業	軍務	その他・失業	合計
指導層・経営者	0	1	0	3	0	0	1	0	5
企業雇用	0	3	0	1	0	0	0	0	4
個人基礎雇用	0	10	6	2	0	0	0	0	18
自営業者	0	17	8	11	2	0	1	0	39
単純労働者	0	2	1	0	0	0	0	0	3
農業	0	86	63	30	3	0	4	0	186
軍務	0	0	0	0	0	0	1	0	1
その他・失業	0	8	2	2	0	0	0	0	12
合計	0	127	80	49	5	0	7	0	268

（出所）調査結果より筆者作成。
（注）子どもの職業不明1サンプルを除く。単純労働に農業労働も含む。

れば，社会的には閉鎖的といえ，後者であれば開放的ということもできるであろう。分析の対象とするのは，非農業分野の仕事についている世帯員のなかで，現在の職業についた時期の親の職業がわかっている者268人である。平均年齢は25.8歳，就学年数の平均は10.8年と，より就学年数の長い若年層の割合が多くなる。親と子の職業の関係をみたものが表4-9である。

世帯主の職業移動のデータ（表4-5）に比べ，子世代（ここでのサンプルには世帯主が含まれていない）の職業として，企業で働く者が明らかに多いことがわかる。また，自営業者も多い。どの職業においても，親の職業が農業というケースが多い。さらに，個人基礎で働く労働者や自営業者を親にもつ子にとっても，企業へのアクセスは必ずしも悪くない。親の仕事が農業であっても，高校卒業程度の就学歴があれば，企業や行政機関で仕事を得ることもできる。親と子どもが同様の業種で同様の雇用先であるのは，（数そのものは少ないが）おもに自営業者の場合であり，質問票では具体的に質問していないが，親の職業を継ぐケースが多いからであろうと考えられる。世代間の職業移動をみると，親の仕事の影響を受けていると考えられるのは，自営業の場合のみであり，農村における社会階層は必ずしも固定的なものではないといえる。

なお，今回の調査の子世代のサンプルのなかに，ド・ティエン・キンの定義する「上層」の職業の者が1人もいなかった。農村に居住している比較的若い世代にとって，限られた数（20数人）の社の人民委員会幹部以外は，高度な専門性が必要な専門職につく機会や企業経営者となる機会はほとんどないからであろう。調査のサンプルには入らなかった世帯で，都市部に移出して上層の職についた者もいたかもしれないが，第2節でみたVHLSSデータの分析結果にかんがみても，その数は少数にとどまるのではないかと考えられる。

5．雇用労働，自営業と所得

最後に，職業と所得の関係についてみていく。農業から得られる所得や自営業で家族の複数の世帯員が働いている場合，所得のデータは世帯単位で把

第4章　ベトナム北部農村の職業階層移動　149

表4-10　世帯員1人当たり年間所得

(単位：1,000ドン)

	n	平均 (標準偏差)	全体との差	最小値	最大値
全体	422	17,680 (15,967)		167	116,700
雇用賃金・自営業所得なし	87	11,146 (11,765)	−6,534***	167	56,500
雇用賃金のみ	225	17,592 (65,400)	−88	667	99,000
自営業所得のみ	68	19,776 (20,084)	2,096	1,667	89,000
自営業所得＋雇用賃金	42	28,299 (19,747)	10,619***	1,800	116,700

(出所)　調査結果より筆者作成。
(注)　アスタリスクは平均所得の有意差を表している。
　　　***は0.1％水準で有意差があることを示している。

握されており，個人単位で把握することが難しい。そこで，世帯所得を比較
していくこととする。所得には，農業から得られる所得，雇用賃金（行政機
関，企業，家内企業および個人世帯での雇用），自営業から得られる所得，その
他（年金，国からの補助金，送金，その他）の4種類に分けられる。農業と自
営業所得については，厳密な内訳は質問しておらず，「経費を除いて得られ
る現金収入」を質問している。

　表4-10は，雇用賃金のある世帯と自営業からの所得がある世帯の世帯員1
人当たり年間所得を，調査対象世帯全体の1人当たり所得と比較したもので
ある。また，表4-11は各グループの世帯主の年齢を比較したものである。雇
用賃金，自営業所得のない世帯は農業からの所得と年金や仕送りなどに頼っ
て生計を立てている世帯であり，所得も低く，世帯主の年齢も高い。一方，
雇用賃金や自営業所得がある世帯は所得も高く，世帯主の年齢も比較的若い
が，雇用賃金のみあるいは自営業所得のみの世帯の所得は，全体の平均所得
とあまり大きな隔たりはない。世帯内に賃金雇用者と自営業者がいる世帯の
所得が有意に高かった。年齢は賃金雇用者の方が自営業者よりも高く，これ

表4-11　世帯主の年齢比較

（単位：歳）

	n	平均 （標準偏差）	全体との差	最小値	最大値
全体	422	49.3 (12.1)		23	83
雇用賃金・自営業所得なし	87	56.7 (11.4)	7.4***	29	83
雇用賃金のみ	225	48.6 (11.4)	− 0.7	23	78
自営業所得のみ	68	46.0 (12.3)	− 3.3*	23	78
自営業所得＋雇用賃金	42	43.7 (10.8)	− 5.6***	25	66

（出所）調査結果より筆者作成。
（注）アスタリスクは平均年齢の有意差を表している。
　　　*は5％水準で，***は0.1％水準で有意差があることを示している。

は表4-8の結果と異なるが，ここでの分析は世帯主のみの年齢比較であり，企業や個人基礎で仕事をする子世代の若年層の年齢が反映されていないことがその理由であろう。それでも，世帯内で賃金雇用者と自営業者がいる世帯は最も世帯主が若いという結果となった。

　このことから，農村内で自営業を営むだけでは飛び抜けて高い所得を得られるわけではなく，たとえば親世代が家内企業を経営して子世代が雇用労働につく，あるいは世帯主が雇用労働につき配偶者が自宅で家内企業を経営するといった，世帯内の労働分配による所得の多角化が所得向上には必要であることを示している。そして，そのような多角化が可能であるのは，比較的若い世代が世帯主となっている世帯に多いという結果となった。

おわりに

　本章では，ベトナム農村における職業移動と社会階層分化の様相を，全国

レベルの大規模家計調査の結果と，筆者によるフィールド調査の結果からみてきた。まず，ド・ティエン・キンが論じたような，ベトナム社会階層が固定的・閉鎖的であるという状況は，彼のいう上層の職業には当てはまるものの，職業の移動や兼業というかたちで下層がアクセスできる中層の職業も多く，中層の職業は（少なくともその一部は）開放的であることが明らかになった。とくに下層からの移動は，農業からの移動が多く，2000年以降の経済成長による非農業部門の労働市場の大きな変化を反映している。また，職業移動の状況は世代間で大きく異なり，若年層はより大きな移動の機会が得られている。農村部の世代間移動をみると，親の職業との関連はあまり強くなく，農村部においても高校卒業程度の就学歴があれば，中層への上昇移動の道は開けているといってよいだろう。

　その移動先の職業には，自営業の割合が多い業種が含まれており，自営業への道が下層からの上昇移動の手段として選好されている現状がうかがえる。ただし，自営業を選択しても，必ずしも経済的に豊かになれるわけではなく，世帯内で雇用労働も含めた所得源の多角化が必要であることも明らかになった。1990年代の VLSS データを用いた先行研究では，自営業者の方がより経済的に恵まれていることが指摘されていたが，本章の分析結果では異なる結果となった。その理由は，まず本調査のサンプルが北部農村に限定されていること，そして，1990年代よりも農業労働需要が減り，自営業に向かう農村住民が増加したことが要因ではないかと考えられる。非農業分野のビジネスの機会が増える一方で，農村の資本制約のある個人が選択する自営業の職種は限定的で，それゆえに競争も激しくなっているからである。

　また，先行研究では，1990年代には，人的資本が高い者は自営業に向かわず，雇用労働の選択においては親の政治的資本や職業の影響がみられるとされた。本章では，就学歴の比較的高い者は自営業に向かわないという点では同じ傾向がみられたものの，親の職業の影響は大きくないことが示された。これは本調査のサンプルでは親世代の職業の大半を農業従事者が占めていること，2000年代に入り中等教育が拡充するとともに雇用労働の労働市場が変

化し，親の物質的あるいは政治的資本に頼らなくてもつくことができる雇用労働の機会が増えたことが要因ではないかと考えられる。

このような結果から，3つの結論を導くことができるであろう。まず，高度経済成長期を迎えた2000年代のベトナムにおいて，自営業は減少しているわけではなく，残存あるいは下層の職業階層の移動先として増加している。それは，資本主義が未熟であるからというマルクス主義的な解釈ではなく，経済活動の機会拡大や多様化がもたらしたものであると解釈すべきであろう。ただし，それがベトナムの特殊な状況を反映しているかどうかという結論が導き出せるかについては，引き続き議論が必要であろう。国有企業の優遇と民間企業設立に対する制度は段階的に変化しており，今後，制度がさらに変化し，企業による雇用への移動が大きく増加する可能性も考えられる。

つぎに，ド・ティエン・キンのいう上層・中層・下層という社会階層の「序列」の3分類は，見直しが必要である。中層の職業のなかの，下層にとってアクセスのよくない層と開放的な層を分け，「中上層」「中下層」といった中層のなかのサブカテゴリーを設定して社会階層の問題を分析する必要があるだろう。

最後に，自営業者が（ド・ティエン・キンが上層と位置づける）「企業経営者」に成長するかどうかが，ベトナムの経済成長のカギとなっていくであろう。ベトナムで「企業」として登録されている事業所の数が約51万社であるのに対し，自営業の家内企業である「個人基礎」として登録されている数は400万単位を超える。本章の分析でみてきたとおり，自営業者たちのなかには農業，単純労働者といった下層の職業から上昇移動したものも数多く含まれている一方で，自家雇用から企業の雇用労働への移動の機会は少ない。400万もの個人基礎の経営者たちの多くを経営から退出させ，企業で雇用させるより，個人基礎の生産性を高め，企業に登録させることの方が現実的な成長への選択肢であろう。

2016年に発足した党・政府の新たな指導体制下で，政府は個人基礎から企業への転換をひとつの方針としており，新指導部も自営業者の企業経営者へ

第4章 ベトナム北部農村の職業階層移動　153

の成長の重要性を認識していると考えられる。ただし，より重要なのは，そのような個人基礎から成長した企業と，既存の国有企業あるいは株式会社に転換した元国有企業とのあいだに公平な競争環境が提供されることである。それはまた，社会的にも重要な課題となる。すなわち，企業経営者層のなかで個人基礎から成長した企業経営者層と，（党や政府とのつながりという政治的資本をもつ）既存の国有企業・元国有企業の経営者層とのあいだに新たな固定的な社会階層の分化が生じることは，社会の不安定化につながる可能性があるからである。

〔注〕

(1) 1990年代半ばまでに OECD に加盟した旧共産圏の国は，チェコ共和国，ハンガリー，ポーランドの3カ国である。

(2) ベトナムの大規模家計調査は，1992〜1993年と1998年に実施されたあと，2002年以降は2年に1回の割合で定期的に実施されている。1998年までの調査は Viet Nam Living Standards Survey（VLSS）という名称であったが，2002年以降の調査は Viet Nam Household Living Standards Survey（VHLSS）と改称されている。

(3) 同論文では，1992〜1993年調査で消費レベル5分位の最下位から1998年調査で最下位2分位のいずれかにとどまっている世帯を「慢性的な貧困層」，同2時点とも最上位にいる世帯を「継続的な富裕層」としている。また，同2時点間で2分位以上上昇した世帯を「消費レベルが上昇している」世帯としている。

(4) 対象サンプル全体の概要は以下のとおりである。

N=25,111	平均	標準偏差	最小値	最大値
年齢	36.3	13.7	15	64
性別（男＝1，女＝0）	0.496	0.5		
就学年数	9.1	3.6	0	13

（出所）　VHLSS 2012年調査結果より筆者作成。
（注）　就学年数は短期大学入学以上はすべて「13」としている。

(5) 2008年統計総局長決定1019号（1019/2008/QD-TCTK）による規定。

(6) 世帯を離れた家族の概要は以下のとおりである。

N=6,023	平均	標準偏差	最小値	最大値
年齢	31.9	9.2	15	64
性別（男=1，女=0）	0.45	0.5		
就学年数	9.6	3.2	0	13

（出所）　VHLSS 2012年調査結果より筆者作成。
（注）　就学年数は短期大学入学以上はすべて「13」としている。

⑺　VHLSS の職業分類では，建設労働者は，中層の「単純労働者」に属する労働者（コード番号71）と下層に属する低スキル労働者（「鉱業，建設，工業，運送業」コード番号96）の2種類が存在する。

⑻　ベトナムには，農村に小規模でインフォーマルな製造業者が集積しており，それらの農村の多くは「専業村」と呼ばれている。「専業村」については，坂田（2017）を参照のこと。

⑼　30数キロメートルの距離であれば，バイクで通勤することも珍しくないが，隣のバクザン省やバクニン省にある数千人単位の労働者を雇用する外資企業では，通勤用の大型バスを運行させているところもある。バクザン省とタイグエン省を結ぶ国道37号線には，バイクの駐輪場も備えた通勤用のバスの停留場が何カ所もあり，国道近辺に住む多くの労働者たちが「パークアンドライド」，すなわち，自宅から停留場までバイクで移動し，停留場から企業までバスで通勤するという通勤形態をとっている。

⑽　「その他」は「金の採掘」の1人のみ。

［参考文献］

<日本語文献>
坂田正三 2017.『ベトナムの「専業村」——経済発展と農村工業化のダイナミズ
　　ム——』アジア経済研究所.
服部民夫・船津鶴代 2002.「アジアにおける中間層の生成とその特質」服部民夫・
　　船津鶴代・鳥居高編『アジア中間層の生成と特質』アジア経済研究所
　　3-36.

<英語文献>
Dollar, David, Paul Glewwe, and Jennie Litvack, eds. 1998. *Household Welfare and Viet-
　　nam's Transition*, Washington D.C.: World Bank.
Earle, John S., and Zuzana Sakova 2000. "Business Start-ups or Disguised Unemploy-

第 4 章　ベトナム北部農村の職業階層移動　155

ment? Evidence on the Character of Self-employment from Transition Econo-
mies," Labour Economics, 7 (5) September: 575-601.

Glewwe, Paul, Nisha Agrawal, and David Dollar, eds. 2004. *Economic Growth, Poverty,
and Household Welfare in Vietnam*, Washington D.C.: World Bank.

Goldthorpe, John H., Catriona Llewellyn, and Clive Payne 1980. *Social Mobility and
Class Structure in Modern Britain*, Oxford: Clarendon Press.

Kim, Jee Young 2004. "Political Capital, Human Capital, and Inter-generational Occupa-
tional Mobility in Northern Vietnam," In *Social Inequality in Vietnam and the
Challenges to Reform*, edited by Philip Taylor, Singapore: Institute of Southeast
Asian Studies, 166-207.

Muller, Walter, and Richard Arum 2004. "Self-Employment Dynamics in Advanced
Economies," In *The Reemergence of Self-Employment: A Comparative Study of
Self-Employment Dynamics and Social Inequality*, edited by Richard Arum and
Walter Muller, Princeton, New Jersey: Princeton University Press, 1-35.

Nee, Victor 1989. "A Theory of Market Transition: From Redistribution to Markets in
State Socialism," *American Sociological Review*, 54 (5) October: 663-681.

Rona-Tas, Akos B. 1994. "The First Shall Be Last? Entrepreneurship and Communist
Cadres in the Transition from Socialism," *American Journal of Sociology*, 100 (1)
July: 40-69.

Smith, Adrian 2000. "Employment Restructuring and Household Survival in 'Postcom-
munist Transition' : Rethinking Economic Practices in Eastern Europe," *Envi-
ronment and Planning A*, 32 (10) October: 1759-1780.

Steinmetz, George, and Erik Olin Wright 1989. "The Fall and Rise of the Petty Bour-
geoisie: Changing Patterns of Self-Employment in the Postwar United States,"
American Journal of Sociology, 94 (5) March: 973-1018.

van de Walle, Dominique, and Dorothyjean Cratty 2004. "Is the Emerging Non-farm
Market Economy the Route out of Poverty in Vietnam?" *Economics of Transi-
tion*, 12 (2) June: 237-274.

Vijverberg, Wim P. M., and Jonathan Haughton 2004. "Household Enterprises in Viet-
nam: Survival, Growth and Living Standards," In *Economic Growth, Poverty, and
Household Welfare in Vietnam*, edited by Paul Glewwe, Nisha Agrawal, and David
Dollar, Washington D.C.: World Bank, 95-132.

Wu, Xiaogang 2006. "Communist Cadres and Market Opportunities: Entry into Self-em-
ployment in China, 1978-1996," *Social Forces*, 85 (1) September: 389-411.

＜ベトナム語文献＞

Đỗ Thiên Kính 2012. *Hệ thống phân tầng xã hội ở Việt Nam hiện nay*（現代ベトナムに

おける社会階層構造), Hà Nội: Nhà xuất bản khoa học xã hội（社会科学出版社).

第5章

ベトナム農民層の経済的分化メカニズム

―メコンデルタ稲作農村の事例から―

荒 神 衣 美

はじめに

社会階層研究において，農民層は一般的に最下層に位置づけられる職業階層である。序章で参照した Đỗ Thiên Kính（2012）によるベトナム社会のマクロ分析でも，農民層は最下層とされている。そこではベトナム家計生活水準調査（VHLSS）のデータに基づき，経済的資本（支出額や住居価値）および文化的資本（学歴）の保有状況，威信スコアのいずれからみても農民層が低い位置にあること，またその人数は他の職業層に比べて圧倒的に多く，社会の底辺に滞留し続けていることが示される。

しかし，本書冒頭で示した筆者自身による VHLSS の分析結果からは，最下層とひとくくりにされがちな農民層のなかに顕著な経済格差があることがうかがえる（序章 表序-1）。農業者を商業的農業者，自給農業者，農業労働者の3つに細分類し，主たる職業からの年収（すなわち農業からの年収）をみた結果は，とりわけ南部で，商業的農業者とその他のグループとのあいだに大きな格差があることを示している。本章は，最下層に固定化しているとされる農民層の内部で生じている，経済的分化のメカニズムを明らかにしようとするものである。

農民層の分化について論じるとき，まず注目されるのは農地規模であるが，

158

あとでみるように，ベトナムの農民層は往々にして多様な手段を組み合わせて生計を立てており，その経済階層序列は必ずしも農地規模のみに規定されるものではない。本章では，ベトナム南部メコンデルタのアンザン省とティエンザン省から抽出したふたつの稲作農村の事例に基づき，農民層内の経済的分化の様相と，その分化を規定する複数の要因について検討する。そこからは，ベトナム農村の発展方向性の二分化を背景とした，ふたつの農民層分化パターンが描き出される。

第1節　農民層分化をめぐる議論

1．農民層把握のパラダイムシフト

　均質な農民層社会の変容傾向を分析する枠組みとして，かつてよく用いられていたのは，農民層分解論である。農民層分解論のおもな関心は，市場経済の発展にともなって，生産手段としての農地の分配がどのように変化していくかという点にあり，そこには，農村社会が生産手段（農地）の所有のみを基準に分化・固定化していくという，マルクス階級論的な理論背景がある。市場経済発展初期のイギリスの経験から，均質な小農社会が，農地を集中的にもつ資本家的農業経営者とそれらに雇用される農業労働者とに二極化していくという流れが，典型的な農民層分解のプロセスとされた。こうした典型的プロセスとは別に，日本などでは，零細農家が離農する一方で，家族労働力に依拠した中規模層が拡大するという「中農標準化」現象も，農民層分解の一傾向として見いだされた。

　農民層分解論は，基本的に「閉じた農業・農村」を前提としたものととらえられる。農業・農村が工業・都市とのつながりのなかで発展するようになると，日本でも，また後発の東南アジア諸国でも農家の兼業化・脱農業化が進み，農民層分解論は農村社会の変容を説明するうえで説得力をもたなくな

っていった。そうしたなかで，農業・農地にとらわれず，農村非農業部門で
の就労や農村外への出稼ぎも含めた多様な生計戦略を視野に入れて，農村の
階層構造を把握しようとする動きが生まれ，広く支持されるようになった
（梅原・水野 1993；北原 1997；Rigg 2001；Ellis 2000）。

2．ベトナムの農民層分化に関する議論

以上のような一般的な理論動向の一方で，ベトナムでは2000年代に入って
もなお，農民層の経済的分化をめぐって，ふたつの理論がその正当性を主張
しあう状況がみられる。論争の舞台となっているのは，メコンデルタである。
　メコンデルタはベトナム最大のコメ産地である。そこではドイモイ開始後，
農村世帯の大半が稲作に従事しているという状況のなかで，他地域に比して
農家の農地規模別分化が進んでいった。ベトナムでは1980年代半ばのドイモ
イ開始以降，各農家の農地使用権が保障され，使用権の市場取引が認められ
るようになったが，メコンデルタと並ぶ主要な稲作地帯である紅河デルタで
は，農家の95％前後が0.5ヘクタール未満層に占められるという状況が1990
年代から2000年代にかけて続いてきた。その一方で，メコンデルタでは同時
期に農地の市場取引を通じて，土地なし層と中・大規模層との分化構造が顕
在化した[1]。
　メコンデルタの農家のなかで生じた農地規模別分化という現象を格差・不
平等の視点からとらえた先行研究は，2000年代半ばまでの状況について，次
のような相対立する議論を展開している。世界銀行（以下，世銀）のエコノ
ミストであるラヴァリオンとヴァン・デ・ヴァールは，土地市場成立の結果
として生じた農地保有規模の差が，経済格差の拡大を促す要因にはならなか
ったことを主張している。生産力があるのに十分な農地をもたなかった層に
農地が集まったこと，その一方で農地を失った層も賃金労働の機会を獲得し
たため農地をもつ層と同様に貧困状況を改善したことが，VHLSS の1993～
2004年のマイクロデータの分析に基づいて示されたうえで，土地なし層の発

生は貧困削減志向（pro-poor）の土地市場発展を通じた，効率的な資源分配
の結果であると論じられる（Ravallion and van de Walle 2003; 2008）。こうした
議論の流れのなかで世銀は，農村内格差の規定要因として，栽培作物選択と
非農業就労機会の有無を挙げている（World Bank 2012, 156）。

　このような見解に対し，Akram-Lodhi（2005）や Prota and Beresford（2012）
は反論を唱え，農地保有こそが農村内格差を規定したことを，ケーススタデ
ィに基づいて示している。アクラム・ロディは1990年代末から2000年代初頭
の状況に基づき，まず土地市場の発展が世銀エコノミストのいうように貧困
削減志向ではなかったことを指摘する。農地価格の高騰や銀行借入に際する
担保の必要性を背景に，農地は比較的裕福な農家に流れたという。農地保有
規模とその他の生産手段（労働力，技術，資本装備）の保有状況とのあいだに
も相関関係があり，農村世帯は生産手段を集中的にもつ少数の資本家的農家
層（上層）とそれらを限定的にしかもたない大多数の小規模農家層（中層），
そして生産手段をまったくもたない土地なし層（下層）の三層へ分化したと
する（Akram-Lodhi 2005）。

　アクラム・ロディのマルクス階級論的な見解を支持するプロタらは，メコ
ンデルタ・チャビン省の一農村を例にとり，世帯間の資源交換パターンを社
会ネットワーク分析の手法を用いて検証している。2006年のサーベイデータ
の分析結果から，土地およびコメの取引を主導する一部の層が資本家として
社会の上位に台頭する一方で，一度も土地を手にしたことのない貧困層は非
農業就労の機会を得るための初期費用を捻出することもできず，安価な労働
力を資本家的農家層に売るしかない農業プロレタリア層になったと指摘され
る（Prota and Beresford 2012）。

　3．本章の分析視角

　筆者は，以上のようなメコンデルタ農家の農地規模別分化をめぐる議論対
立の背景に，ベトナム農村発展の方向性が二分化しているという実態がある

のではないかと推察する。ドイモイ以降のベトナム農村は，農業の近代化と非農業部門の拡大を両輪として発展してきた（坂田 2013）。ふたつの方向性は，各農村のなかで同時並行的に進んできたという場合もあるだろうが，一般的には，農村のなかに農業に比重をおくものと非農業に比重をおくものとが出てきた結果として，生じたものと考える。表5-1には，ベトナムで農村にあたる末端行政単位「社」における所得源の状況を示した。全体的に，居住者の主たる所得源（第1所得源）が農林水産業であるという社が多いものの，地域別にみると，紅河デルタや東南部では農村といえども農林水産業を主たる所得源としない社が2割弱あり，第2所得源まで含むと，ほとんどの社で農業が主要な所得源となっていないことがわかる。

　メコンデルタは，ベトナムのなかでは農業発展を牽引する地域と位置づけられる。しかし，メコンデルタ内でも歴史，経済，社会などの諸条件には地域差があり，前述の論争が前提としている農家の農地規模別分化についても，実は地域によって程度が異なっている。メコンデルタのどの農村でも大規模に商業的農業が展開しているわけではなく，表5-1からも推察されるように，農業を維持しつつも非農業への依存を強めている地域もある。ベトナム全体

表5-1　社ごとにみた所得源の傾向

	サンプル数 （社）	第1[1)] 農林水産業 （%）	第1・第2[2)] 農林水産業 （%）
全国	2,219	93.6	33.6
紅河デルタ	475	84.8	12.0
北部山地	442	98.9	65.6
北中部沿海	492	95.5	41.5
中部高原	151	100.0	19.9
東南部	189	83.1	7.4
メコンデルタ	470	97.4	32.1

（出所）　2012年版 VHLSS マイクロデータより筆者算出。
（注）1)　居住者の第1所得源が農林水産業である社の割合。
　　　2)　居住者の第1所得源，第2所得源ともに農林水産業である社の割合。

でみられる，農業に比重をおく農村と非農業に比重をおく農村との分化現象がメコンデルタ内でも起こっており，それが背景となって，同じメコンデルタをみているはずの先行研究が相反する見解を示すことになったのではないだろうか。

　このような仮定のもと，次節以降では，先行研究の論争の舞台であるメコンデルタから，発展方向性の異なるふたつの稲作農村を選定し，各農村における農民層分化のメカニズムを具体的に描き出す。それぞれの分化パターンが先行研究のいずれかの議論に準じたものであることを確認したうえで，各パターンにみられる2000年代後半以降の新たな展開傾向についても考察する。

第2節　調査と調査地の概要

　本章の調査地は，メコンデルタに位置するアンザン省トアイソン県とティエンザン省カイベー県の稲作農村（社）である。社を調査地の単位としたのは，農民層の農地保有の現状に関係するドイモイ開始後の農地分配が社ごとに行われたという経緯による。

　調査地が所在するふたつの省は，メコンデルタのなかでも経済，社会，歴史などの条件が異なる地域として，先行研究において対比的に描かれてきた。両省が対比されるゆえんは，南北統一前（1960〜1970年代）の統治母体のちがいにある。アンザン省はサイゴン政権下の農業重点地区，ティエンザン省は抗仏・抗米勢力の拠点となった地である。

　テイラーは，統治の歴史が異なることからくる両省の地方政府の性格のちがいを指摘する。儒教的道徳に染まった中規模地主率いる抗仏勢力の拠点となったティエンザン省で，地方幹部がいまだに平等・革命を重んじる保守的傾向を帯びているのとは対照的に，アンザン省の地方幹部は革新的な性格に特徴づけられるという（Taylor 2004, 15）。

　統治母体のちがいは，両省の農地利用の歴史も異なるものにしている。出

第 5 章　ベトナム農民層の経済的分化メカニズム　163

井によると，1960～1970年代のアンザン省では資本主義的農業が発展し，富農・中農と土地なし層との分化が顕著にみられた。一方，ティエンザン省では不徹底ながら農地改革が実施されたこともあり，そうした分化の程度は相対的に浅かったという（出井 1989）。

どちらの地域でも1975年の南北統一後には，富農・上層中農から農地を取り上げて土地なし層に分配するという土地調整が実施されたが，ドイモイ開始後には，農地の全部または一部が，各省の政策に従ってもとの保有者に返還された。ドイモイ開始後に集団化以前の農地規模別分化状況がある程度再現されたこと，またその後の相続を通じて，上記のような農地利用史の地域差は，農地規模別農家分布の現状にも一定の影響を与えている。かつて富農・中農と土地なし層との分化が顕著だったアンザン省は，現在も明確な分化構造がみられ，2000年代後半に入っても農家の大規模化が進行している地域の筆頭にあるのに対し，ティエンザン省はメコンデルタのなかでも農家間

表5-2　メコンデルタにおける農地規模別農家分布の地域差（2011年，単位％）

	0.2ha 未満	0.2ha 以上 0.5ha 未満	0.5ha 以上 2 ha 未満	2 ha 以上	2006年時の 2 ha 以上層 のシェア
メコンデルタ全体（13省）	12.46	29.52	45.60	12.42	11.22
ロンアン省	15.29	28.32	39.68	16.71	14.73
ティエンザン省	27.57	37.71	32.35	2.37	2.26
ベンチェ省	26.42	40.11	32.59	0.88	0.90
チャビン省	17.14	32.33	45.05	5.48	6.05
ヴィンロン省	23.16	32.72	41.52	2.60	2.75
ドンタップ省	12.60	28.53	46.95	11.92	14.09
アンザン省	13.82	25.03	45.12	16.03	14.07
キエンザン省	7.60	15.07	49.85	27.48	30.03
カントー市	13.28	28.34	47.29	11.09	15.61
ハウザン省	15.75	27.41	49.35	7.49	8.61
ソクチャン省	12.88	27.69	48.22	11.21	12.46
バクリュウ省	23.70	20.10	43.54	12.66	34.54
カマウ省	36.89	13.49	35.44	14.18	13.11

（出所）　GSO（2007; 2012）.

の規模別ばらつきの幅が狭く，２ヘクタール以上層のシェアが小さい地域と
位置づけられる（表5-2）。

　調査地の農地分配の状況も，このような省レベルの傾向と同様である。ど
ちらの調査地もベトナムの主要民族であるキン族が主体となった稲作農村で
あるが（表5-3），次節でみるように，アンザン省の調査村（TP 社）のほうが
居住世帯の農地規模別分化が進んでいる。アンザン省自体，ベトナムでも有
数のコメ産地であり，稲作農家の大規模化も顕著に進んだ地域だが，TP 社
はそのなかでも大規模稲作農家の多い地域である。ただし，もともと人の住
まない湿地林であった TP 社は，人口稠密な近隣地域からの入植者により開
墾された地であり，ひときわ大規模に農地を集約している人の多くは今も
TP 社の居住者ではない。一方，ティエンザン省 HMBB 社は，省全体に果樹
作発展の趨勢があるなかで，同省の稲作を中心的に担っている地域である。
いずれの調査地も酸性硫酸塩土壌からなる地域に位置しており，灌漑整備に
よって稲作が可能になったものの，コメ以外の作物の栽培にはなお制約があ
る。

　筆者はまず2015年 8 月に，それぞれの社の人民委員会で，社の経済・稲
作の概況やドイモイ前後の農地利用の歴史について聞き取り調査を行った。

表5-3　調査地の概要

調査地	アンザン省 TP 社	ティエンザン省 HMBB 社
人口	7,500人	10,446人
世帯数	1,643世帯	2,212世帯
民族構成	2 世帯（クメール族）を除き，すべてキン族。	4 ～ 5 人（クメール族との混血）を除き，すべてキン族。
稲作を行う世帯	全世帯の85％	全世帯の80％
水田面積	3,185ha 500ha が二期作， 残りはすべて三期作。	1,449.7ha すべて三期作。
農家当たり 平均農地規模	地元民　0.5ha 不在地主　3 ～ 4 ha	0.75～0.8ha

（出所）　聞き取り調査に基づき，筆者作成。

第5章　ベトナム農民層の経済的分化メカニズム　165

その際，各社で農地規模の異なる2～3世帯（土地なし層を含む）の紹介を
受け，各世帯で世帯経済の概況や農地取得・喪失経緯について聞き取りを行
った（計5世帯）。その後，同年10～12月に，各社の居住世帯から100世帯ず
つを無作為抽出し，世帯の所得構造と稲作経営，農地取得・喪失の過程，家
族背景に関して，詳細な質問票調査を実施した[2]。さらに2016年8月には，
各社で経済階層の最上層に位置する世帯の主4人に対して補足調査を実施し
た。以下では，おもに質問票調査の結果に基づき，農村内の経済階層分化の
様相を精査していく[3]。なお，農民層分化／農村階層の議論では通常，階層
の構成要素は個人ではなく世帯とされる。これは，農村の経済活動の多くが
世帯単位で営まれていることによる。本章の以下の議論でも，世帯を単位と
して農村内の経済階層をみていく。

第3節　メコンデルタ稲作農村における経済階層分化

1．経済的分化は「農民層」のなかで起きているのか

まず，調査対象となった世帯の主たる稼ぎ手の職業に基づき，調査地の職
業階層構造をみておきたい（表5-4）。世帯主ではなく主たる稼ぎ手を職業階
層分類の対象としたのは，世帯主がすでに現役を引退し無職となっている
ケースがあるためである。ただし，そうしたケースはTP社で5世帯，
HMBB社で8世帯と，数は少ない。

表5-4から，どちらの地域でも「稲作自営」「稲作以外の農業自営」「農業
雇用」のいずれかを主職とするもの，すなわち職業階層上「農民層」とくく
られるものが大勢を占めていることがわかる（TP社で80％，HMBB社で76％）。
この割合は，親世代ではさらに大きくなり，どちらの地域でも世帯主の父親
の9割以上が農民層である。ここから，世代間で職業階層の移動が進んでい
ることがうかがえる。移動のペースはHMBB社でのほうが早く，農民層の

表5-4　調査地の職業階層

調査地			TP 社 （アンザン省）	HMBB 社 （ティエンザン省）
サンプル世帯数			96	96
主たる稼ぎ手 の職業	自営	①稲作	56	66
		②稲作以外の農業	5	3
		③農業ビジネス （作業受託）	1	0
		④貸地	6	3
		⑤その他 （販売など）	4	6
	雇用	⑥農業	16	4
		⑦地方幹部	2	2
		⑧専門職 （教師・医師など）	2	1
		⑨その他 （工員など）	3	8
	その他	⑩政策補助	1	3
	農民層の割合（％） （①＋②＋⑥）／サンプル数		80.2	76.0
世帯主父親の 職業	農民層の割合（％）		90.6	94.8

（出所）　2015年質問票調査結果より，筆者作成。
（注）　主たる稼ぎ手と世帯主が異なる世帯は，TP 社で5世帯，HMBB 社で8世帯。

割合が2割近く減少している。とはいえ，基本的にどちらの調査地も，いまのところ農民層が主体となった社会であることに変わりはないといえるだろう。

　つぎに，調査地となった農村で経済格差が生じているのか否かを測るため，それぞれの調査地におけるジニ係数を算出した。各世帯の1人当たり所得に基づいて計算した両調査地のジニ係数は，TP 社で0.37，HMBB 社で0.42である[4]。全国レベルでみたジニ係数（所得ベース，2012年）は0.394なので（World Bank 2014），社という狭い範囲にある農民層を中心とした農村世帯の

なかで，地域間格差も加味された全国レベルの格差と同程度の格差が生じているということがわかる[5]。

2．経済階層の様相

　大半が農民層に占められる農村世帯のなかで生じている経済格差が，具体的にどういったものなのかをみるため，表5-5では各調査地の調査対象世帯を同居家族１人当たり所得に基づいて４グループ（上層，中層，下層，最下層）に均分し，各層の世帯所得の内容を示した。ここからわかるのは，次のような点である。

(1)　上層の高い経済水準

　どちらの調査地でも，上層に位置づけられる人々の経済水準は，全国レベルでみてもかなり高いものである。VHLSS の公刊統計には，全国，都市，農村および各省の世帯を，世帯構成員１人当たり月収によって５分位階層に

表5-5　経済階層の様相

調査地	経済階層		同居家族1人当たり所得（万ドン／年）	世帯所得の内訳（万ドン／年）						
				総所得	稲作自営	稲作以外の農業自営	農業雇用	非農業自営	非農業雇用	その他
TP 社（アンザン省）	上層	n=24	3,995	15,103	5,250	1,583	1,323	4,121	2,825	0
	中層	n=24	2,333	9,463	3,233	467	1,515	1,313	2,935	0
	下層	n=24	1,261	5,548	2,102	192	1,615	603	1,037	0
	最下層	n=24	638	2,773	649	321	1,105	261	308	130
HMBB 社（ティエンザン省）	上層	n=24	4,737	21,608	1,550	1,552	988	8,958	8,560	0
	中層	n=24	2,160	9,403	1,405	1,160	550	1,333	4,894	61
	下層	n=24	1,352	5,813	1,500	488	1,095	700	2,016	14
	最下層	n=24	584	2,035	791	113	728	108	241	54

（出所）　2015年質問票調査結果より，筆者作成。
（注）　1）　上記数値は各層に分類された世帯の平均値。
　　　　2）　世帯所得の「その他」は政策補助など。
　　　　3）　自営所得は，いずれも家族労賃を差し引いていない金額。

分け，各々の階層の平均月収を示すデータがある。2014年版のデータによれ
ば，全国でみた最大所得階層（第5階層）の1人当たり平均月収が641万3000
ドン（年収に換算すると7696万ドン），続く第4階層の1人当たり平均月収が
283万ドン（同3396万ドン）である（GSO 2016c）。この統計に照らしてみれば，
いずれの調査地の上層の所得も，全国レベルでみて第4階層から第5階層の
あいだに位置している。

(2) 経済階層序列の基準となる所得源の多様性

　前項でみたとおり，調査対象世帯の大半が職業的には農民層であるものの，
各階層の世帯所得の内容をみていくと，そこでの経済格差は必ずしも農業所
得の大きさのみによって決まっているわけではないことがわかる。いずれの
調査地でも，農村内および近隣地域でさまざまな経済活動が生まれているこ
とを背景に，ほとんどの世帯が多様な所得源を有している。そのなかで，経
済階層序列の基準になっていると考えられる所得源は，ふたつの調査地で異
なっている。

　TP社の経済階層序列は，基本的には稲作所得を基準にしたものととらえ
られる。世帯所得に占める稲作所得の割合が比較的大きいうえ（上層，中層，
下層で34～38%），4分位階層のあいだで稲作所得に明確な差が現われている。
稲作所得を基準とした4分位階層間の格差をさらに大きくしているのが，稲
作自営以外の経済活動からもたらされる所得である。上層は稲作自営だけで
なく，稲作以外の農業自営や非農業自営で，他の層に比して高い所得を得て
いる。稲作に次ぐ所得源となっている非農業自営の具体的内容は，貸地（5
件），販売（4件），農作業受託（3件）である。貸地や農作業受託は，農地
市場の変化や農業機械化の進展を背景に，2010年以降，調査地で拡大してい
る経済機会である（荒神 2015）。

　他方，HMBB社の経済階層序列は，非農業自営および非農業雇用からの
所得に規定されるところが大きい。稲作所得は，最下層だけ顕著に低いもの
の，上層，中層，下層のあいだではほとんど差がない。反面，総所得に占め

る稲作所得の割合は下層にいくほど大きく（上層で7.2％，最下層で38.9％），貧しい層ほど稲作への依存度が大きいことがわかる。稲作の目的もTP社とHMBB社とでは少し異なり，TP社での稲作が基本的に販売を目的とするものであるのに対し，HMBB社では96世帯中24世帯（上層6世帯，中層4世帯，下層6世帯，最下層8世帯）が，生産したコメを販売と自家消費との両方に振り分けている。

　HMBB社における上層と他の層との顕著な所得差は，非農業自営および非農業雇用からの所得差によるものである。上層の高所得源となっている非農業自営の具体的内容は，販売（6件），精米業（2件），農作業受託（2件），農業機械組立（1件），貸地（1件）が挙げられる。非農業雇用については大半が工員で，その他，教員，幹部，医者がそれぞれ少数含まれている。なお，HMBB社の中層には，職業階層上は最上位に位置づけられる社主席の世帯が含まれている。ここから，社会的地位と経済的地位とは必ずしも一致していないことがわかる。

3．経済階層序列と農地保有との関係

　農地保有規模と経済階層序列とのあいだには，どのような関係が見いだせるだろうか。表5-6には，階層別の農地保有・経営面積を示した[6]。これをみると，TP社では稲作地および総農地の保有面積に4分位階層間での明らかな差があることがわかる。前項での議論とあわせて，TP社では農地保有規模の差が稲作所得の格差，ひいては経済階層分化を規定しているというストーリーがまず描かれる。ただし，階層間での稲作地経営面積の差がそれほど大きくないところをみると，農地保有規模の差が稲作所得にもたらしている影響は限定的といえる。先述のとおり，TP社の上層の複数名が貸地から所得を得ていることを考えると，上層の他層に比した大規模な農地保有は，稲作経営だけでなく貸地業の機会をもたらすことで，上層の高所得獲得を促していることが指摘できるだろう（このことは後述の表5-9からも確認できる）。

表5-6　階層別にみた農地保有・経営面積

| 調査地 | 経済階層 | | 稲作地規模（コン） | | 総農地保有面積 |
			保有面積	経営面積	（コン）
TP 社 （アンザン省）	上層	n＝24	20.8	16.1	21.2
	中層	n＝24	13.1	12.4	13.1
	下層	n＝24	9.4	12.1	9.4
	最下層	n＝24	4.8	5.1	4.9
HMBB 社 （ティエンザン省）	上層	n＝24	9.0	10.3	9.4
	中層	n＝24	8.0	7.5	8.4
	下層	n＝24	7.4	8.3	7.8
	最下層	n＝24	5.3	5.2	5.5

（出所）　2015年質問票調査結果より，筆者作成。

　総じて，TP 社では農地が重要な所得獲得の手段となっており，農地保有規模の差が経済階層にはっきりと反映されている。

　一方，HMBB 社では，経済階層序列と農地保有規模とのあいだに TP 社のような明らかな関係は見いだせない。総農地，稲作地ともに，階層序列に応じた保有規模の差はあるものの，格差の程度は TP 社と比べて非常に小さい。上層の稲作地経営面積が保有面積より大きいことから，上層のなかには農地を借り足して稲作経営を行っているものもいることがわかる。HMBB 社の経済階層序列は，農地保有の多寡を反映したものとはなっていないといえるだろう。

4．階層間の条件のちがい

　以上のような経済的分化の背景として，それぞれの調査地で階層間にどのような条件の差があるのかを検討してみたい。

⑴　家族背景

　ここでは，階層間での家族背景の差を，親の農地規模からみる。前掲の表5-4にも示したとおり，どちらの調査地でも，親世代（世帯主の父親）の９割

以上が稲作に従事する「農民層」である。調査対象者の年齢は平均的に40代後半から50代半ばであるので，親世代が最も活発に農業経営を行っていたのは，集団化より前の時期（1975年以前）からドイモイ開始頃（1980年代半ば）までと想定される。当時の農村には稲作以外の経済機会がほぼなかったことを考えると，親の農地規模の差は出身経済階層をそのまま表しているといっても過言ではないだろう。

　表5-7には，世帯主父親の主たる職業，およびそれが「稲作自営」であるものから聞き取った，父親が現役時の稲作保有面積の情報をまとめた。これをみると，TP社では経済階層に親の稲作規模が明確に反映している。ここまでの議論とあわせて，TP社では比較的大規模な（すなわち豊かな）農家の出身者が現在も多くの農地を集約しており，経済階層の上位に台頭しているということがいえそうである。

　一方のHMBB社では，階層間で親の農地保有規模にほとんど差がない。社の人民委員会での聞き取りによれば，集団化前のHMBB社では富農・上層中農と小規模・土地なし層との分化がTP社ほど顕著には進んでおらず，富農・上層中農の数は5〜6人と少なかった。かつてのHMBB社がTP社

表5-7　世帯主父親の職業と稲作地保有面積

調査地	経済階層		自営			雇用		稲作面積（コン）	n
			稲作	稲作以外の農業	非農業自営	農業雇用	非農業雇用		
TP社（アンザン省）	上層	n=24	19	1	1	2	1	52.9	17
	中層	n=24	21	1	0	2	0	26.4	18
	下層	n=24	20	0	3	1	0	21.1	16
	最下層	n=24	16	1	3	3	1	7.8	9
HMBB社（ティエンザン省）	上層	n=24	20	1	1	2	0	19.7	20
	中層	n=24	23	1	0	0	0	20.7	21
	下層	n=24	22	0	2	0	0	18.4	19
	最下層	n=24	18	2	2	1	1	16.6	18

（出所）　2015年質問票調査結果より，筆者作成。
（注）　アンザン省の上層の非農業雇用は社幹部，最下層のそれは工員。

に比して均質な農民層社会であったがゆえ，HMBB 社では経済階層間での
出自の差がほぼ出てこないのだと考えられる。

(2) 学歴

つぎに，階層間での学歴の差について考察する。表5-8には，調査対象世
帯の主たる稼ぎ手の生年と学歴を，階層別に示した。一般的に，農業従事者
の多い農村では学歴と所得とのあいだの相関は弱いことが想定される。調査
地でもいまのところ，学歴の影響はあまり大きくないといえそうである。た
だし，どちらの調査地でも，上層の学歴が他の層に比して高い傾向はうかが
える。

TP 社では，全体的に学歴は低く，最も学歴の高い上層でも半分以上は中
卒未満である。とはいえ，上層には高卒以上の学歴をもつものも 5 人ほど含
まれており，他の層との差は顕著である。TP 社の上層が他の層に比べて若
い傾向があることを考えると，上層と他の層との学歴の差は，年齢のちがい
も影響していると推察される。

HMBB 社では，全体的に TP 社に比して学歴が高めとなっている。TP 社

表5-8　主たる稼ぎ手の生年と学歴

調査地	経済階層		生年 (平均)	学歴	
				中卒 (人)	高卒以上 (人)
TP 社 （アンザン省）	上層	n＝24	1970	6	5
	中層	n＝24	1964	6	3
	下層	n＝24	1962	7	1
	最下層	n＝24	1963	8	0
HMBB 社 （ティエンザン省）	上層	n＝24	1962	16	5
	中層	n＝24	1962	6	4
	下層	n＝24	1968	9	6
	最下層	n＝24	1961	9	5

（出所）　2015年質問票調査結果より，筆者作成。
（注）　ここでは，基礎中学校（Trung học cơ sở）の卒業者を中卒，普通中学校
（Trung học phổ thông）の卒業者を高卒としている。

と比べて非農業部門への依存度が高いことと矛盾しない結果といえるだろう。上層では9割が中卒以上で，そのうち5人は高卒以上の学歴をもつ。ただし，HMBB社では下層，最下層の学歴もわりと高く，中層以下でみると，学歴と階層序列との整合性はない。

　このように，いずれの調査地でも，学歴が経済階層序列に与える影響ははっきりとは見いだせないものの，上層の学歴だけは比較的高いという状況がある。このことは，調査地が純粋に農業のみを営む農村からの変容を遂げつつあることを反映したものと推察する。HMBB社は稲作農村といえども，農村世帯の所得内訳をみるかぎり，農村の非農業化が大きく進んできている。TP社では稲作の重要性が依然として大きいものの，2000年代後半以降，稲作関連ビジネスの階層間格差への影響が増しつつある。

　以上，本節では，同じメコンデルタの稲作農村のなかに，異なる経済階層分化の様相が見いだされた。TP社では農民層分解論的な展開，すなわち比較的大規模な農家の出身者が農地を集約して上層に台頭する一方で，土地をもたない層ほど下層に位置づけられる状況があるのに対し，HMBB社ではもともとの豊かさや農地保有規模に階層間での差がほとんどないなか，非農業所得の大きさと階層序列とのあいだに明確な相関が見いだされた。

　ただし，TP社も農民層分解論が前提とするような，工業・都市とのつながりをもたない「閉じた農業・農村」には当てはまらず，農業・農地を基準とした階層分化の進展のなかにも，新たな展開傾向がみられる。すなわち，農業で富を蓄積した層が稲作関連の非農業ビジネスに投資をし，さらなる経済的上昇を図り始めている。TP社でもHMBB社でも，上層が非農業活動を活発化させていることが影響してか，上層の学歴が他の層に比して高いという状況も確認された。

第4節　ふたつのパターンを分けた地域的条件

前節で抽出されたふたつの調査地にみられる経済階層分化パターンの相違は，どういった経緯で生じたのだろうか。以下では，農地の動きとともに，各調査地における経済階層分化の経緯を精査する。表5-9，表5-10にはそれぞれ，TP社とHMBB社の調査対象世帯の農地増減の時期と経路を，階層別にまとめた。

1．農地規模に規定されたTP社の経済階層分化の過程

まずTP社の状況をみる。表5-9から，上層および中層がドイモイ初期の時期に大規模に農地を相続していること，その後1990年代前半から2000年代半ばにかけて農地購入を加速させていることがわかる。反対に，下層と最下層は，上層・中層の農地購入が盛んになる1990年代前半から2000年代半ばに農地の多くを売却している。2000年代後半になると，上層・中層はそれまでなかった賃借による農地取得を増やしている。これに対応する農地賃貸の動きは，2010年以降，すべての階層でみられるようになっている[7]。

相続面積は階層序列とほぼ比例的であり，親の農地規模が相続を通じて経済階層に反映されていることがうかがえる。ただ，相続地もさることながら，階層間の農地保有規模の差を決定づけたのは農地購入・売却面積と考えられる。相続面積は上層よりむしろ中層のほうが大きいものの，購入面積は明らかに上層のほうが大きく，反面で，上層から下層にいくほど多くの農地を売却している。

質問票調査の結果によれば，上層の農地購入の資金源は，基本的に農業自営からもたらされた自己資金である。1990年代前半から2000年代半ばのTP社では，いま以上に，稲作以外の目立った経済機会もなかった（荒神 2015）。上層が得た相続地が比較的大規模だったことは，稲作からの余剰を相対的に

第 5 章　ベトナム農民層の経済的分化メカニズム　175

大きくしたという点で，農地購入において有利な条件になったといえる。

　しかし，上層以上に大規模な相続地を得ていた中層は，上層ほどの農地購入を行っていないうえ，農地の売却も目立つ。質問票調査で聞き取られた中層の農地売却のおもな理由は，第一に「家計に困難が生じた」，続いて「稲作では利益が上がらない」が挙げられる。第一の理由の具体的内容として多く聞かれたのは，家族の病気である。これらは下層と最下層でもやはり農地売却の主たる理由となっている。中層が上層ほどの農地購入をしなかった直接的な理由は定かでないものの，中層の農地売却理由から推察するに，中層は家族の病気など家計を圧迫するような偶発的な状況に上層より多く見舞われたこと，また表5-9によれば子どもへの農地相続のタイミングも重なったことから，上層ほどの農地集約状況には至らなかったとみられる。

　こうして，親からの相続地規模が比較的大きく，農地減少の動きにつながるような家族事情にも見舞われなかった人々が，大規模に農地を集約し，他層に比して高い稲作所得を獲得していった。農地保有規模とそこからの稲作所得の大きさは，前節でみたような，農作業受託ビジネスへの投資や貸地の可能性を広げ，彼らと他層との格差をさらに広げていると考えられる。

２．HMBB 社で農業・農地を基準とした階層分化が進まなかった背景

　HMBB 社については，ここまでの議論をみるかぎり，現在の農地保有規模にも親世代の農地規模にも階層間での差がほとんどなく，TP 社のように，豊かなものが農地を集約してより豊かになっているという構図はみえてこない。経済階層分化と農地保有とは，ほぼ関係がないようにみえる。

　ところが，農地移動歴を精査していくと（表5-10），階層によって過去の農地保有規模に大きな開きがあることがわかる。HMBB 社では農地の動きに TP 社のような時期的な特徴がなく，各種の農地取引が全時期にわたってまんべんなく，小規模に行われている。相続地の大きさに階層間でほとんど差がないのは，先述のとおり，親世代の農地規模が平等だったことに起因す

表5-9　農地移動（TP社）

層	増減	区分	1985年以前 件数	1985年以前 平均面積	ドイモイ～1993年 件数	ドイモイ～1993年 平均面積	1993～2000年代半ば 件数	1993～2000年代半ば 平均面積	2000年代後半 件数	2000年代後半 平均面積	2010年以降 件数	2010年以降 平均面積	総移動面積
上層	増	相続	4	20	5	13	6	10	2	9	0	0	224
		購入	0	0	2	11	11	17	3	13	5	14	315
		賃借	0	0	0	0	0	0	1	10	2	30	70
		政策分配	0	0	0	0	0	0	0	0	0	0	0
	減	売却	0	0	0	0	1	20	0	0	1	10	0
		相続	0	0	0	0	1	50	0	0	2	24	30
		賃貸	1	13	0	0	0	0	2	9	0	0	127
中層	増	相続	4	33	5	13	4	7	1	15	1	10	250
		購入	0	0	4	20	5	12	0	0	5	7	175
		賃借	0	0	0	0	0	0	1	26	3	11	59
		政策分配	2	15	0	0	0	0	0	0	0	0	30
	減	売却	0	0	0	0	1	58	1	15	1	0	73
		相続	0	0	0	0	3	17	2	5	1	9	68
		賃貸	1	2	0	0	1	5	2	9	2	3	30
下層	増	相続	2	10	4	17	2	7	0	0	2	7	114
		購入	1	25	3	16	4	11	0	0	1	6	124
		賃借	0	0	0	0	0	0	1	10	4	23	102
		政策分配	4	12	1	20	0	0	0	0	0	0	68
	減	売却	0	0	1	11	5	15	0	0	1	7	11
		相続	0	0	0	0	0	0	0	0	2	6	80
		賃貸	0	0	0	0	0	0	0	0	0	0	14
最下層	増	相続	0	0	2	9	2	10	1	10	2	6	60
		購入	0	0	2	6	2	14	1	5	1	6	51
		賃借	0	0	0	0	0	0	0	0	1	10	10
		政策分配	4	21	2	16	1	15	0	0	0	0	128
	減	売却	1	10	1	12	4	15	1	8	1	10	12
		相続	1	0	2	7	0	0	0	0	1	8	102
		賃貸	0	0	0	0	0	0	0	0	2	8	16

（出所）2015年質問票調査結果より、筆者作成。
（注）1）面積の単位はコン。
　　　2）賃借には短期のものも含まれる。

表5-10 農地移動 (HMBB社)

			1985年以前		ドイモイ～1993年		1993～2000年代半ば		2000年代後半		2010年以降		総移動面積
			件数	平均面積	件数	平均面積	件数	平均面積	件数	平均面積	件数	平均面積	
上層	増	相続	8	14	5	6	1	2	0	0	2	11	167
		購入	4	11	3	32	6	13	3	6	2	11	260
		賃借	0	0	1	43	0	0	0	0	0	0	43
		政策分配	0	0	0	0	0	0	0	0	0	0	0
	減	相続	0	0	1	10	2	8	1	10	1	1	36
		売却	1	3	1	11	2	27	2	10	2	40	165
		賃貸	0	0	0	0	0	0	0	0	2	7	13
中層	増	相続	12	10	4	4	4	6	0	0	1	14	179
		購入	2	6	2	4	2	7	1	4	2	7	52
		賃借	0	0	0	0	1	5	0	0	1	5	10
		政策分配	1	5	0	0	0	0	0	0	0	0	5
	減	相続	0	0	1	2	1	6	0	0	2	11	27
		売却	0	0	0	0	0	0	1	10	0	0	2
		賃貸	0	0	0	0	0	0	1	10	2	4	17
下層	増	相続	9	10	3	4	3	6	6	4	3	2	151
		購入	3	8	1	7	6	6	0	0	1	8	75
		賃借	0	0	0	0	0	0	1	15	1	7	22
		政策分配	0	0	0	0	0	0	0	0	0	0	0
	減	相続	1	5	0	0	1	3	1	2	1	6	11
		売却	0	0	0	0	1	20	1	5	0	2	32
		賃貸	0	0	0	0	0	0	0	0	0	0	0
最下層	増	相続	9	10	2	8	4	3	2	4	2	7	133
		購入	2	6	3	4	1	6	0	0	1	3	33
		賃借	0	0	0	0	0	0	0	0	1	12	12
		政策分配	0	0	0	0	0	0	0	0	0	0	0
	減	相続	1	10	0	0	0	0	0	0	1	5	15
		売却	1	3	1	3	2	7	1	0	0	0	19
		賃貸	0	0	0	0	0	0	1	2	0	0	2

(出所) 2015年質問票調査結果より、筆者作成。

(注) 1) 面積の単位はコン。

2) 賃借には短期のものも含まれる。

表5-11　調査地における

| | アンザン省 | | | | |
| | 企業 | | 個人基礎 | | |
年	労働者総数（人）	労働者の平均年収（万ドン）	事業所数	販売・修理（％）	宿泊・飲食（％）
2006	40,054	2,016	113,615	43	25
2007	42,535	2,532	115,006	41	27
2008	45,006	3,151	121,633	41	25
2009	48,363	3,510	126,565	44	24
2010	48,245	4,360	132,105	43	26
2011	58,067	5,005	135,222	44	24
2012	55,998	5,237	138,885	43	27
2013	58,108	5,680	140,376	43	28
2014	56,845	5,490	146,488	43	24

（出所）GSO（2016a; 2016b），MPI and GSO（2013）．
（注）企業雇用者の平均年収は，1人当たり月収のデータに12カ月を乗じたもの。

ると考えられる。一方，農地購入面積をみると，上層の購入面積が他の層に比して顕著に大きい。上層はおもに2000年代半ばまでの時期に，農地を多く購入している。質問票調査の結果によれば，ほとんどの上層が農業自営からもたらされた自己資金を農地購入の資金源としている。質問票における資金源の選択肢には，親族からの借金や親からの資金贈与なども含まれるが，これらを資金源とした上層の農地購入は2件しかない。HMBB社では親の農地保有規模および相続地の大きさに階層間での差がないことを考えると，もともと裕福だった層に農地が流れていったとはいえない。むしろ，同等の規模の農地で高い利益を上げることのできた生産性の高い農家に，農地が集中していったと考えるほうが妥当といえるだろう。

　その後，HMBB社の上層は，購入した農地の多くを2000年代半ば以降の時期に売却している。TP社と同様，HMBB社でも農地売却のおもな理由として挙げられるのは，第一に「稲作では利益が上がらない」，第二に「家族の病気」のふたつだが，上層では第一の理由を挙げる人が他層に比して多い。なかには，農地売却による利益獲得を，農地売却の理由に挙げる人もあった。

非農業就労機会の検討

| ティエンザン省 | | | | |
| 企業 | | 個人基礎 | | |
労働者総数（人）	労働者の平均年収（万ドン）	事業所数	販売・修理（％）	宿泊・飲食（％）
44,318	1,472	44,731	51	19
51,203	1,658	55,864	49	22
59,395	2,020	58,487	50	21
65,513	2,639	61,090	50	22
74,422	2,771	60,572	51	21
97,370	3,682	62,497	52	20
110,443	4,193	73,020	50	20
121,894	5,012	69,082	52	21
136,835	5,977	70,581	51	22

　すなわち，HMBB 社の上層の農地売却は，儲けの出ない稲作の規模縮小，ないしは稲作以外の経済機会への転業を念頭にした，どちらかというと積極的な理由によるものが多いといえる。

　いったんは農地集約をした HMBB 社の上層が，TP 社の上層のように稲作のさらなる大規模化を進めなかった理由は，非農業就労機会の拡大の一方で，TP 社にも増して低い稲作収益にあるのではないかと推察する。表5-11をみると，TP 社と HMBB 社のそれぞれが所在するアンザン省，ティエンザン省の両省で，2000年代後半以降，非農業部門の零細自営業者（個人基礎）および企業労働者の数が顕著に増加しており，いずれの調査地でも非農業部門での起業および雇用の機会が拡大していることが見て取れる。とくに HMBB 社の所在するティエンザン省では企業での雇用機会が拡大しており，そこでの平均年収も TP 社の所在するアンザン省以上に増加傾向にある。

　そうした状況の反面，HMBB 社における稲作収益は概して TP 社より低い状況にある。表5-12は，2015年時点の調査対象世帯の単位面積当たり稲作所得を階層別に集計したものだが，HMBB 社ではいずれの層の稲作収益も TP

表5-12　単位面積当たり稲作所得

(万ドン／コン)

	TP 社 (アンザン省)	HMBB 社 (ティエンザン省)
上層	320	161
中層	256	202
下層	228	170
最下層	179	146
全体	250	167

(出所)　2015年質問票調査結果より，筆者作成。

社に比して低い。上層・中層の収益にふたつの社のあいだで差があるのは，農地集約規模の差によるもの，すなわち規模の経済性によるものである可能性も否めないものの，両社のあいだで平均農地保有規模にほぼ差がない下層・最下層でも，HMBB社のほうが稲作収益は低い。こうした状況から，HMBB社では稲作から非農業へシフトするインセンティブがTP社にも増して強く働いたのではないかと考える。他方のTP社についても非農業就労機会の拡大は認められるが，TP社の上層は稲作からも一定の利益が得られていること，また農業機械化の進展により家族労働力に頼らずとも大規模稲作経営を継続できるといった事情から，稲作を維持しつつ，販売・修理，宿泊・飲食といった分野で小規模自営を行うといった選択をとっているものと考えられる。

　なお，2000年代前半から後半にかけて農地価格が上昇傾向にあったことを考えると，HMBB社の上層は農地売却によって大なり小なり利益を得たことが推察される。しかし，そうした農地売却益が，上層の現在の主たる所得源である非農業ビジネスへの参入を可能にしたかというと，そういうわけでもない。質問票調査の結果から，上層の農地売却時期と起業・転業の時期(ないし起業・転業の有無)とをつき合わせてみるかぎり，そうした実態は確認できない。上層の他層に比した大規模な農地保有歴が，非農業部門での経済機会獲得に有利に作用したとはいえそうにない。

第5章　ベトナム農民層の経済的分化メカニズム　181

おわりに

　本章は，社会階層研究で最下層に位置づけられがちな農民層の内部に経済
的分化が生じていることに注目し，その分化メカニズムを明らかにすること
を試みた。先行研究では，ドイモイ開始直後からメコンデルタで農地規模別
分化が進んだことに対し，それが格差の拡大および階層の固定化を示してい
るとする農民層分解論的な見解と，農家の兼業化・脱農業化を念頭においた
うえで，農地規模の差は格差拡大を促す要因とはなっていないとする見解と
がみられた。本章では，同じメコンデルタをみて展開された相異なる議論が，
ベトナム農村の発展方向性の二分化を背景としたものなのではないかという
仮定をおき，メコンデルタのなかから発展の方向性が異なるふたつの稲作農
村を選定して，経済階層分化の特徴・過程を比較検討した。そこから明らか
になったのは，以下のような点である。

　まず，いずれの調査地においても，農民層のなかに明確な経済格差が生じ
ている。上位に位置づけられる層の経済水準は，全国レベルでみても中上層
から上層に相当する。社会階層研究では「農民層＝最下層」とひとくくりに
されがちだが，そうした分類はメコンデルタ農民の経済的実態には見合って
いないことが，あらためて確認された。

　一方で，それぞれの調査地から抽出された経済階層分化パターンは，次の
ように異なるものである。TP社は稲作に比重をおく農村であり，そこでは
農民層分解論的な経済階層分化が進んできた。すなわち，農業・農地が経済
階層分化を明確に規定してきた。TP社では，親からの相続地が大きく，家
族事情が農地減少の動きにもつながらなかった人々が，大規模に農地を集約
し，経済的上層となっている。ただし，TP社も農民層分解論が前提とする
ような「閉じた農業・農村」ではなくなっており，そこに居住する世帯は非
農業自営・雇用を含む多様な所得源を有している。上層の農地保有規模とそ
こからの稲作所得の大きさは，2010年頃からみられるようになった農作業受

託や貸地といった非農業ビジネス機会への投資の可能性を広げ，彼らの経済的上昇を後押ししている。

TP 社とは異なり，HMBB 社では，経済階層分化と農地保有規模とのあいだに明確な関係は見いだせなかった。親世代の均質な農民層社会からの経済的分化を規定したのは，非農業自営・雇用所得の多寡であった。世帯所得に占める稲作所得の割合は上層に行くほど小さく，生産手段としての農地は経済階層の上昇移動に重要性をもっていない。階層別に農地の増減過程を精査した結果，過去の農地保有規模には階層間での差がみられることがわかったが，非農業就労機会の拡大と稲作収益の低さが相互に関係してか，農業・農地への投資傾向は弱く，上層の農地集約は進まなかった。また，上層が過去に大規模に農地を保有したがゆえ，高所得源となる非農業機会を獲得できたとする根拠も見いだせなかった。親の農地保有規模にも学歴にも階層間での差がほぼない HMBB 社では，誰でも上層になれるチャンスが開かれていたといえるのではないだろうか。

最後に，本章で明らかにした実態から，農業に比重をおく農村と非農業に比重をおく農村との今後の発展方向性についても，若干の考察を加えておきたい。HMBB 社のように非農業化が進む農村では，経済的上昇における農地保有や稲作の重要性はいま以上に小さくなり，代わって学歴の重要性が増すことになると考えられる。HMBB 社の農村世帯の全体的な学歴の高さ，そのなかでも上層の中卒者比率が高いことは，そうした変化傾向を示すものと考えられる。一方，TP 社のように農業に比重をおいてきた農村でも，経済的上昇において非農業ビジネスの重要性が大きくなり，今後の経済階層分化は，農地保有規模を基準としつつも，学歴の影響も増してくることが推察される。ふたつの農民層分化パターンのどちらがメコンデルタないしベトナム全体で主流となっていくかについての考察は，今後の課題としたい。

〔注〕————————————————————
(1) 詳細は，荒神（2015, 40-43）にまとめた。

第5章　ベトナム農民層の経済的分化メカニズム　183

(2)　質問票調査は，カントー大学農村開発学部との委託契約のもとで実施した。Nguyen Duy Can 学部長および同学部講師である Do Van Hoang 氏，Nguyen Van Nay 氏の調査協力に対し，記して感謝申し上げたい。

(3)　各調査地につき4世帯のデータに不備があるため，本章ではそれらを除いた192世帯（調査地当たり96世帯）のデータを分析に用いる。

(4)　ただし，HMBB 社では最大所得世帯とその他の世帯との所得格差が非常に大きい。最大所得世帯を除いたジニ係数は0.38となる。

(5)　同時に，全国レベルでみた格差が都市・農村間などの地域間格差のみから説明できるものではないということも指摘できるだろう。

(6)　農地面積の単位コン（cong）は，アンザン省では1コン＝1296平方メートル，ティエンザン省では1コン＝1000平方メートルが厳密な定義だが，総じて10コン＝1ヘクタールと換算されることが多い。

(7)　ここで示される TP 社の農地の動きは，荒神（2015）において，TP 社で10ヘクタール以上の規模をもつ大規模稲作農家の農地取得過程から見いだした時期区分と矛盾しないものとなっている。

［参考文献］

＜日本語文献＞

出井富美 1989.「ベトナム南部における農業の集団化と農業生産」トラン・ヴァン・トゥ編『ベトナムの経済改革と対外経済関係』日本経済研究センター研究報告（68）41-58.

梅原弘光・水野広祐 1993.『東南アジア農村階層の変動』アジア経済研究所.

北原淳 1997.「東南アジアにおける『ポスト緑の革命』と農村就業構造の多様化」『国際協力論集』5（2）11月　31-59.

荒神衣美 2015.「ベトナム・メコンデルタにおける大規模稲作農家の形成過程」『アジア経済』56(3)　9月　38-58.

坂田正三 2013.『高度経済成長下のベトナム農業・農村の発展』アジア経済研究所.

＜英語文献＞

Akram-Lodhi, A. Haroon 2005. "Vietnam's Agriculture: Processes of Rich Peasant Accumulation and Mechanisms of Social Differentiation," *Journal of Agrarian Change*, 5 (1) January: 73-116.

Ellis, Frank 2000. *Rural Livelihoods and Diversity in Developing Countries*, Oxford: Oxford University Press.

GSO (General Statistics Office) 2007. *Results of the 2006 Rural, Agricultural and Fishery Census, Volume 3: Agriculture, Forestry and Fishery,* Hanoi: Statistical Publishing House.（英越併記）

—— 2012. *Results of the 2011 Rural, Agricultural and Fishery Census,* Hanoi: Statistical Publishing House.（英越併記）

—— 2016a. *Business Results of Vietnamese Enterprises in the Period 2010-2014,* Hanoi: Statistical Publishing House.（英越併記）

—— 2016b. *Survey of Business Establishments Producing Non-Agricultural Individual Period 2005-2015,* Hanoi: Statistical Publishing House.（英越併記）

—— 2016c. *Result of the Viet Nam Household Living Standards Survey 2014.* Hanoi: Statistical Publishing House.（英越併記）

MPI (Ministry of Planning and Investment) and GSO 2013. *Development of Vietnam Enterprises in the Period of 2006-2011,* Hanoi: Statistical Publishing House.（英越併記）

Prota, Laura, and Melanie Beresford 2012. "Emerging Class Relations in the Mekong River Delta of Vietnam: A Network Analysis," *Journal of Agrarian Change,* 12 (1) January: 60-80.

Ravallion, Martin, and Dominique van de Walle 2003. "Land Allocation in Vietnam's Agrarian Transition," World Bank Policy Research Working Paper (2951) Washington, DC: The World Bank.

—— 2008. Land in Transition: Reform and Poverty in Rural Vietnam, From the Selection Works of Martin Ravallion (http://works.bepress.com/martin_ravallion/23).

Rigg, Jonathan 2001. *More than the Soil: Rural Change in Southeast Asia,* Harlow: Prentice Hall.

Taylor, Philip, ed. 2004. *Social Inequality in Vietnam and the Challenges to Reform,* Singapore: Institute of Southeast Asian Studies.

World Bank 2012. *Well Begun, Not Yet Done: Vietnam's Remarkable Progress on Poverty Reduction and the Emerging Challenges,* Hanoi: World Bank in Vietnam.

—— 2014. *Taking Stock: An update on Vietnam's recent economic developments,* Hanoi: The World Bank.

＜ベトナム語文献＞

Đỗ Thiên Kính 2012. *Hệ thống phân tầng xã hội ở Việt Nam hiện nay*（現代ベトナムにおける社会階層構造），Hà Nội: Nhà xuất bản khoa học xã hội（社会科学出版社）.

第6章

高度経済成長下ベトナムにおける
新しい労働者層の形成と展望

――メコンデルタ地方都市における外資企業の事例から――

藤　倉　哲　郎

はじめに

　市場経済化以前のベトナムでは，労働者層といえば，国家セクターと称された国有企業と官公部門[1]におもに属していた。彼らは，当時の社会主義体制において，「革命を主導する階級」とみなされていた。しかし，この労働者層は，就業者全体の2割に満たない存在でもあった。1980年代後半からの市場経済化以降，労働契約制が導入され，国家セクター労働者の特権的地位[2]が限られていくとともに，他方で民間部門での雇用関係が急速に拡大していく。このような労働力の商品化と被雇用者の量的拡大にともない，労働者という社会的カテゴリーは，ベトナム社会の理解にとってますます欠かせない部分となってきている。

　この章では，労働者層のなかでも労働集約型の外資企業で働く，おもに生産労働者層（いわゆる工員［ワーカー］）に焦点を当てる。これは，とりわけ2000年代以降のベトナム経済が，外国資本に依存する輸出指向型工業化を梃にして高度経済成長を図ってきた点と，同時に深刻化してきた労使紛争が外資企業に偏ってきた点とにかんがみてのことである。また生産労働者と対比する文脈にかぎり，専門・管理・事務に従事する，管理・事務職員（いわゆ

る職員［スタッフ］）についてふれることにする。管理・事務職員は，階層論において新中間層（あるいはただ中間層）として論じられる社会的カテゴリーに含まれるが，彼らの学歴エリート層としての詳細な分析は本書第3章に譲る。この章で扱う生産労働者層は，VHLSSデータでの職業分類に基づく階層分類（序章 図序-1）で，下層に位置づけられる「単純労働者」と，中層に位置づけられる「工員・職人」にまたがっており，また管理・事務職員の方は，同じく中層に位置づけられる「事務職」に含まれるものと考えられる。

この章では，まず公刊されている労働統計から1990年代以降の労働者層の規模感を得つつ，限られた資料から，外資企業の労働者層の社会階層としての特徴をとらえようと試みる。そのうえで，2008年から筆者が特定の外資企業で継続的に実施している労働調査から，社会階層移動という側面からみた具体像と，生産労働者層の意識・行動の変化を考察する。社会階層移動としては，高度経済成長下日本の労働者層の動向を分析した橋本（2011）の視点を参考にしつつ，出身階層から分析する世代間階層移動と，個々人生涯の職業移動からみた世代内階層移動とに着目することにする。

なお，従業員の就業意識や離職などの行動については，企業ごとの特殊性によっても大きく左右される。したがって，本章第2節以降が，特定の条件下にある労働者の意識・行動のパターンについての考察であるという制約は否めない。ただ，こうしたケーススタディを積み上げることによって，2000年以降のベトナムにおいて急速に拡大してきた新しい社会階層として，この労働者層の実態に少しでも近づくことができればと考えている。

第1節　市場経済化以降の被雇用部門の動向

1．市場経済化最初期の被雇用部門の変容

以下本項では，藤倉（2017, 46-55）に基づいて，市場経済化最初期におけ

る被雇用部門の変化を概観する。市場経済化以前の1985年時点で，労働者層の大半が属していたとされる国有企業と官公部門（合わせて国家セクターと称される）の労働者数は386万人であった[3]。これは同じ年の就業者全体の15%にすぎない。当時のベトナムでは彼らが「労働者階級」であり，労働組合運動の組織対象であった。

こうした労働者層の構成内容は，高度経済成長が始まる前，市場経済化の最初期に，大きな変容に直面した。まず，1989年以降に，国有企業と官公部門で行われた余剰人員の整理解雇である。国有企業と官公部門の総人員の2割前後にあたる70〜80万人が解雇されたといわれる。もうひとつが，鉱工業生産合作社（協同組合）の没落[4]により，60万人近くの人々が新たに職を求める状況にあったことである。こうした事情と，カンボジアからの復員，さらに毎年多くの若者が労働市場に新規に加わる人口構造とによって，1990年代初頭，新たな雇用創出が喫緊の課題となっていた。

こうした状況のなかで雇用の受け皿として有力視されたのが，市場経済化以降に雇用制度が整えられた民間被雇用部門[5]であった。1990年代に入ってこの民間被雇用部門が急拡大し，1996年時点ではすでに国家セクターの被雇用者数と同様の規模となった（次項の表6-1参照）。しかしこの民間被雇用部門には，市場経済化後に急増した零細な経済活動における自由業的・雑業的な（いわゆるインフォーマル）雇用が多数含まれており，企業での雇用は依然として限定的であった。1990年代半ばでも，民間企業と外資企業を合わせた労働者はおよそ40万人，すなわち民間被雇用部門の1割強にすぎなかった。

さて，1990年代半ばの時期，民間・外資企業の労働者層はどのような階層から移動してきた人々であったのだろうか。その全体像を把握することは，資料の制約で困難であるが，ベトナム国内の研究から，いくつかの断片的事実を見いだすことができる。なかでも Bùi Thị Thanh Hà（2003, 50-51）は，1996〜1998年頃に外資系合弁企業で実施された労働調査の結果を引きながら，外資企業労働者の出自をまとめている。それによれば，約45%が国有企業からの転職者，40%近くが高校新卒者，20%近くが手工業者であったという。

新卒者の多くが農村出身者であることが示唆されている。さらに縫製業では，国有企業からの転職者の割合が高く（76.2%），食品加工業では元国有企業労働者と高校新卒者が半々を占めていたという。また，労働組合全国中央組織の機関誌に掲載された Đỗ Minh Nghĩa（1995）の報告によれば，1994年時点で，民間・外資企業の22%の労働者が，外資系合弁企業のみでは65%の労働者が，国有企業からの転職者であったとされている。これらの指摘から，当時の民間・外資企業，とりわけ外資企業が，急速な雇用縮小に見舞われた国有企業労働者の受け皿になっていたことがわかる。

　本項の最後に，当時の外資企業労働者の賃金水準に少しだけふれておきたい。当時の賃金統計は入手できていないが，1992年に改訂された外資企業対象の法定最低賃金は，月35米ドルと設定されていた。これは，国有企業対象の法定最低賃金の月12米ドルをはるかに上回るばかりか，当時の国有企業労働者の平均月収約25米ドルをもしのぐ相対的な高水準であった（藤倉 2017, 67）。にもかかわらず，韓国系・台湾系企業をはじめとする外資企業ではストライキが1993年頃から増加傾向を示し始めていたのである。

　２．2000年代以降の外資企業労働者の増加

　表6-1は，1996年からおよそ10年おきに就業者の就業上の地位別構成の推移をみたものである。一見して被雇用者数の急速な増大と，それがとくに民間被雇用部門の拡大によるものであることが確認できる[6]。このうち企業で働く労働者数が急増し，民間企業・外資企業で雇用されている労働者は2014年段階で，民間部門被雇用者の６割強に達していることが，統計総局の統計年鑑（GSO 2016a）と，下の表6-2との対比から判明する。

第6章　高度経済成長下ベトナムにおける新しい労働者層の形成と展望　189

表6-1　就業上の地位別就業者数の推移

（単位：千人，％）

	1996		2005		2015	
	人数	構成比*	人数	構成比*	人数	構成比*
全体	35,386	100.0	43,452	100.0	52,840	100.0
国家セクター被雇用者	2,990	(50.4)	4,418	(39.6)	5,186	(25.0)
民間部門被雇用者	2,948	(49.6)	6,728	(60.4)	15,587	(75.0)
被雇用者合計	5,937	16.8	11,146	25.7	20,773	39.3
雇用主	254	0.7	172	0.4	1,533	2.9
自営業者	12,849	36.3	17,798	41.0	21,447	40.6
無償家内従事者	16,208	45.8	14,336	33.0	9,075	17.2
その他	137	0.4	0	0.0	12	0.0

（出所）　MoLISA（2006），GSO（2016a）より筆者作成。
（注）　＊カッコ内は，被雇用者合計に対する構成比を示す。

つぎに表6-2は，企業実態調査の結果から，2000年以降およそ5年おきに，企業形態別に労働者数の推移をみたものである。民間企業で働く労働者が急増しているが，増加傾向は2010年以降鈍化しつつある[7]。他方で，外資企業のなかでも100％外国資本で設立されている独資企業の労働者数が急増し，2010年以降は民間企業の労働者数の伸びを上回っている[8]。2014年には外資企業労働者数は約345万人に達し，民間・外資企業で働く労働者総数の3割強を占めるまでになっている。

表6-2　企業形態別の労働者数の推移

（単位：人，％）

	2000		2005		2010		2014	
	総数	女性比	総数	女性比	総数	女性比	総数	女性比
全体	3,536,998	42.7	6,237,396	42.2	9,830,896	42.5	12,134,985	45.1
国有企業	2,088,531	39.8	2,037,660	35.9	1,691,843	32.0	1,537,560	29.2
民間企業	1,040,902	41.6	2,979,120	38.5	5,982,990	36.8	7,148,397	37.5
外資企業（a）	407,565	60.4	1,220,616	65.9	2,156,063	66.8	3,449,028	67.8
うち（b）独資	285,975	69.3	1,027,654	69.9	1,902,374	69.6	3,163,444	69.7
合弁	121,590	39.4	192,962	44.6	253,689	46.1	285,574	45.9
b/a	70.2%		84.2%		88.2%		91.7%	

（出所）　GSO（2004; 2009; 2016b）より筆者作成。

外資企業の雇用の伸びは，2000年代以降のベトナム経済が，外国資本に依存した輸出指向型の経済の性格を強めていることと関連がある。各年の統計年鑑に基づき，輸出額を国内部門と外資部門とに二分してみると，2003年には外資部門が国内部門を上回るようになり，2015年には輸出額全体の 7 割に達している。また同時に，輸出額に占める工業製品の割合が年々上昇し，2014年には76％に達している。このように国民経済においても雇用面においても，製造業の外資企業が年々その存在感を増している。

　つぎに，外資企業で働く労働者層の全体的な特徴をもう少し詳しく検討しよう。やや古い数字であるが，2006年時点で，外資企業労働者の 9 割以上は製造業労働者であり，製造業23業種のうち皮革・縫製・家具・食料飲料品といった労働集約的業種に 6 割半ばの労働者が集中している（MPI and GSO 2008）。また，外資企業での雇用のもうひとつの際立った特徴は，女性労働者比率の高さである。表6-2にも示したとおり，独資系外資企業の女性労働者比率は 7 割に及んでおり，独資企業の急増とともに外資企業全体の女性労働者比率も高まっている。2006年時点では，縫製業（86.4％），皮革業（84.2％）でとくに女性比率が高く，ほかに事務設備・電算機や電気機械といった業種でも，女性比率は 8 割前後であった（MPI and GSO 2008）。

　さらに別の統計から，外資企業の労働者の年齢上の特徴をみておきたい。図6-1は，労働・就業サーベイから，2010年の鉱工業部門被雇用者数を年齢別・経済部門別にみたものである。民間・外資企業ともに15～34歳の若年層の割合が多いが，とくに外資企業では，20歳代の労働者の割合が，他の世代の労働者よりも際立って高いことがわかる。20～29歳の労働者が，外資企業労働者の 6 割近くを占めている。34歳以下の若年層でみればじつに 8 割を超えている。

　以上概観したように，現在の外資企業の労働者の多くが若年層で占められており，雇用縮小のあった国有企業からの転職者が半数前後を占めていたとされる1990年代半ば頃の状況とは異なってきていることがうかがえる。実際に，外資企業労働者の職歴が，国有企業就労とはほとんど無縁であることは

図6-1　年齢層別・経済部門別の鉱工業部門被雇用者数（2010年）

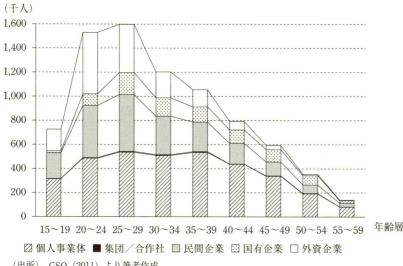

（出所）　GSO（2011）より筆者作成。

後述するところである。

3．外資企業労働者の賃金水準

　1990年代前半の外資企業労働者の賃金水準について，法定最低賃金の水準から推測して，外資企業の賃金水準が他の国内企業に比べて相対的な高水準であったであろうことはすでに指摘した。しかし2000年代以降，物価上昇にともなう実質賃金の低下と，内外格差を是正しようとする政府の賃金政策によって，外資企業の賃金水準は，他の国内企業に比べて決して高くはない水準になっていく。むしろ国有企業や一部の民間企業では，独資系の外資企業よりも賃金水準が高いところも出てきた。

　図6-2は，直近の2017年1月の貨幣価格を基準に，国内事業体と外資企業にそれぞれ適用されていた法定最低賃金[9]の実質額の推移をみたものである。外資企業の法定最低賃金は2006年以降，毎年のように改訂されてきたが，

図6-2　法定最低賃金の実質値の推移

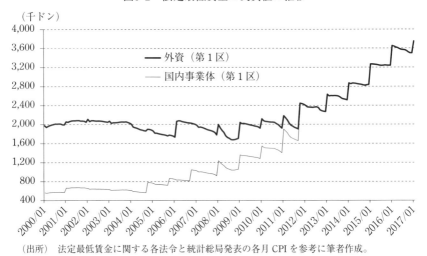

（出所）法定最低賃金に関する各法令と統計総局発表の各月CPIを参考に筆者作成。

　2011年10月の引上げ以前は，基本的には物価上昇を後追いする調整にとどまっていた。他方で国内事業体に適用される法定最低賃金は，2004年10月改訂以降，外資企業の賃金水準との格差是正を図るために，実質額でも引上げが続けられてきた。2011年10月改訂によって，法定最低賃金の内外格差は解消される。それと同時に，法定最低賃金は，物価上昇率以上に引上げがなされており，政府の実質賃金引上げの意図が明らかである。2017年1月改訂によって大都市圏の法定最低賃金は375万ドン（約165米ドル）に設定されている[10]。

　こうした法定最低賃金の引上げにともない，企業類型間の平均賃金の格差も縮小してきている。表6-3は企業類型別の平均賃金について，2000年以降のおよそ5年おきに推移をみたものである。2005年には国有企業の賃金水準が外資企業のそれを上回り，民間企業も2010年代にかけて外資企業との賃金格差を縮小してきた。2010年以降，民間企業の賃金の伸びは外資企業のそれを下回っているが，民間企業の一部である合名会社（686万ドン）や，国の資本を含む株式会社（685万ドン）では，独資系の外資企業の平均賃金を上回っている企業もある。つまり，外資企業の賃金が相対的に高いとは言い切れな

表6-3　企業類型別の平均賃金の推移

（単位：千ドン／月）

	2000	2005	2010	2014
全体	1,054	1,712	4,094	6,289
国有企業	1,072	2,140	6,233	9,245
民間企業	737	1,303	3,420	5,327
外資企業　(a)	1,767	1,945	4,252	6,955
うち　(b)　独資	1,392	1,698	3,852	6,640
合弁	2,602	3,228	7,170	10,332

（出所）　GSO（2004; 2009; 2016b）より筆者作成。

い状況になりつつある。

第2節　外資企業労働者の横顔

1．調査対象の概要

　メディアや現地報告レベルでふれられる，外資企業の生産労働者像は，労働集約型産業における，農村出身で不熟練の若い女性労働者である。この節からは，メコンデルタの地方都市郊外にある外資企業（以下，「A社」）で，筆者が2008年から2016年まで断続的に実施してきた労働調査[11]から，外資企業の生産労働者の横顔を紹介したうえで，次節以降，階層移動と職業意識の観点から考察を行う。

　A社は独資系の外資企業で，2007年にベトナム工場の操業を開始した。縫製業企業であり，ベトナムでの安価な手仕事労働力に依存する典型的な労働集約型製造業である。おもに3つのブランドの委託生産を行っており，製品すべてが輸出される。従業員規模は，2009年の300人規模から2016年現在600人規模に至っている。工場長だけが外国人であり，2016年時点で管理・事務職員が81人，生産労働者が542人である。管理・事務職員のうち10人は元生産労働者で，職長（ラインリーダー）・班長（チームリーダー）やメンテナン

ス部門に引き抜かれ,人事管理上,管理・事務職員として位置づけられる労働者であるが,現場で生産に携わっていることには昇進以前と変わりがない。2016年の調査票調査に基づいて生産労働者と管理・事務職員とを区別して階層分析をする際には,この10人は管理・事務職員に含めるが,それ以外では生産労働者に含めて考察している。

2.年齢・性別・出身地

A社労働者の多くは,農村部の自宅から通勤する若年層である。第1節第2項で指摘した外資企業労働者の特徴にもれず,A社においても労働者の大半は34歳未満の若年層である。2016年の生産労働者の平均年齢は26.9歳(男性25.7歳,女性27.9歳)であった。図6-3は,調査年ごとの年齢構成である。入職時の平均年齢は,どの調査年も23歳前後(男性22歳前後,女性24歳前後)であり,20歳代が生産労働者全体の7割を占めている。ただ年を経るにした

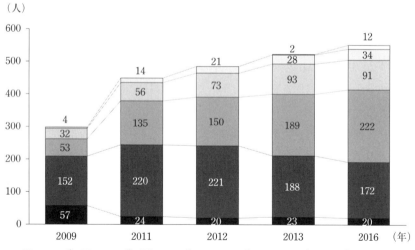

図6-3 生産労働者の年齢構成の推移

(出所) 2009年,2011年,2013年,2016年のインタビュー調査および調査票調査より筆者作成。

第6章　高度経済成長下ベトナムにおける新しい労働者層の形成と展望　195

がって，一定の定着者もいることを反映して，20歳代後半以降の人数・割合
ともに少しずつではあるが上昇してきている。調査時点の平均年齢も，2009
年時点の23.3歳（男性22.2歳，女性23.7歳）より3歳以上高くなっている。

　他方で，管理・事務職員は，大半が大卒者であることもあり，平均年齢は
28.6歳（男性29.1歳，女性28.1歳）と生産労働者より高くなる（平均入職年齢は
24.5歳）。なかでも他社での就業経験が買われて採用されている者が多い管理
職の平均年齢は30.9歳（最年少27歳）になる。とはいっても，管理・事務職
員も大半が若年層で占められていることは生産労働者と同様である。

　つぎに，女性比率をみてみよう。生産労働者の女性比率は2009年時点で
70.0％と高かったものの，その後一貫して低下を続け，2016年には52.1％に
なっている。のちに離職率の部分で詳しく考察するが，この間，女性とくに
20歳代後半の離職率が相対的に高めに推移していたことと関係しているとみ
られる。A社は，生産労働者の求人に際して女性をとりわけ重視しているわ
けではないが，家内縫製の経験のある女性労働者がいるなど，当初は結果と
して女性が多く入職していたとみられる。ただ，生産規模が拡大するにつれ
て，荷下ろし荷積みや，材料の機械裁断など男手に特化されがちな業務が増
加したことから，男性労働者の比率も上がってきたものと考えられる。

　他方で，管理・事務職員の方は，当初から男女比はほぼ半々である。事務
職では会計部門に女性，倉庫管理に男性，管理職ではより高位の役職に男性
が比較的多いという一定の傾向がある以外は，男女差は顕著ではない。ちな
みに，副工場長は女性である。

　最後に出身地と現在の居住地をみてみよう。まとまったデータのある2011
年調査時のものであるが，A社の従業員は地元出身者が大半を占めている。
ホーチミン市やハノイ市などの大都市圏では，新興工業の労働力を，遠方も
含めて域外からの出稼ぎ労働に依存している。一方でA社の所在するよう
な地方都市では，近接する農村部の労働力を雇うことができる。A社でも9
割以上の労働者がメコンデルタ各省，とりわけA社から20キロメートル圏
内（バイク通勤が可能）を出身地としており，その大半は自宅から通勤して

いる。生産労働者のほとんどが農村部に居住している一方で，最も都市化の進んでいる都市中心街から通う者の大半は管理・事務職員である。

第3節　世代間および世代内の階層移動

1．学歴を指標とした階層移動と格差の再生産

　2016年に実施した調査票調査を，2011年インタビュー調査の結果で補足した学歴と職業に関するデータを用い，2016年のＡ社在籍者を生産労働者（379人分）と管理・事務職員（45人分）[12]に区別して，階層移動の観点から考察してみたい。

　まず，労働者自身の学歴についてみる。生産労働者では，初等中等教育の平均就学年数（最大12年）は，9.7年（男性10.1年，女性9.3年）で中学卒業相当である。男女間に0.8年の格差があるが，これは1985年以前に生まれた労働者について男女差が大きいことが反映されている[13]。1990年代生まれの労働者では男女間で就学年数にほとんど差はない（男性10.2年，女性10.1年）。筆者の別の労働調査（藤倉 2017）で，ベトナム北部の外資企業生産労働者の大半が高卒者（就学年数12年）であったことからすると，Ａ社の生産労働者は学歴がやや低い。しかし，筆者が別途メコンデルタ農村で実施した調査で明らかにした，若い世代の就学年数の水準（藤倉 2013, 155）と大きな差はない。Ａ社生産労働者は，初等中等学歴でみると地域の平均的な若者である。

　生産労働者は高学歴保持者に乏しい。ここで「高学歴」とする専門中等学校（Trung cấp, 2年制）が44人（11.6％），短大（Cao đẳng, 3年制）が11人（2.9％），大学（Đại học, 4年制）が3人（0.8％）に限られる。これらの学歴の専門性と現在の職務との関連性の詳細は明らかではない。ただ，過去のインタビュー調査で聞き取った限られた具体的事例では，高学歴を保持する生産労働者の専門は食品加工（短大）や会計（大学）など，現職との関連性はみら

れなかった[14]。

　他方で管理・事務職員では，生産労働者と比較して高学歴が顕著である。
元生産労働者で現在では昇進して現場の一般労働者の管理にあたっている者
（3人が中卒者，3人が高卒者）を除くと，管理・事務職員では39人中36人と
9割以上の職員が高学歴保持者で，とくに大卒者が8割の32人と多数を占め
ている（他の4人は短大卒）。

　以上のことから，労働者のなかに高卒以下の生産労働者と，高学歴の管
理・事務職員という明確な学歴階層差を確認することができる。では，両者
は，親世代の学歴・職業からみてどのような階層の出身であろうか。

　生産労働者の親の初等中等教育における平均就学年数は，父が7.0年，母
が6.2年である。他方で，管理・事務職員の親では，父が9.3年，母が8.2年と，
生産労働者の親との顕著な差がみられる。高等教育についてみると，生産労
働者では，高学歴の父親の人数は8人（専門中等学校卒4人，短大卒1人，大
卒3人）で，わずか2.3％である。母親では大学・短大卒者はおらず，専門中
等学校卒業者が2人いるのみである。他方で管理・事務職員では，父親で2
割半ば，母親で2割が高学歴である。また大卒者の割合も多く，父親では高
学歴者9人中6人，母親では同7人中4人が大卒者である。

　このように全体として，親から次の世代までに学歴は飛躍的に上昇してい
る。しかし，親の学歴差は，生産労働者と管理・事務職員のあいだの学歴格
差へと再生産されていることもまた顕著である。

2．職業を指標とした階層移動

　つぎに，親の職業に着目する。表6-4と表6-5は，親の農業就業と自営業・
被雇用就業の状況について，生産労働者と管理・事務職員に分けて整理した
ものである。

　生産労働者については，その多くが農村在住者ということもあり，親の6
割強は農業就業者である。その多くは稲作である。このうち兼業率が3割強

198

表6-4　親の農業就業の状況

生産労働者			N=379
	専業	兼業	合計
農業世帯数	163	76	239
うち　耕種のみ	111	44	155
耕種と畜水産	40	25	65
畜水産のみ	12	7	19
農業経営面積（㎡）			
平均	4,496		
中央値	3,000		
兼業率	31.8%		

管理・事務職員			N=45
	専業	兼業	合計
農業世帯数	9	7	16
うち　耕種のみ	5	5	10
耕種と畜水産	1	2	3
畜水産のみ	3	0	3
農業経営面積（㎡）			
平均	9,400		
中央値	9,000		
兼業率	43.8%		

（出所）　2016年インタビュー調査および調査票調査より筆者作成。

であるので，専業農家の割合は７割弱である。農業自営に次いで就業が多い
のが被雇用である。父親では３割近くが被雇用者である。おもな職業は，随
時雇用の農業労働や建設労働などの雑業である。次いで多いのが生産労働者
で，外資企業での就労もみられる（父親で10人，母親で８人）。他方で自営業
者は１割に満たず，おもなものは商売で，その大半は雑貨屋など小規模小売
店である。生産労働者の親の非農業就業状況で顕著なのは，農業または他の
自営業・被雇用との兼業が多くみられることである。親が生産労働者でも兼
業が半数以上みられ，工場での生産労働であっても常雇いではないものも多
いとみられる。

　他方で，管理・事務職員の親では，農業就業者は３割半ばにとどまり，自
営業，被雇用が多くみられる。自営業のおもなものは生産労働者の親と同様
に商売であるが，10人を雇用する卸売業など，規模の大きな事業もいくつか
みられる。被雇用の方は，生産労働者の親との相違が明らかで，公務員，企
業での事務職員，生産労働者，その他の専門職が多数を占める。中間層と呼
べる職種が並び，またいずれも兼業は少なく，生産労働者であっても兼業は
まったくみられない。

　このように親の職業からみると，生産労働者では，農民層を出身階層とし

第6章　高度経済成長下ベトナムにおける新しい労働者層の形成と展望　199

表6-5　親の自営業・被雇用就業の状況

生産労働者	N=379		管理・事務職員	N=45
自営業	32		自営業	9
うち　商売	19		うち　商売	5
手工業	5		手工業	1
その他	8		その他	3
兼業率	50.0%		兼業率	11.1%
被雇用（父）	111		被雇用（父）	17
うち　雑業	66		うち　事務職員	4
生産労働者	42		公務員	3
技師	1		生産労働者	3
バス運転手	1		雑業	3
レストラン職員	1		技師	1
			大学教員	1
			軍人	1
			社長	1
兼業率	55.9%		兼業率	17.6%
被雇用（母）	83		被雇用（母）	10
うち　雑業	47		うち　公務員	3
生産労働者	31		生産労働者	2
事務職員	2		事務職員	3
公務員	1		管理職員	1
技師	1		教員	1
調理師	1			
兼業率	62.7%		兼業率	10.0%

（出所）　2016年インタビュー調査および調査票調査より筆者作成。

て，世代間での労働者階層への移動が明確である。その農民層も，表6-4に
あるように，平均的な農業経営面積でみて3000〜4000平方メートルの小規模
農家である。2011年のインタビュー調査において親の農業経営の詳細を聞き
取っているが，多くは稲作収穫の大半を自給にまわす商業性の低い農業で，
小規模な果樹栽培・畜産・自営業や随時雇用によって得られる現金収入で家
計を補っていた。また，親が被雇用従事者の場合も，雑業従事や兼業の多い

被雇用者から常雇いの被雇用者へと，世代間でより安定的な被雇用部門への移動が顕著である。このような階層移動は，商業性の低い農業構造の農村においては，大きな世帯所得向上をもたらしている（藤倉 2013）。

一方で管理・事務職員では，親の職業階層でも常雇いでかつ管理・事務の職業や専門職が多くみられ，世代間での階層の自己再生産が顕著である。農民層出身者の場合でも，管理・事務職員の親は，農民層のなかでも比較的経営規模の大きな階層である（表6-4）。とくに専業農家では，1.5ヘクタール規模のエビ養殖，借地を集積した2ヘクタール規模の稲作など，大規模な農業経営がみられる。

3．世代内階層移動——職歴と技能の点から——

(1)　生産労働者——不熟練労働者としての就業——

つぎに，A社従業員の世代内移動についてはどうであろうか。2011年調査では，インタビュー対象となった生産労働者の6割強（93人中58人）が前職歴をもっていた。そのほかは，初等中等学校の中退・卒業後，しばらくのあいだ親の農業や家業の手伝いを経ての入職者も多く，いわゆる新卒者ばかりではない。職歴を有する労働者の割合は，2009年インタビュー調査時の5割弱（68人中32人）よりも顕著に増加していた。

2011年調査時に職歴を有していた者のうち，6割は製造業での生産労働で，縫製業が多数であるが，製靴や水産加工など他の労働集約型業種も散見される。なお，2009年調査時の事例に基づくが，生産労働者の職歴を企業類型別にみると，外資・民間企業が大半を占め，企業類型が判明する23件の職歴のなかでは，国有企業の職歴はふたつにすぎなかった。国有部門と民間部門とのあいだでの労働市場の分断がうかがえる。他方で生産労働以外の前職経験は，建設等の自由業や，商店での売り子や給仕などのサービス業での就業である。これらのことから，A社の生産労働者の7割以上は農業・自営業層や随時雇用の不安定な雇用から，常雇いの工場生産労働へ階層移動してきたも

第6章　高度経済成長下ベトナムにおける新しい労働者層の形成と展望　201

のとみることができる。

　さて，A社入職に至るまでに，職業訓練等によって労働力の質の向上があったのかをみてみたい。2016年調査では，344人の生産労働者のうち，2割の73人が職業訓練の経験があると回答していた。6カ月未満が最多の37人，次いで1年以上も23人である。しかし，これらの職業訓練の詳細は不明である。これらのなかには，前職の工場労働における試用期間中の訓練を「職業訓練」と認識しての回答も含まれていることが，別途の聞き取りから判明している。一方，2011年調査の場合，職業訓練の内容は，全員（17人）について，高卒未満の者を対象とした初級訓練（đào tạo sơ cấp）であり，さらに標準化された訓練施設での訓練経験がある者は少数（5人）で，大半が個人や親族から教授されたものであった。

　A社の生産労働者の場合，職業訓練の有無は，採用成否の判断材料（たとえば訓練内容が縫製業である場合）となることはあっても，有資格者として賃金水準に直接反映されるほどの指標にはなっていない。その点では，就業経験の有無についても同様である。生産労働者の賃金水準は，あくまで当該工場における作業習熟度にともなう成果（ノルマや標準作業時間の達成等）によって規定されており，労働者があらかじめ主張し得る資格や熟練によって決まるものではない。このような意味で，生産労働者はみな不熟練労働者としてA社に入職している。

　2007年操業開始のA社では，古参の労働者のなかに，高い作業習熟度にともなって現場労働を管理・統制する役職（職長・班長）につくようになった者がいる。この点で，職場での生産労働者の熟練形成を見いだすことは可能である。しかし転職に際して，そうした熟練が賃金水準に直接影響するか否かは定かでない。ただ，2008年頃から若い不熟練労働者を調査してきたかぎりでは，労働集約型の輸出向け製造業で労働力調達において熟練をあらかじめ重視し得るのかは疑問である。そうであれば，職場で蓄積されるのは，当該職場においてのみ活用可能な習熟度にすぎないといえよう。

⑵　管理・事務職員——中間層としての就業——

つぎに，管理・事務職員の世代内移動についてみてみたい。調査結果が2009年調査に限られるが，管理・事務職員では 8 割弱（23人中18人）に職歴があった。うち半数は製造業での職歴であるが，現職同様の管理・事務部門での就業経験である。したがって，初職時点から生産労働者とは区別される，専門知識や管理・事務能力を有する中間層としての就業といえる。

管理・事務職員の方も国有部門での就業経験がある者は 1 人[15]に限られ，15人が外資企業での職歴を有する。管理・事務職員の場合には，これらの就業経験は，A 社での職階上の配置を通じて，賃金水準に影響を与えている。ただし，聞き取りによれば，職員自身が評価する就業経験と，A 社側がそれを評価して設定する初期の賃金水準には，落差が小さくない。通常，職員の自己評価に基づいて希望する賃金水準は高く，A 社側が当該職員の経験や能力を評価して提示する賃金水準は低い。とはいえ，職歴が賃金水準に与える影響は生産労働者よりずっと大きい。

また管理職員の場合，一定の職階以上は大学卒業学歴が重視されている。前述のように，生産労働者のなかに生産現場の管理職に抜擢される者もみられるが，人事担当者の言をそのままとれば，職長より上の職階につくには大卒学歴が必須である。ちなみに，労働者を監理・統制する職務を有している点で，中間層の仲間入りとみることもできる職長自身は，自らを労働者（工員を意味する công nhân）と認識している。

人事管理上，管理・事務部門に属する倉庫部門や出荷部門にも，生産現場の労働者から適性を見いだされて配置換えされ，現在まで勤務している者がいる。しかしそうした例は，いまや，生産現場の拡大とともに徐々に管理・事務部門が整備・拡充された工場創成期の例外的事例といえる。2016年現在，管理・事務部門の職員採用は，内部労働市場よりは新規採用での調達がほとんどである。

第4節　離職率からみる生産労働者の就業行動

1．高い離職率

　筆者が2008〜2009年にベトナム北部と南部で企業調査をしていた際，製造業の外資企業では多くの企業で，生産労働者の高い離職率と労働力の確保が，労務管理上の問題点として重大視されていた。A社においても，2009年4月からの1年間，月の平均離職率は8％を超えていた。単純計算すれば，10カ月で労働者がすべて入れ替わる水準である。

　図6-4は，各年の調査時に在籍していた生産労働者の入職年別の割合である[16]。最初の1年のあいだに6割から8割が離職し，2年もすればいずれの

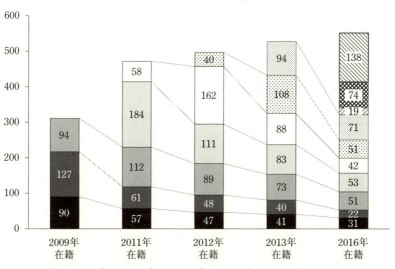

図6-4　生産労働者の入職年構成の推移

（出所）2009年，2011年，2013年，2016年のインタビュー調査および調査票調査より筆者作成。

年の労働者でも8割は離職しているという離職パターンがみられる。入職後の短期間での離職が多く，400～500人の規模の工場生産を維持するためには，つねに新規採用を続ける必要がある。2011年時点で生産労働者の4割強，2016年時点でも3割は入職1年未満の労働者で占められている。労働集約業種とはいえ，ある程度の作業習熟度を要する工程が少なくないA社でも，このような高い離職率の改善は大きな課題となっていた。

2．勤続・離職を左右する要素

A社生産労働者の勤続・離職を左右する要因として，賃金水準以外のA社特有の要素のうちで，とくに重視されているものを整理しておきたい。まず労働者にとって勤続に有利に働く要素としては，①雇用の安定，②業務内容・労働時間の安定，③良好な労働衛生環境，④習熟度維持のための休職への対応，がある。

A社はOEM型生産を行っており，製品市場は海外ではあるが，A社親会社が長年かけて構築してきた安定的な市場であり，実際，2008～2009年の世界同時不況時にも生産は安定していた。したがって，他の委託加工型の企業が同時期の不況の影響で雇用を縮小するなかでも，A社の雇用は安定していた。こうしたA社生産の特徴ゆえに，製品規格も比較的安定し，また生産量の変動は年間スケジュールに基づいたものに限られるため，業務内容・労働時間ともに安定することになる。A社では夜間シフトはなく，生産最盛期にあらかじめ2時間程度の残業が求められる以外，生産労働者は通常午前7時から午後4時の定時勤務である。また，取引相手が固定的である分，求められる品質水準は高く，温度・湿度，汗，埃等の管理が厳格なため，結果として労働衛生環境が良好となる。

さらに，すでに述べたように，製品の性質上，少なくない工程で一定の習熟度が必要であることから，社内で育成した労働者の離職を防ぐために，会社側が許容する範囲で一時的な休職や出戻りを認めている。まず制度的には，

女性労働者の出産にかかる法定制度を遵守している。また，詳しい事例は後述するが，個別の「家庭の事情」を考慮して，離職した者の再入職を一度だけは認めるという，制度化はされていないが事実上の「休職」といえる対応をしている。

　他方で，労働者にとって離職理由になり得る要素としては，①手取り賃金の相対的低さ，②福利厚生における企業と労働者との文化的な差異が挙げられる。労働時間が安定した昼間勤務であることと裏腹に，時間単価に大きな差はなくとも，長時間労働や夜間・休日の割り増しが期待できる他社の方が月の手取りが多くなることがある。とくに2011年までの調査では，生産労働者の低賃金感が強かったなか（後述），少しでも手取りを増やしたいという労働者の転職先として，Ａ社近隣で残業が常態化している水産加工工場などが有力視されていた。

　また地元労働者と企業との文化的なずれは，外資企業で一般的にみられることであるが，Ａ社の具体的事例としては，テト（旧正月）や中秋節などの催しや贈り物，一時金などがないもしくは少ないということが，他の国内企業と比較した際の欠点として挙げられていた。テト賞与や一時金などは，収入の増減にかかわるものとして，生産労働者はたびたび他社と厳しく比較していた。

　以上に挙げたような各要素と，賃金水準，さらに個人的な事情とがさまざまな強弱で組み合わされて，Ａ社労働者の実際の勤続・離職行動がとられる。在籍者を対象にした聞き取りから，離職した同僚の離職理由と在籍者の過去の離職理由を，また例外的に離職後に一定期間を経て職場復帰した労働者の事例から，労働者の離職理由を考察することができる。以下では，そうした情報を頼りとしつつ，労働者の勤続・離職行動についてより具体的に考察したい。

3．2011年までの調査でみられた強い低賃金感

2009年調査，2011年調査において圧倒的に指摘の多かった離職理由は賃金水準である。Ａ社において基本給は法定最低賃金水準に設定されている。第1節第3項でみたとおり，2011年10月改定まで，外資企業の法定最低賃金は実質的に据え置かれていた。そのため，2007～2008年や2011年などインフレが昂進した時期には，次の改定までの数カ月で実質賃金が顕著に低下する状況にあった。労働者への聞き取りでは，前述したようにＡ社職場環境の優位な点が挙げられたものの，生産労働者には低賃金感が広範にみられ，結局のところ，少しでもよい収入を求めての離職が後を絶たなかった。

外資企業でのストライキが顕著に増加していた2000年代後半，生産労働者の低賃金や生活難の問題は，ベトナム国内メディアや労働組合関連の出版物・報告書のなかで重要な焦点であった。この時期に労働調査をしていた筆者は，北部と南部のいずれでも，低賃金を訴える生産労働者に多く出会ってきた。Ａ社の生産労働者の場合，ハノイ市やホーチミン市などの大都市圏で働く出稼ぎ労働者と異なり，農村にある自宅から通勤できることから，生活費の面で条件は幾分良かったが，それでも強い低賃金感は例外ではなかった。

このように労働者に全般的にみられた低賃金感は，頻繁な離職・転職の原因となっていたとみられるだけでなく，生産労働者として働き続けること自体への躊躇としても現れていた。北部ハイフォン市の労働者向け宿舎で実施した労働調査では，高卒以上の学歴や専門的な知識を身につけて，事務・管理職員や専門職に転職しようという意向や，一定額貯めた給与を元手に故郷に帰って自営業を始めたいといった意向が聞かれた（藤倉 2017, 211-215）。この時期の生産労働者は，自身の社会階層上の位置づけを自己肯定できる状況になかったといえよう。

4．離職率の低下

A社における高い離職率は，2016年調査時点で大きく改善されていた。2015年8月からの1年間の月平均離職率は2.6％（期間契約労働者のまとまった離職のある月を除く）までに低下し，月平均7人が離職する程度に落ち着いている。以下，離職者の属性情報とインタビュー調査の結果をもとに，生産労働者の属性によってどのような離職傾向が認められるのか，もう少し立ち入って考察を加えたい。

まず，表6-6は，2011年から2013年の2年間と，2013年から2016年の3年間について，勤続月数別にみた年平均離職率を比較している。表で示される

表6-6　年平均離職率の比較

2011～2013年の年平均離職率 （％）

2011年時点の勤続月数	全体	女性	男性
全体	26.9	25.6	29.5
0～11カ月	36.2	33.0	40.6
12～23カ月	24.1	22.0	29.3
24～35カ月	17.9	20.2	10.6
36～47カ月	20.8	23.9	12.3

※48カ月以上の階層を省略。最長勤続期間は50カ月。

2013～2016年の年平均離職率 （％）

2013年時点の勤続月数	全体	女性	男性
全体	18.5	18.3	18.9
0～11カ月	25.8	27.0	24.8
12～23カ月	20.4	20.1	20.6
24～35カ月	18.7	20.1	16.6
36～47カ月	13.1	13.0	13.3

※48カ月以上の階層を省略。最長勤続期間は75カ月。

（出所）　2011年，2013年，2016年インタビュー調査および調査票調査より筆者作成。

とおり，勤続期間が長いほど離職率が低下する傾向があるが，これについては後述することとし，ここでは，ふたつの期間の比較に注目したい。勤続24〜35カ月（２年以上，３年未満）の層を除いて，他の３つの層で，全体の年平均離職率が減少しており，とくに勤続０〜11カ月（１年未満）の男性の離職率の低下は顕著である。勤続期間が短い労働者が労働者総数に占める割合が大きいことが，全体の離職率の低下にも寄与している。勤続期間の短い労働者ほど，この間の離職率を大きく低下させてきたといえよう。

　つぎに表6-7は，2013年調査時在籍者の2016年調査時までの離職率を，性別と2013年時点の年齢別・勤続月数別にみたものである。全体としてこの３年間に４割半ばの労働者が辞めている。年齢別，勤続月数別にみると，年齢が高いほど，また勤続期間が長いほど，離職率は下がる傾向があることが読み取れる。男性では17〜19歳での離職率がかなり高いが，20歳代前半，後半へと離職率は低くなる[17]。他方で，女性でも離職率は年齢とともに下がっていくが，20歳代後半では男性よりも離職率は高くなっている。年齢が高くなるほど残留傾向が強まる背景には，年長者ほど勤続期間の長い労働者の占める割合が高くなること（後述）と，社外周辺の製造業での常雇い労働市場において30代以降の新規採用が少ないことがあるとみられる。

　つぎに勤続期間との関係は，男女ともに年齢より明確に見て取れる。これは労働者が勤続とともに蓄積する習熟度が能率に基づく給与部分を向上させることと，勤続１年ごとに一定の勤続手当が支給されるため，勤続につれて賃金水準も高くなる傾向があることが，残留の重要な動機になると考えられる。しかし，女性の方が，男性よりも勤続期間にしたがっての離職率の低下が鈍い。勤続月数と年齢層をクロスさせると，20代では36カ月以上勤務を続けている者でも，離職率はそれほど低下しない。同表には現れていない詳細をみると，20〜24歳層で勤続期間36カ月以上の層，25〜29歳層で同35カ月未満層と36カ月以上の層ともに，そして30〜34歳層で勤続36カ月以上の層では，男性よりも女性の方が，離職率が顕著に高くなっている。こうした数字が現れる背景を，インタビュー調査による定性的情報から補ってみたい。

第6章　高度経済成長下ベトナムにおける新しい労働者層の形成と展望　209

表6-7　2013年調査時在籍者の2016年
調査時までの離職率

全体	全体	女性	男性
	45.9	45.4	46.6

年齢別 （％）

	全体	女性	男性
17～19歳	65.2	50.0	73.3
20～24歳	48.9	47.1	50.5
25～29歳	43.9	49.5	35.9
30～34歳	45.7	44.7	47.1
35歳以上	26.7	20.8	50.0

勤続月数別 （％）

勤続月数	全体	女性	男性
0～11カ月	59.1	61.0	57.5
12～23カ月	49.5	49.0	50.0
24～35カ月	46.3	49.0	41.9
36～47カ月	34.3	34.1	34.8
48～59カ月	31.1	33.3	25.0
60～71カ月	29.7	28.0	33.3
72カ月以上	29.4	36.4	16.7

勤続月数×年齢層 （％）

	年齢層	
勤続月数	20代	30代
0～11カ月	57.6	62.5
12～23カ月	48.0	52.6
24～35カ月	44.8	53.3
36～47カ月	34.2	34.5
48～59カ月	37.8	20.8
60～71カ月	34.6	16.7
72カ月以上	31.3	0.0

（出所）　2013年，2016年インタビュー調
査および調査票調査より筆者作成。

5．「家族の事情」の重大さ

　低賃金が基本的な離職動機とみられていた2009年・2011年調査時から，賃金以外の理由となっていたのが「家族の事情」である。後述するように2011年以降に賃金水準の顕著な上昇がみられ，2016年調査で低賃金感が大きく緩和していることが明らかになると，逆に，「家族の事情」を理由とした生産労働者の離職が際立ってくる。前述した雇用や労働時間の安定などのＡ社特有の優位を労働者が認識しており，年齢・勤続期間の点からも在職することが経済的に賢明と思われるようになっても，「家族の事情」によって離職を余儀なくされる場合が残された。

　「家族の事情」を分類すると，両親からの呼び寄せまたは結婚による居住・通勤条件の変化，もうひとつが近親者の病気・死亡または乳幼児養育のための一時的な就業不能状態の発生である。前者は，他都市への出稼ぎ労働から離職して実家に戻り，Ａ社で職を求めることになった経緯として聞かれる前職の離職理由である。また，後者は，医療制度や保育制度が整っている社会の者からすると，必ずしも離職を要さないと感じられるが，ベトナムでは就業条件を左右する重大な離職理由として挙げられるものである。近親者の死亡による家族構成の変化にともなって居住・通勤条件が変わり，従前の就業を続けることが不可能になることもある。また，そうした居住・通勤条件の変化をともなわなくとも，近親者で重病者の看護・介護や，当該近親者が担っていた家事労働の代行，死亡した際の葬祭の世話などによって，一時的な離職が必要とされることもある。

　他方で，乳幼児の養育は，居住・通勤条件の変化がなくとも，とくに女性労働者にとって重大な離職理由となる場合がある。Ａ社において低賃金感が緩和されてからも，引き続き残る離職理由として，よく指摘されているのがこの点である。法定の産休制度が遵守されていれば妊娠・出産が直接離職理由となることは少ないが，産休明けに乳幼児の世話をする者が近親者にいな

い場合，まずは女性が離職せざるを得ない。乳児を保育所に預ける例は少ない。多くの場合，乳幼児の世話を担うのは夫婦どちらかの親である。男性でも，養育にともなって手薄となる妻の家事を補助するために離職する例がみられた。

これらの一時的な就業不能状態の発生には，間違いなく医療制度・保育制度上の不備が背景にある。家族の看病や乳幼児の養育に関する社会通念[18]も含めて，福祉と労働との関係は，今後，実態調査による詳細な検討課題となるであろう。重要なことは，2016年の聞き取り調査では，他の労働条件が改善されたとしても，「家族の事情」によって勤続期間の長い労働者とくに女性労働者でも離職する例が少なくない事実が確認されたことである。前述の2013～2016年離職傾向にて確認された20代から30代前半の女性の離職の相対的高止まりの背景として，乳幼児養育の事情も大きいものと考えられる。

逆に，こうした子の乳幼児期の課題を乗り切ることができた場合には，A社の安定した定時・昼間勤務というのは，子育てをする労働者にとっては優位性がある。幼稚園や小学校に通うようになった子の送迎を労働者自身が行っている場合にはなおのこと，またそれを親など近親者に頼っている場合でも，無理のない家庭生活を送ることができる安定した勤務時間は，実際，労働者にとって勤続の強い動機となっている。

第5節　賃金水準の上昇と生産労働者の意識・行動の変化

1. 賃金水準の向上

A社の生産労働者の賃金構造は，原則として法定最低賃金水準に設定されている基本給と，その他の諸手当で構成されている。諸手当には通勤手当，残業手当，職務手当[19]，勤続手当のほか，勤勉性と能率の評価に基づく競争的手当がある。基本給が賃金全体に占める割合は，7割から7割半ばである。

したがって，生産労働者にとって，法定最低賃金の実質的な引上げは，実質所得の大幅な向上を意味する。既述のとおり2011年10月改定以降，法定最低賃金は実質額でも引上げがなされており，Ａ社の場合，2016年調査時の基本給は2011年調査と比較して名目で2.3倍，実質で1.8倍になる。さらにＡ社は習熟度の高い労働者の離職を防ぐため，勤続１年ごとに加算される勤続手当を2011年以降に支給していたため，勤続期間の長い労働者ほど賃金上昇率は高くなっていた。手当額が頭打ちとなる勤続６年以上の労働者で，勤続手当は基本給の１割近くに相当した。

以上の賃金上昇を受けて，基本給に諸手当を加えた，生産労働者の総賃金は，2011年の月160〜220万ドン水準から，2016年には月400〜600万ドン水準となった。勤続期間が比較的長い生産労働者のあいだでの社内結婚も増えており，その場合には世帯収入は，小規模な農業と雑多な就業からの収入に基づいていた親世帯と比べて，飛躍的に向上しているとみられる[20]。

勤続期間の長い労働者については，作業能率向上による競争的手当の獲得，職務手当などによって，勤続期間の短い労働者よりも賃金が高い傾向がある。2011年調査の結果から，生産労働者のあいだでの賃金格差をみると，2007年入職，2008年入職の労働者の総賃金は，2011年入職労働者の総賃金と比べてそれぞれ1.28倍，1.15倍であった。また，無役職の労働者に比べて役職（組長・班長・職長）を有する労働者の総賃金は，1.38倍になった。当時の役職者の賃金水準は，入職したばかりの大卒の事務職員よりも高いほどであった。

こうした賃金水準の向上に，前節で考察した離職要因をあわせて考えると，この間の離職率の低下は，次のような大きく分けてふたつの因果関係によるものと考察することができる。第一に，法定最低賃金の大幅引上げにともなう実質賃金の上昇により収入水準が向上することで，同じように実質賃金が上昇している他社と比較して相変わらず手取りが少ないＡ社にあっても，収入以外のＡ社特有の労働条件（前節の２項で指摘した，①雇用の安定，②業務内容・労働時間の安定，③良好な労働衛生環境，④習熟度維持のための休職への対応など）がより重視され得ること。この点はとくに，勤続にともなう賃

第6章　高度経済成長下ベトナムにおける新しい労働者層の形成と展望　213

金増の恩恵を受けられない入職間もない労働者たちの離職率が劇的に低下していることに示されているといえよう。

　第二に，2007年から操業を開始し，しだいに勤続期間が長い労働者が蓄積されるなかで，習熟度による競争的手当が得やすく，あわせて役職への抜擢によって職務手当を得られる可能性が高まり，離職率が時間の経過とともに低下する労働者の割合が多くなってきたことが，離職率の傾向的な低下に貢献していると考えられる。この傾向には，30代を迎えるようになった労働者には，周辺労働市場で転職先がないという事情も加味される必要がある。こうしたＡ社労働者構成における勤続者・年配者の蓄積による離職率の傾向的低下は，法定最低賃金の実質的な上昇によっても強められている。そのことは，勤続期間との関係で，一部例外はあるものの前掲表6-6によっても確認できる。

　2．余裕資金運用パターンの変化

　2011年調査では賃金受け取り後の使い道についても聞き取っている。未婚の生産労働者の多くは，バイクのガソリン代や朝食代など通勤費用やその他の日常生活費を除いて，残った分は母親に渡しており，母親が収入を管理しているとされていた。また既婚の場合でも，同居する実母や義母が収入の管理をしているという場合がみられた。これらの収入は，世帯全体の生活費等にあてられ，一部が余裕資金になっていたとみられる。余裕資金の運用については，労働者の将来の結婚資金として貯蓄されているという回答がみられたものの，詳細は不明であった。

　他方で，既婚で子どもがいる場合，貯金するだけの余裕がないことが多かった。生産労働者同士で結婚し共働きをしているような場合であれば，幾分かの貯金ができていたが，多くはいわゆるタンス預金であり，金融資産としての運用はほとんどみられなかった。

　おもに2011年調査時に聞き取り対象であった生産労働者を中心に再度聞き

取りを行った2016年調査時には，こうした賃金受け取り後の扱い，とくに余裕資金の運用パターンに大きな変化が確認された。2011年調査ではほとんどみられなかった社内での無尽講（hụi）が広範にみられたのである[21]。一般的なものでは，労働者同士20人前後でグループを形成し，1人月50万ドン，多い場合に月100万ドンを拠出する。有利子で，詳細が判明した事例からの推定では利率は24％であった。複数の無尽講グループに参加している場合も多くみられ，夫婦でA社に勤務しているような場合には，1人分の月収のほぼすべてを複数の無尽講につぎ込んでいる事例さえあった。

　これらの無尽講に参加するおもな目的は，住宅建設，家具・バイク等の耐久消費財の購入など，まとまった資金が必要な際の資金調達である。生産労働者の話では，2～3年前から積極的に無尽講を始めたという。それ以前は，母親が手渡された給与のうちの余裕部分を，近所付き合いのある知人らとの無尽講で運用し，結婚資金等の準備をすることもあったという事例が2016年調査では確認された。

　また別の男性労働者の事例では，かつては自宅のある村で，自ら近所付き合いのある知人とのあいだで無尽講に参加していた。しかし，農業従事者の多い知人相手では余裕資金が生じるタイミングはより断続的で，数カ月に1回の拠出であったため，まとまった資金の調達または利子の受け取りにも時間を要した。そのため毎月の拠出で資金を回せる生産労働者同士での無尽講に参加するようになったという。

　小口の余裕資金しかない人々にとって，無尽講すなわち回転型貯蓄信用組合の利用が，高利貸しはもとより市中銀行を利用することよりも，信用の面でも貯蓄の面でも理にかなったことであることは，近年，A・V・バナジーとE・デュフロ（2012, 243-252）が説得的に論じていることでもある。A社労働者の場合も，小口の余裕資金は必要に応じて農村インフォーマル金融の延長として運用されていたことであろう。今回確認された社内無尽講については，賃金上昇という局面に至って増加した余裕資金が，同じく賃金上昇による耐久消費財への消費性向の伸びを背景に，より積極的な運用を目的に生

産労働者のネットワークの場に持ち出され，社内でのインフォーマルな貯蓄信用システムの成立を促した結果と考えられる。

3．生産労働者の展望

前述のとおり2011年調査時には，生産労働者のあいだでの低賃金感は広範にみられた。そのためＡ社での勤続を明確に展望する者も少数にとどまっていた。勤続にともなって一定の賃金上昇がみられた古参の労働者にも低賃金感はみられ，潜在的な離職・転職動機は小さくないと観察された。他方で，2011年にすでに在籍していた労働者に対する聞き取りであったという限定はあるものの，2016年調査時には，そうした低賃金感を含め現職に対する不満は劇的に低減し，勤続の展望も明確に語られていた。

また2011年調査時には，幾人かの労働者は親の農業を手伝い，また親から相続した土地で配偶者とともに農業に携わっていた。30歳代後半の男性労働者のなかには，将来的に親の農業も継ぎながら，工場勤務を続けることを展望する者もいた。それが2016年調査になると同じ労働者の展望として農業就業の可能性は小さくなっていた。農業との兼業を展望していた同じ労働者が，親の土地はいずれ賃貸するという選択を展望するようになっていたことに典型的に現れている。小規模農業を維持し被雇用と組み合わせる多就業は，低所得者によるリスク・ヘッジのひとつと理解できる。被雇用部門において，常雇いによる雇用安定だけでなく所得水準向上が期待できるようになれば，非効率な多就業を維持する意味合いは低下していくのが当然といえよう。夫婦ともに工場生産労働者という労働者も増えているように見受けられ，この傾向が次の世代へと継承されるようになれば，ベトナムの外資企業労働者層においても，自己の階層の再生産が始まると考えられる。

ベトナム北部で2009年と2011年に実施した労働調査では，生産労働者のほとんどが高卒者であったこともあり，低賃金の不熟練労働者であり続けることに将来展望を見いだせない労働者たちには，大学再受験や専門学校を利用

したキャリアアップをはかろうとする上昇志向がみられた（藤倉 2017, 213）。他方で，初等中等学歴の南部の生産労働者たちには，不熟練労働者であることへの諦念のようなものがうかがえた。古参の生産労働者のなかには管理職に昇進する例がみられたものの，そうしたポストが限られているだけでなく，より上位の職階への昇進は学歴によって閉ざされていた。そうしたなか，近年の賃金引上げによる所得向上は，生活の質の向上などを通じて，自らの所属階層を自己肯定する契機となり得る。

おわりに

　過去10年ほどのあいだに，ベトナムの高度経済成長が外国資本への依存を強めるにしたがって，ベトナムに工場を移転してきた外資企業の雇用規模も急速に拡大してきた。こうして生まれた労働市場では，近年教育水準を高めてきた若年層が職を求め，新たな労働者層を形成してきている。A社での調査結果が明らかにしたことは，この若年層が，既存の労働者層の出身ではなく，農村のおもに農民層を出身階層としているということである。被雇用者としても，多就業のなかでの随時的不安定な雇用ではなく，常雇いの安定した雇用への世代間移動が認められた。ただし，この労働者層は，学歴差によって管理・事務を担う職員層とは隔てられ，世代内階層移動の展望は限られたものであった。

　かつて筆者は2011年までの調査結果をもとに，労働集約型外資企業の労働者について，低賃金をはじめとした不利な労働条件を出身農村からの通勤形態をとることで，小規模稲作農家である実家から得られる経済的・社会的な便宜で補っていることを指摘した。これを「在郷通勤型就労」と称して，労使紛争が頻発していた外資企業における相対的労使関係安定の現象として論じた（藤倉 2017, 256-262）。

　しかし，続く5年のあいだに，生産労働者を取り巻く境遇は大きな転機を

迎えている。2011年以降の法定最低賃金引上げという政府の賃金政策によって，Ａ社では，生産労働者の所得が大きく向上していた。それにともなって，離職率の劇的な低下や，就業意識の変化，余裕資金の運用パターンに至るまで広範な変化が確認された。低賃金労働者であることの閉塞感を農村社会経済への依存によって補っているかにみえた労働者に，工場の生産労働者として生計を営むことへの展望がみられるようになってきている。あくまで，この章での調査対象であるＡ社におけるケーススタディではあるが，今後より一般的に社会的カテゴリーとしての労働者層の動向を研究する際にも，この賃金上昇という転機は重視されるべきものと考える。

〔注〕

(1) 党関係職員を含めた公職者・公務員などであり，国有企業以外の公的な現業部門（教育や保健・医療など）の従業者を含む。

(2) 就労選択の自由が制限されていたもとで，行政的な労働力配置の政策に基づいて労働者となった者は，懲戒を除いて解雇されることのない事実上の終身雇用制を前提に，社会保険や住宅などの労働者向け社会政策の享受者であった。

(3) 市場経済化以前の労働者層の規模を把握するには困難がともなう。公刊されている統計資料の少なさだけではない。民間部門の雇用については，そもそも統計上の項目として存在していない。国有企業や合作社を重視する当時の法令や政策から，民間部門での雇用の余地がごく限られたものであったと推測できるが，皆無であったとは考えにくい。

(4) この没落の理由の詳細は不明である。ただし，いくつかの断片的な事実からは，東欧・ソ連での政変によって，こうした鉱工業生産合作社が担う小手工業品の有力な市場が喪失したことも一因であると推察される。また，石川（1999, 23-24）が指摘している市場経済化初期の自由放任的政策によって，協同組合的生産が急速に解体して，同時に急増する私的生産に置き換わっていったとも考えられる。いずれにせよ，市場経済化初期の経済史研究における今後の課題である。

(5) 本章では，民間・外資企業や小規模事業体を含む非国家セクターでの雇用部門のことを「民間被雇用部門」と呼ぶ。

(6) 国有企業と官公部門を合わせた国家セクターの被雇用者は，1996年以降増加に転じるが，それはおもに官公部門の増加による。2012年時点での国家セ

クター被雇用者の内訳は，国有企業で167万人，官公部門で341万人である（GSO 2013）。

⑺　民間企業の7割近くの約27万社は，従業員規模10人未満の零細企業である。零細企業の割合は，2008年の6割弱（20万社中11万社）から上昇している。

⑻　外資企業の従業員規模別割合は，10人以上300人未満の中小企業が最も多い6割（約6700社）を占めるが，300人以上の大企業も2割近く（約2000社）を占めている。

⑼　経済状況や物価水準などを基準に全国をいくつかに区分して設定されている。2008年以降は，大都市圏に適用される第1区以下，第1区最賃額のおよそ9割水準の第2区，同8割の第3区，同7割の第4区の4区分が設定されている。

⑽　2017年1月改訂での引上げ率は，前年までの14〜15％水準から7％に急落した。

⑾　筆者による従業員に対するインタビュー調査は，2009年10月に91人，2011年5月に100人，2013年6〜7月に58人，2016年8月に40人に対して実施している。

⑿　親の学歴情報は，2016年調査票調査に基づいた生産労働者344人分，管理・事務職員34人分を用い，自身の学歴情報と両親の職業情報については，2011年のインタビュー調査の結果から，それぞれ35人分，11人分を補っている。

⒀　1980〜1984年生まれの労働者の平均就学年数は，男性10.4年に対して女性8.4年，1970年代生まれでは，男性10.7年に対して女性6.1年と，男女で数年の格差がある。

⒁　近年のベトナム労働市場における若い大卒者の就職難や業種ミスマッチについては，伊藤（2016）や藤倉（2017, 63-64）を参照。

⒂　医療専門中等学校を卒業して，軍の医療機関で6カ月看護師をしていた職員が1人。彼女の両親は，ともに軍関係者である。A社での当該職員の職務は会計である。

⒃　各年の在籍者数は，調査時点での人数である。調査は毎回，年後半から始まる生産最盛期を避けて年半ば前後に実施している。そのため，調査後のその年内に新規採用が多くあった場合，翌年調査時における前年入職者の人数が，前年調査時よりも多いことが起こる。たとえば，図6-4で，2012年在籍の2011年入職者数が，2011年在籍の2011年入職者数よりも多いのはそのためである。

⒄　30代で離職率が半数近くへとふたたび上昇しているが，男性では2013年時点の30歳代の在職者数がもともと少ないので断定は難しく，聞き取りからもこうした数字が現れる背景は明らかではない。

⒅　乳児保育の要望はあまりみられず，乳児の養育は基本的に近親者が担うも

のという観念がうかがえた。したがって乳児養育には，保育所の有無よりも，養育を担い得る親などの近親者に乳児を預かる条件があるかないかの方が重要となっていた。

⒆　生産最盛期の人材確保を目的に，当該職務を担当していない平時にも支給される場合もあるため，職能給的な性格も有する。

⒇　メコンデルタでの農村調査に基づく農業収入と賃労働収入の比較は，藤倉（2013）を参照されたい。

(21)　無尽講とは世界各地にみられるインフォーマル金融で，途上国研究では総称として回転型貯蓄信用組合（Rotating savings and credit association: ROSCA）と呼ばれることがある。日本語ではほかに，無尽，頼母子，頼母子講などの呼び名がある。

［参考文献］

＜日本語文献＞

石川滋 1999.「ヴィエトナム市場経済化協力の経験」石川滋・原洋之介編『ヴィエトナムの市場経済化』東洋経済新報社　3-37.

伊藤未帆 2016.「現代ベトナムにおける学歴エリートのキャリアパス——制度論的アプローチに向けた予備的考察——」（荒神衣美編「2000年代ベトナムにおける新たな社会階層の台頭」調査研究報告書　アジア経済研究所　78-118　http://www.ide.go.jp/Japanese/Publish/Download/Report/2015/2015_C09.html）.

橋本健二 2011.「労働者階級はどこから来てどこへ行くのか」石田浩・近藤博之・中尾啓子編『現代の階層社会2　階層と移動の構造』東京大学出版会　53-69.

バナジー，A・V.／E. デュフロ 2012.（山形浩生訳）『貧乏人の経済学』みすず書房（Abhijit V. Banerjee, and Esther Duflo, *Poor Economics: A Radical Rethinking of the Way to Fight Global Poverty,* New York: PublicAffairs, 2011）.

藤倉哲郎 2013.「ベトナムにおける地方雇用機会と農村世帯の就業・家計構造——カントー市ハウザン河氾濫原の一農村における現状から——」坂田正三編『高度経済成長下のベトナム農業・農村の発展』アジア経済研究所　149-176.

——— 2017.『ベトナムにおける労働組合運動と労使関係の現状』東海大学出版部.

220

＜英語文献＞

GSO (General Statistics Office) 2004. *The Real Situation of Enterprises Through the Results of Surveys Conductied in 2001, 2002, 2003*, Ha Noi: Statistical Publishing House.（英越併記）

——— 2009. *The Real Situation of Enterprises Through the Results of Surveys Conductied in 2006, 2007, 2008*, Ha Noi: Statistical Publishing House.（英越併記）

——— 2011. *Labour and Employment Survey Data Warehouse* (http://portal.thongke. gov.vn/khodulieuldvl/, 2012年３月12日アクセス)（英越併記）

——— 2013. *Results of the 2012 Establishment Census*, Ha Noi: Statistical Publishing House.（英越併記）

——— 2016a. *Statistical Yearbook of Vietnam 2015*, Ha Noi: Statistical Publishing House, Ha Noi.（英越併記）

——— 2016b. *Business Results of Vietnamese Enterprises in the Period 2010-2014,* Ha Noi: Statistical Publishing House.（英越併記）

MoLISA (Ministry of Labour-Invalids and Social Affairs) 2006. *Statistical Data of Employment and Unemployment in Vietnam1996-2005,* Labour Ha Noi: Social Publishing House.（英越併記）

MPI (Ministry of Planning and Investment) and GSO 2008. *Foreign direct investment in Vietnam: 7 years at the beginning of century 21ˢᵗ*, Ha Noi: Statistical Publishing House.（英越併記）

＜ベトナム語文献＞

Bùi Thị Thanh Hà 2003. *Công nhân công nghiệp trong các doanh nghiệp liên doanh ở nước ta thời kỳ Đổi mới*（ドイモイ期わが国の合弁企業における工業労働者）, Nxb.Khoa học xã hội（社会科学出版社）.

Đỗ Minh Nghĩa 1995. "Thực trạng và giải pháp"（現状と解決策）, *Tạp Chí Công đoàn*（労働組合雑誌）, số 177: 2-3.

終　章

閉鎖的社会における安定性の担保

荒　神　衣　美

　ドイモイ路線が採択された1980年代半ば以降のベトナムでは，職業階層で
みた社会構造にほとんど変化がみられないという状況が続いている。そうし
たなか，本書は，職業階層内部での変化・多様性に注目し，上層と下層とに
位置づけられる職業階層の形成過程や分化状況を，歴史，制度，経済の諸側
面から精査してきた。各章の議論からは，総じて現代ベトナム社会が閉鎖
的・固定的な上層と，流動的かつ多様な中・下層とに構成されていることが
見いだされる。

　各章の論考は，基本的に現役世代の実態に焦点を当てたモノグラフであり，
世代をまたぐ変化の分析に十分に踏み込めたとは言い難い。そのような限界
を抱えつつも，社会階層研究の萌芽期にあるベトナムにおいて，各論考で提
示された詳細なデータ・分析の双方は，今後のベトナム社会階層研究の礎と
して重要な意義をもつと考える。

　終章では，各章で明らかになった実態を総括しつつ，それが社会的安定と
いう問題にどのような示唆を与えるのかを考察する。

第1節　上層の閉鎖性

　まず本書では，上層に位置づけられる職業階層（指導層，企業経営者層，高

度専門技術職層）のかなりの部分が国家セクターとのかかわりのなかで形成されており，そこへの参入には強い閉鎖性がともなうことが浮き彫りにされた。

　社会階層の最上位に位置づけられる党・国家指導層へ参入するには，大卒以上の高学歴のみならず，党員資格，また親族や知人を介した政治的コネクションを持ち合わせたうえで，まずは政治システムのなかに職を得る必要がある。そこから高級幹部に登用されるには，属性，出身部門，出身地域などからみたバランス（「構成」）に見合った条件を，時宜を得て備えていることが重要となる（第1章）。党・国家指導層に参入するうえでは，個人の能力・努力ではどうにもならない条件があまりにも多い。

　計画経済期とは異なり，ドイモイ期には党・国家指導層にならずとも高い経済的・社会的な地位を得ることができるようになった。とはいえ，指導層以外の上層職でも，参入にあたっては個人の能力・努力以外の条件が強く影響している。企業経営者の様相には企業形態によるちがいがみられるものの，株式上場するトップ企業で経営の主導権を握る会長職ともなると，国有企業でも民間企業でも，その多くが依然として国家セクター出身者に占められている（第2章）。大卒者全体に国家セクターへの就職志向が根強いのは，第3章で指摘される給与の高さや安定性に加え，国家セクター勤務に付随してさまざまなメリットがあるという理由もあるのかもしれない。しかし，大卒という資格を得ること自体は広く大衆に開かれたものの，国家セクターへの入職，また同セクターへの転職を実現しているのは，伝統的な国公立大学の出身者に偏っている。

第2節　抑えられてきた社会の不安定化

　このような上層の閉鎖性にもかかわらず，これまでのところ，そうした不公平性をともなう格差に対して爆発的に不満が表明されるような状況には至っていない。世界銀行（以下，世銀）の調査によれば，都市部では不公平性

をともなう格差に対して懸念が強まっているものの，人口の7割弱が居住する農村では格差への意識が弱く，また格差の規定要因を能力・努力ととらえる傾向も強い（World Bank 2014）。世銀はとりわけ農村で格差への懸念が弱い理由として，格差が可視化していないことを挙げるが，理由はそれだけではないだろう。市場経済化が本格化した2000年代以降のベトナムには，次のような点で，政治的コネクション，国家セクターとのつながり，居住地の地理的優位性といった条件をもたない人々にも経済的・社会的な上昇への希望をもつ余地があったことが，社会的不満を抑える要素になってきたのではないかと考える。

1．上層のなかに生まれた新たな層

まず，上層への参入は閉鎖性が強いとはいえ，完全に閉ざされてきたわけではない。指導層については基本的に閉じたシステムのなかで形成されているものの，企業経営者層や高度専門技術職層への参入には，わずかながら開放性も垣間みられる。1990年代以降，大学の数および各大学の受け入れ人数が大幅に増加したこと，また2000年以降の市場経済化の本格化にともなって非国家セクターが拡大したことも相まって，伝統的な国公立大学を卒業して国家セクターで高度専門技術職につくという道以外に，私立を含む新設の大学へ進学し，非国家セクターへ入職するという道も開けた。第3章の分析によれば，大卒者が民間・外資企業で得ている給料は，国有企業のそれには及ばないものの，官公部門の給料と比べると高い傾向がある。

こうした大卒者のキャリアパスの多様化も影響してか，2000年代以降，企業経営者層のなかにも新たな層が生まれている。大企業の経営者層でみると，国有企業の会長・総社長，および元国有企業と純粋民間企業の会長は依然として国家セクター出身者が大勢を占めるが，元国有企業と純粋民間企業の総社長職では，国家セクターでの勤務経験がない高度な技能をもつ若手が就任するという動きが生じている。また，中小・零細企業も含む企業の経営者総

数は，1997年の5万人から2015年には157万人まで急増しており，企業形態・規模の多様化のなかで，企業経営者層への参入機会が大幅に拡大したことが見て取れる（第2章）。

上層のなかに上記のような開放性が芽生えたことは，人々に一定の希望を与えてきたといえるだろう。企業経営者が人々の評価や尊敬の対象となっていること（第2章），希望する職業への就職が保証されないにもかかわらず強まる学歴信仰（第3章）が，その証左である。人々は企業経営者や高度専門技術職層として台頭する人を必ずしも不当に出世したとはみなしておらず，学歴を得れば自らも上層に参入できるという希望をもってきたと考えられる。

2. 下層の経済的上昇

また，職業階層からみて下層に位置づけられる層のなかにも多様性が生じており，職業的には下層もしくは中下層にとどまりつつも，十分な経済的豊かさを享受する機会が存在してきたことがうかがえる。農民層は固定的階層とされつつも，その実は，職業的には「農民」のまま，中下層から下層に当たる職業からの多様な収入を組み合わせて生計を立てている。農民層の非農業活動への依存度は，各農村の発展方向性によって異なるものの，農業に比重をおく農村でも，非農業に比重をおく農村でも，農民層のなかに農業・非農業所得を組み合わせて，全国レベルでみた経済的上層に匹敵する所得水準を達成する層が出てきている（第5章）。また農民層には，兼業以外に，中下層に当たる職業階層へ移動をするという道も開けている。北部農村の事例では，農民層が自営業者となることで，経済的・社会的な上昇を果たす姿が描き出された（第4章）。

そうしたなか，単純労働は低賃金および不安定雇用ゆえ，上記のような農業・自営業世帯の兼業とされることが多く，労働者層の存立基盤は非常に脆弱で不安定というのが一般的な認識である。しかしそのなかにも，余剰資金を運用にまわせるような経済的余裕のある層が出てきている。少なくともメ

コンデルタ地方都市に所在する一外資企業の労働者は，最低賃金の引き上げ政策を背景とする賃金上昇を契機に，それまでの不安定な存在から，「労働者」として生計を立てられる安定的な層に変容している（第6章）。

このように，高度経済成長期にあった2000年代ベトナムでは，おもに農村部に居住する下層の職業層にも豊かになる（あるいは，豊かとはいえないまでも一定の経済的余裕をもてる）機会が開けていた。結果的に，中国で生じているような都市・農村間格差の拡大，それを引き金とする農村民の都市への大量流入は，ベトナムでは限定的にしか起こっていない。このことは，上層への参入がわずかながら開かれていたことと並んで，社会に対する不満を抑える要素になってきたと考えられる。

3．下層への政策的配慮

以上のような下層の経済的上昇の背景として，政策における下層への配慮についても若干ふれておきたい。2001年の党大会政治報告で，党はすでに階層間格差に対する人々の不満の高まりへの認識を示している。その後の継続的な最低賃金引き上げ，2013年改正土地法における農地使用期限の長期化，2015年の社会保険法の規定再改正による，定年前に退職する労働者への年金の一時金支払いの容認，2016年発足の新指導体制で示された個人基礎の企業への格上げ方針などは，拡大が予想される下層の不満に対処するための策ととらえられる。

社会に対して不満をもつ層の拡大は，体制を揺るがす要因にもなりかねない。下層の社会的包摂は，社会主義体制を維持するうえで重要な課題であり，党・国家は下層の不満が体制を揺るがすほど大きくなる前に抑える対応をとってきた。このことも，これまでのベトナム社会の安定に少なからず貢献してきたといえるだろう。

第3節　社会的安定は続くのか？

　以上のように，2000年代以降のベトナム社会では，上層が基本的に強い閉鎖性のもとで固められているなか，企業経営者層や高度専門技術職層への参入において能力・努力で切り開ける道が出てきたり，下層の職業層にも経済的上昇の機会があったりしたこと，また下層への政策的配慮があったこともあり，社会的不満の拡大が抑えられてきた。しかし，こうした状態は静態的なものではない。本書の各章で明らかになった実態からは，新たな不満の芽がいくつか見いだされる。

　ひとつは，上層のなかでの分断が顕著になり始めていることである。国家セクターとのかかわりのなかで形成され，閉鎖性のなかで守られてきた，いわば伝統的な上層の資源保有は，いまや圧倒的なものとなっている。全体的に非常に学歴が高く，経済的な豊かさも突出している。統計でその経済的な豊かさが確認できる企業経営者だけでなく，党・国家指導層の経済的資本の蓄積規模も，市場経済化による経済機会の増大とそこでの特権的権力の行使により，計画経済期の比ではなくなっている（第1章）。高度専門技術職層では，参入への障壁が高い国有企業の就労者の賃金だけが突出して高い（第3章）。

　そうしたなかでとられてきた柔軟な上層参入策は，人々に希望を与えてきた反面，「妥協の産物」という側面が否定できない。企業経営者については，元国有企業と純粋民間企業の総社長職につく機会には開放的な面がみえてきたものの，経営の実権を握る会長職は依然として国家セクター出身の旧世代に占められている。新たに就任した総社長らは，家族ぐるみでの自社株式保有や経営ポストへの就任などの恩恵はほとんど享受しておらず，経営と所有を実質的に支配する会長一族との格差は大きい。また，上位上場企業で会長職や総社長職につく人々自体，企業経営者層全体からみればかなりの上澄みであり，2000年代以降のさまざまな環境変化のなかで新たに企業経営者とな

った人々には，不況ともなれば活動停止に追い込まれるような脆弱な中小・零細企業の主のほうがむしろ多い（第2章）。大卒者層のなかに新たに開けた非国家セクターへの就職というキャリアパスは，高度専門技術職の労働市場において国家セクターと非国家セクターとのあいだに何らかの障壁があるなかで，新設大学の出身者，または伝統的国公立大学に入学したものの就職にあたっての縁故・紹介ルートをもたない地方出身者が選んできた道であり，彼らのなかにはこの妥協に対する不満が見え隠れしている（第3章）。

　もうひとつは，下層に身近なところでの不公平である。農業に比重をおく農村では，親の農地保有規模が経済階層を規定する重要な要因になっており，そこでの格差は，新たに生まれた稲作関連ビジネスによって，さらに広がる傾向にある（第5章）。外資企業に勤める労働者は，同じ企業に勤める管理・事務職員とのあいだで，出自および学歴の歴然たる差に直面している（第6章）。農村部の人々が下層からの経済的・社会的な上昇の手段として選好する自営への道は，企業を立ち上げるのが困難な層のやむを得ない選択ともとれる。起業する業種も食品加工，手工業，販売といった初期投資の比較的小さいところに限られており（第4章），企業経営者層との経済的・社会的な地位の隔たりは否めない。

　山田（2007）によれば，ある程度の経済水準が達成されると，人々は経済的達成よりも地位など質的な達成を求めるようになり，そこに納得できないような不公平性をともなう格差があると感じる人が増えると，社会秩序が不安定になるという。2008年に中所得国となったベトナムは，2011年以降，成長の質が重視される時代に入っている。そして，社会に対する不満はいまのところ大きなうねりとして表出してはいないものの，2012年にはハイフォン市で地方当局による強制的な土地収用に対して，土地使用権者であった漁民が武装抵抗をしたり，2013年には知識人らが1992年憲法改正にかかる建議書を公表し，共産党の指導的役割や経済における国家部門の主導的役割など，社会主義の根幹にもかかわる規定についての見直しを訴えたりと，富・権力分配の不公平性に対する不満の表明ととれる動きが，各所で少しずつ表面化

している。本書における各職業階層内部での分化・多様化の精査を通じて見いだされた，上層のなかの新たな分断，また下層が身近で直面するようになった機会の不平等が，今後，少しずつ表面化し始めた社会的不満をさらに増幅させる可能性は否定できないだろう。

　以上，本書で明らかにされた現代ベトナムの社会発展の様相は，同じ社会主義体制をとる中国の状況（園田 2008）と多くの共通点をもつ。とりわけ，社会主義と市場経済が絡み合いながら社会が形成された結果として，党・国家指導層が政治的資本，文化的資本のみならず，経済的資本をも掌握する，圧倒的エリートとしての地位を固めているという点は，中国と非常に似通っている。一方で，都市・農村の分断が顕著にみられないという点では，中国とは異なる社会のあり方を示しているといえる。中国との類似点と相違点，またその要因を精査することは，ベトナムの社会主義社会発展に独自の特徴を見いだすうえで不可欠な作業であるが，本書ではそこまでの議論には至らなかった。今後の重要な研究課題である。

［参考文献］

＜日本語文献＞
園田茂人 2008.『不平等国家　中国——自己否定した社会主義のゆくえ——』中央
　　公論新社.
山田昌弘 2007.『希望格差社会』筑摩書房.

＜英語文献＞
World Bank 2014. *Taking Stock: An Update on Vietnam's Recent Economic Developments,*
　　Hanoi: World Bank in Vietnam.

索　引

【アルファベット】

GSO（General Statistics Office）／TCTK
（Tổng Cục Thống Kê：ベトナム統計
総局）　3, 6, 30, 34, 52, 106, 188

ILO（International Labour Organization：
国際労働機関）　130

VLSS（Viet Nam Living Standards Sur-
vey：ベトナム生活水準調査）　57,
129, 130, 151

VHLSS（Viet Nam Household Living
Standards Survey：ベトナム家計生
活水準調査）　6-9, 13, 14, 30, 34, 100,
125, 126, 130, 131, 133, 134, 136, 139,
141, 148, 157, 159, 167, 186

WTO（World Trade Organization：世界貿
易機関）　61, 73

【あ行】

アンザン（An Giang）省　162-164
移行経済　4, 12, 19, 89-92, 117, 128, 129
稲作　135, 140, 141, 159, 167-169, 174-
180, 197, 199, 200
汚職　25, 29, 34-36, 43

【か行】

階級
　社会主義的な――定義　4
　マルクス――論　5, 8, 21, 126, 127, 152,
　158, 160
外資企業　15, 75, 78-80, 89, 93, 107, 108,
117, 140, 142, 145, 185-193, 203, 205,
206, 216, 223
階層
　社会――　4, 6-8
　職業――　4-13
　――移動　125, 126, 140, 186, 197-200,
　216
　――序列　6-9, 15, 152
　――分類　4, 6, 9

開放性（的）　4, 5, 14, 20, 82, 98, 102,
113, 131, 133-135, 148, 151, 223, 224,
226
格差・不平等　3-6
学歴　4, 9, 14, 42, 44, 57-59, 69, 70, 78,
80-82, 90, 114-116, 118, 129, 140,
145-148, 151, 172-175, 182, 196, 197,
202, 216, 224, 226, 227
　大卒　14, 42, 59, 69, 89, 90, 117, 118,
　195, 197, 202, 222, 223, 227
　留学　69, 70, 95-97
家族
　――による資産の集中的保有　24, 35,
　43, 70, 72, 81-83
　――の事情　175, 210
　――背景（出身階層）　4, 25, 44, 147,
　148, 151, 170-172, 197
家内企業　15, 126, 127, 150, 152
官公部門→国家を見よ
幹部　21-25, 27, 32, 35-44, 58, 95, 97, 129,
148, 162, 169, 222
　――・公務員法　21, 27
起業　12, 15, 79, 80, 146, 179, 180, 227
企業経営者　6-9, 12, 14, 29, 30, 34, 51-
53, 148, 152, 153, 222-224, 226, 227
キャリアパス　14, 41, 76, 78, 80, 93, 110-
115, 117, 223, 227
軍　23, 39, 42, 55, 58, 77, 132, 134, 142-
144
計画経済　23-25, 69, 90-98
経済的資本→資本を見よ
兼業　15, 131, 134, 135, 137, 151, 197-199,
215, 224
権力　4, 13, 22, 28, 33-36, 43, 226, 227
工具・職人　6, 7, 186
紅河デルタ　65, 68, 100, 101, 140, 159,
161
高等教育　25, 58, 59, 93-99, 101, 197
　――の大衆化　14, 90, 98, 100, 101, 113,
　114, 117, 118
高度経済成長　3, 61, 143, 152, 185, 187,
225

高度専門技術職　6, 7, 12, 14, 106, 107, 143, 223, 224, 226, 227

公務員　21, 24, 26, 29, 33-35, 42-44, 58, 198

国有企業　9, 20, 28, 42, 51-55, 57-62, 64-67, 69-71, 73-83, 93, 104-108, 112, 113, 117, 152, 153, 185, 187, 188, 190-192, 200, 222, 223, 226

　　元——　14, 60, 65-73, 76-78, 81-83, 153, 223, 226

　　——グループ　61, 73, 75-78, 81, 83

個人基礎　9, 54, 57, 58, 78-80, 82, 141, 143-148, 150, 152, 153, 179, 225

国家

　　法治——　26, 32, 33, 43

　　——機関　20, 21, 26, 28, 38, 39, 55, 77

　　——経済集団　62, 65, 73, 75, 76

　　——セクター　14, 15, 52, 55, 57, 58, 74-83, 91-93, 96, 97, 104-106, 110-118, 185, 187, 222, 223, 226, 227

　　官公部門　104-108, 112, 117, 185, 187, 223

コネクション　4, 12, 14, 29, 44, 52, 54-56, 68, 116, 118, 222, 223, 227

雇用労働　130, 140, 141, 143, 145-147, 150-152

【さ行】

最低賃金　15, 188, 191, 192, 206, 211-213, 217, 225

自営業　8, 9, 12, 15, 81, 125-130, 136-139, 141-152, 168, 169, 179, 180, 182, 198-200, 206, 224, 227

自家雇用　126-129, 145, 147, 152

資産　4, 13, 34, 35, 43, 70, 72, 213

市場経済化　3, 5, 12-14, 19, 20, 25, 26, 28, 43, 91, 92, 118, 128, 185, 187, 223, 226

指導層　6, 7, 9, 12-14, 20-21, 30-32, 55, 135, 143, 144, 169, 222, 223, 226

ジニ係数　3, 166

資本　12

　　経済的——　4, 8, 9, 20, 157, 226, 228 →資産，所得／給与／賃金も見よ

政治的——　4, 12, 129, 130, 147, 151-153, 228 →コネクション，党員資格も見よ

文化的——　4, 8, 9, 157, 228 →学歴も見よ

事務職　6, 7, 185, 186, 193-200, 202, 206, 216, 227

社会

　　——階層→階層を見よ

　　——的安定　4, 5, 7, 16, 153, 227

　　——的不満　4, 7, 118, 222, 223, 225-228

社会主義　21-23, 95-97, 185, 225-228

就職　12, 14, 90-92, 96, 105, 112, 113, 116, 222, 224, 227

出身地域／出身地　14, 40, 68, 97, 100, 101, 114, 115, 195, 222

証券市場　14, 61-63, 73, 82

　　ホーチミン証券取引所　14, 52, 62, 63

職業　4

　　ベトナム統計総局（GSO）の——分類　6, 30, 52, 131, 141, 186

　　——威信　6, 7

　　——移動　15, 126, 130-134, 137, 139-145, 147, 148, 151, 186

　　——階層→階層を見よ

　　——訓練　58, 59, 67, 201

　　——分配制度　14, 90-92, 96-98, 105, 111, 113, 117

所得／給与／賃金　4, 9, 26, 29, 34, 35, 106-109, 112, 139, 148-151, 167-169, 188, 192, 211-213, 216, 224

政治エリート　20, 21, 43, 44

政治局→党（共産党）を見よ

政治の資本→資本を見よ

世代間移動　4, 130, 148, 151, 165, 186, 197-200, 216

専業村　137, 140, 145

創業　73, 77-80

総公司　35, 52, 62, 63, 65, 73, 76, 77

ソビエト連邦（ソ連）　21-23, 32, 69, 90, 91, 95

【た行】

タイグエン（Thái Nguyên）省　139, 140
大卒→学歴を見よ
地位　4, 12, 13, 20, 23, 24, 42, 43, 90, 97,
　　118, 185, 222, 227
　　──の非一貫性　7, 169
地域性（差）　5, 9, 15, 161
地方政府　42, 75, 77, 79, 162
中央委員会→党（共産党）を見よ
中国　7, 19, 32, 89, 91, 93, 127-129, 225,
　　228
ティエンザン（Tiền Giang）省　162-164
低賃金感　206, 210, 215
転職　73-81, 109-115, 117, 187, 188, 201,
　　206, 222
ド・ティエン・キン（Đỗ Thiên Kính）
　　6-9, 12, 19, 30, 125, 131, 133, 136,
　　152, 157
ドイモイ　5, 20, 23, 25-29, 36, 39, 43, 51,
　　52, 54, 55, 98, 99, 111, 117, 118, 125,
　　159, 161-163, 221, 222
党（共産党）　26-28
　　──・国家官僚　22-25, 27
　　──員資格　9, 12, 14, 43, 44, 129, 222
　　──員数　32
　　──書記長　23, 26, 27, 38
　　政治局（員）　24, 27, 37, 38, 40-42
　　中央委員（会）　24, 27, 37, 38, 40, 43
東欧　21, 23, 69, 91, 95, 128, 129
東南部　9, 65, 68, 100, 161

【な行】

農地保有　9, 15, 140, 141, 159, 160, 169-
　　171, 173-182
農民層　4, 6, 7, 9, 12, 15, 97, 116, 133, 152,
　　157, 158, 198-200, 224, 227
　　──分解論　15, 158, 173, 181
ノーメンクラツーラ　21-23, 32, 43

【は行】

ハノイ市　6, 14, 35, 44, 93, 98, 100, 102,
　　104, 113-116, 195
バクザン（Bắc Giang）省　140
貧困削減　125, 129, 160
副業　131, 134, 135
不公平性　4, 116, 118, 153, 222, 227
文化的資本→資本を見よ
閉鎖性（的）　14, 16, 20, 58, 59, 83, 97,
　　125, 133, 134, 148, 151, 221-223, 226
閉塞感　7, 15, 118, 217
ベトナム統計総局→GSOを見よ
法治国家→国家を見よ
ホーチミン市　43, 55, 56, 65, 68, 100, 195
北部山地　65, 100, 101, 140

【ま行】

民間企業　14, 28, 29, 33, 51-56, 60, 61, 64,
　　65, 67-69, 70-73, 78-83, 89, 93, 105-
　　108, 117, 152, 187-192, 222, 223, 226
メコンデルタ　15, 65, 100, 159-162, 181,
　　193, 225

【ら行】

離職　203-213, 217
留学→学歴を見よ
流動性（的）　5, 7, 16, 221
労働市場　91-93, 96, 98, 105, 111, 112,
　　115-118, 151, 187, 200, 208, 213, 216,
　　227
労働者　4, 12, 15, 97, 185-193, 224, 225,
　　227
　　生産──　185, 186, 193-201, 203, 204,
　　206, 210, 212-216
　　単純──　6, 7, 23, 136, 145, 152, 186
　　不熟練──　193, 201, 215, 216
労働・就業サーベイ　30, 32, 34, 59, 106,
　　190

複製許可および PDF 版の提供について

　点訳データ，音読データ，拡大写本データなど，視覚障害者のための利用に限り，非営利目的を条件として，本書の内容を複製することを認めます（http://www.ide.go.jp/Japanese/Publish/reproduction.html）。転載許可担当宛に書面でお申し込みください。

　また，視覚障害，肢体不自由などを理由として必要とされる方に，本書のPDF ファイルを提供します。下記の PDF 版申込書（コピー不可）を切りとり，必要事項をご記入のうえ，販売担当宛ご郵送ください。折り返し PDFファイルを電子メールに添付してお送りします。

　〒261-8545　千葉県千葉市美浜区若葉3丁目2番2
　　日本貿易振興機構 アジア経済研究所
　　研究支援部出版企画編集課　各担当宛

　ご連絡頂いた個人情報は，アジア経済研究所出版企画編集課（個人情報保護管理者 − 出版企画編集課長 043-299-9534）が厳重に管理し，本用途以外には使用いたしません。また，ご本人の承諾なく第三者に開示することはありません。
　　　　　　　　　　アジア経済研究所研究支援部 出版企画編集課長

　PDF 版の提供を申し込みます。他の用途には利用しません。

荒神衣美編『多層化するベトナム社会』
【研究双書 633】2018年

住所 〒

氏名：　　　　　　　　　　　　　年齢：
職業：
電話番号：
電子メールアドレス：

荒神こうじん　衣美えみ（アジア経済研究所地域研究センター研究員）

石塚いしづか　二葉ふたば（アジア経済研究所新領域研究センター主任研究員）

藤田ふじた　麻衣まい（アジア経済研究所地域研究センター主任研究員）

伊藤いとう　未帆みほ（神田外語大学外国語学部アジア言語学科専任講師）

坂田さかた　正三しょうぞう（アジア経済研究所バンコク研究センター主任研究員）

藤倉ふじくら　哲郎てつろう（愛知県立大学外国語学部国際関係学科講師）

―執筆順―

多層化するベトナム社会　研究双書No.633

2018年2月20日発行　　　　　　定価［本体3600円＋税］

編　者　　荒神衣美

発行所　　アジア経済研究所
　　　　　独立行政法人日本貿易振興機構

〒261-8545　千葉県千葉市美浜区若葉3丁目2番2

研究支援部　　電話　043-299-9735
　　　　　　　FAX　043-299-9736
　　　　　　　E-mail syuppan@ide.go.jp
　　　　　　　http://www.ide.go.jp

印刷所　　日本ハイコム株式会社

Ⓒ独立行政法人日本貿易振興機構アジア経済研究所 2018
落丁・乱丁本はお取り替えいたします　　　　　無断転載を禁ず
ISBN978-4-258-04633-1

「研究双書」シリーズ

（表示価格は本体価格です）

633　多層化するベトナム社会

荒神衣美編　　2018年　231p.　3,600円

2000年代に高成長を遂げたベトナム。その社会は各人の能力・努力に応じて上昇移動を果たせるような開放的なものとなっているのか。社会階層の上層／下層に位置づけられる職業層の形成過程と特徴から考察する。

632　アジア国際産業連関表の作成

基礎と延長

桑森啓・玉村千治編　　2017年　204p.　3,200円

アジア国際産業連関表の作成に関する諸課題について検討した研究書。部門分類、延長推計、特別調査の方法などについて検討し、表の特徴を明らかにするとともに、作成方法のひとつの応用として、2010年アジア国際産業連関表の簡易延長推計を試みる。

631　現代アフリカの土地と権力

武内進一編　　2017年　315p.　4,900円

ミクロ、マクロな政治権力が交錯するアフリカの土地は、今日劇的に変化している。その要因は何か。近年の土地制度改革を軸に、急速な農村変容のメカニズムを明らかにする。

630　アラブ君主制国家の存立基盤

石黒大岳編　　2017年　172p.　2,700円

「アラブの春」後も体制の安定性を維持しているアラブ君主制諸国。君主が主張する統治の正統性と、それに対する国民の受容態度に焦点を当て、体制維持のメカニズムを探る。

629　アジア諸国の女性障害者と複合差別

人権確立の観点から

小林昌之編　　2017年　246p.　3,100円

国連障害者権利条約は、独立した条文で、女性障害者の複合差別の問題を特記した。アジア諸国が、この問題をどのように認識し、対応する法制度や仕組みを構築したのか、その現状と課題を考察する。

628　ベトナムの「専業村」

坂田正三著　　2017年　179p.　2,200円

ベトナムでは1986年に始まる経済自由化により、「専業村」と呼ばれる農村の製造業家内企業の集積が形成された。ベトナム農村の工業化を担う専業村の発展の軌跡をミクロ・マクロ両面から追う。

627　ラテンアメリカの農業・食料部門の発展

バリューチェーンの統合

清水達也著　　2017年　200p.　2,500円

途上国農業の発展にはバリューチェーンの統合がカギを握る。ペルーを中心としたラテンアメリカの輸出向け青果物やブロイラーを事例として、生産性向上と付加価値増大のメカニズムを示す。

626　ラテンアメリカの市民社会組織

継続と変容

宇佐見耕一・菊池啓一・馬場香織共編　　2016年　265p.　3,300円

労働組合・協同組合・コミュニティ組織・キリスト教集団をはじめ、ラテンアメリカでは様々な市民社会組織がみられる。コーポラティズム論や代表制民主主義論を手掛かりに、近年のラテンアメリカ5カ国における国家とこれらの組織の関係を分析する。

625　太平洋島嶼地域における国際秩序の変容と再構築

黒崎岳大・今泉慎也編　　2016年　260p.　3,300円

21世紀以降、太平洋をめぐり地政学上の大変動が起きている。島嶼諸国・ANZUS（豪、NZ、米）・中国などの新興勢力による三者間のパワーシフトと合縦連衡の関係について、各分野の専門家により実証的に分析。現代オセアニアの国際関係を考えるための必読書。

624　「人身取引」問題の学際的研究

法学・経済学・国際関係の観点から

山田美和編　　2016年　164p.　2,100円

人身取引問題は開発問題の底辺にある問題である。国際的アジェンダとなった人身取引問題という事象を、法学、経済学、国際関係論という複数のアプローチから包括的かつ多角的に分析する。

623　経済地理シミュレーションモデル

理論と応用

熊谷聡・磯野生茂編　　2015年　182p.　2,300円

空間経済学に基づくアジア経済研究所経済地理シミュレーションモデル（IDE-GSM）についての解説書。モデルの構造、データの作成、パラメータの推定、分析例などを詳説。

622　アフリカの「障害と開発」

SDGs に向けて

森壮也編　　2016年　295p.　3,700円

「障害と開発」という開発の新しいイシューを、アフリカ大陸の5つの地域・国と域内協力について論じた。SDGsでアフリカの開発を念頭に置く際に、障害者たちの問題を取り残さないために必要な課題を整理。

621　独裁体制における議会と正当性

中国、ラオス、ベトナム、カンボジア

山田紀彦編　　2015年　196p.　2,400円

独裁者（独裁政党）が議会を通じていかに正当性を獲得し、体制維持を図っているのか。中国、ラオス、ベトナム、カンボジアの4カ国を事例に、独裁体制が持続するメカニズムの一端を明らかにする。
